Kohlhammer

Die neue Landesbauordnung für Baden-Württemberg 2025

Synopse

mit einer erläuternden Einführung

von

Wolfgang Stein
Ministerialrat,
Ministerium für Landesentwicklung und Wohnen
Baden-Württemberg

Verlag W. Kohlhammer

1. Auflage 2025

Alle Rechte vorbehalten
© W. Kohlhammer GmbH, Stuttgart
Gesamtherstellung: W. Kohlhammer GmbH, Heßbrühlstr. 69, 70565 Stuttgart
produktsicherheit@kohlhammer.de

Print:
ISBN 978-3-17-045247-3

E-Book-Formate:
pdf: ISBN 978-3-17-045248-0
epub: ISBN 978-3-17-045249-7

Dieses Werk einschließlich aller seiner Teile ist urheberrechtlich geschützt. Jede Verwendung außerhalb der engen Grenzen des Urheberrechts ist ohne Zustimmung des Verlags unzulässig und strafbar. Das gilt insbesondere für Vervielfältigungen, Übersetzungen, Mikroverfilmungen und für die Einspeicherung und Verarbeitung in elektronischen Systemen.
Für den Inhalt abgedruckter oder verlinkter Websites ist ausschließlich der jeweilige Betreiber verantwortlich. Die W. Kohlhammer GmbH hat keinen Einfluss auf die verknüpften Seiten und übernimmt hierfür keinerlei Haftung.

Vorwort

Am 13. März 2025 hat der baden-württembergische Landtag das Gesetz für das schnellere Bauen, mit dem die Landesbauordnung für Baden-Württemberg umfassend geändert wird, beschlossen.
Dieses Buch soll all jenen, die sich beruflich mit dem Bauordnungsrecht befassen, aber auch Bauherren und anderen Interessierten helfen, sich in möglichst kurzer Zeit einen umfassenden Überblick über die Neuerungen der Landesbauordnung 2025 zu verschaffen. Um dies zu erreichen, wird der neue Wortlaut des Gesetzes, wie er ab dem 28. Juni 2025 gilt, in Form einer Synopse dem Wortlaut der bisherigen Fassung gegenübergestellt.
Der Synopse vorangestellt wird eine Einführung, in der alle wichtigen Neuregelungen erläutert werden und auf wichtige Rechtsfolgen hingewiesen wird. Im Rahmen dieser Einführung werden auch die wesentlichen Passagen aus der amtlichen Begründung zum Gesetzentwurf wiedergegeben.
Ich hoffe, dass dieses Buch damit alles Notwendige enthält, um dem Leser eine wertvolle Hilfe für den schnellen Zugang zur neuen Landesbauordnung 2025 zu sein.

Stuttgart, im Mai 2025   Wolfgang Stein

Inhaltsverzeichnis

Vorwort	V
Einführung	1
Landesbauordnung 2025 (Synopse)	35
Stichwortverzeichnis	143

Einführung

Hinweise:
§§ ohne Angabe des Gesetzes sind solche der Landesbauordnung für Baden-Württemberg (LBO).
Textpassagen *in Kursivschrift* sind Ausführungen der offiziellen Begründung des Gesetzentwurfs zum Gesetz für ein schnelleres Bauen, Drucksache 17/8022 des Landtags von Baden-Württemberg.

Übersicht

A. Allgemeines zur Novellierung der Landesbauordnung
B. Die wesentlichen Änderungen im Einzelnen
1. Materiell-rechtliche Änderungen
1.1 Erleichterung für Nutzungsänderungen im Waldabstand (§ 4 Abs. 3 Satz 2)
1.2 Erleichterungen beim Bau an die Grenze (§ 5 Abs. 1 Satz 3)
1.3 Vereinfachung der Berechnung der Höhe der Giebelfläche (§ 5 Abs. 5 Satz 1 Nr. 2)
1.4 Abstandsflächenrechtliche Erleichterung bei Aufstockungen (§ 5 Abs. 5 Satz 2 Nr. 1)
1.5 Abstandsflächenrechtliche Erleichterung bei Solaranlagen auf Dächern (§ 5 Abs. 5 Satz 2 Nr. 2; § 5 Abs. 6 Satz 2)
1.6 Abstandsflächenrechtliche Erleichterung bei nachträglicher Dachdämmung (§ 5 Abs. 5 Satz 2 Nr. 3; § 5 Abs. 6 Satz 2)
1.7 Reduzierung der Abstandsflächentiefen für dörfliche Wohngebiete (§ 5 Abs. 7 Satz 1 Nr. 2)
1.8 Ermittlung der Wandhöhe von abstandsflächenrechtlich privilegierten Gebäuden (§ 6 Abs. 1 Satz 2)
1.9 Erhalt der Privilegierung als zulässige Grenzbauten trotz Dachnutzung (§ 6 Abs. 1 Satz 4)
1.10 Erweiterung der Möglichkeit der Ablöse der Kinderspielplatzpflicht (§ 9 Abs. 4)
1.11 Entbehrlichkeit eines zweiten Rettungswegs bei Ebenerdigkeit (§ 15 Abs. 5 Satz 2)
1.12 Änderungen bei der Rauchwarnmelderpflicht (§ 15 Abs. 9)
1.13 Erleichterte Anforderung an das Brandverhalten hinterlüfteter Außenwandbekleidungen (§ 27a Abs. 5 Satz 2)
1.14 Änderung der Anforderungen an Brandwände (§ 27c)
1.15 Änderung der Anforderungen an Decken (§ 27d)
1.16 Erleichterungen beim Brandschutz für Nutzungsänderungen, bauliche Änderungen sowie Aufstockungen (§ 27f, § 28d)
1.17 Erleichterung bei Binnentreppen in Nutzungseinheiten (§ 28 Abs. 3 Satz 3)
1.18 Änderungen bei notwendigen Treppenräumen (§ 28a)
1.19 Änderung bei notwendigen Fluren (§ 28b Abs. 6)
1.20 Anwendung von Anforderungen an Feuerungsanlagen auf Wasserstoff-Elektrolyseure (§ 32 Abs. 5)
1.21 Änderung der Bemessungsgrundlage für den Umfang barrierefrei erreichbarer Wohnungen (§ 35 Abs. 1 Satz 1)
1.22 Streichung der Abstellraumpflicht (§ 35 Abs. 5)
1.23 Bauordnungsrechtliche Erleichterung der Kindertagespflege (§ 38 Abs. 2 Nr. 6)
1.24 Erweiterung des Abweichungstatbestands auf Wohnraumschaffung in Nicht-Wohngebäuden (§ 56 Abs. 2 Nr. 1)

Einführung

1.25 Abstandsflächenrechtliche Abweichung bei Ersetzung eines rechtmäßig errichteten Gebäudes (§ 56 Abs. 2 Nr. 5)
2. **Verfahrensmäßige Änderungen**
2.1 Erweiterung der Verfahrensfreiheit von Nutzungsänderungen (§ 50 Abs. 2 Nr. 2)
2.2 Erweiterung des Anwendungsbereichs des vereinfachten Baugenehmigungsverfahrens (§ 52 Abs. 1)
2.3 Verkürzung der Einwendungsfrist im Rahmen der Nachbaranhörung (§ 55 Abs. 2 Satz 1)
2.4 Erweiterung anwendbarer Vorschriften bei isolierten Abweichungen usw. für verfahrensfreie Vorhaben (§ 56 Abs. 6 Satz 2)
2.5 Erweiterung anwendbarer Vorschriften beim Bauvorbescheid (§ 57 Abs. 2)
2.6 Änderung des Zustellungs- und Bekanntgabeerfordernisses hinsichtlich der sonstigen Nachbarn (§ 58 Abs. 1 Satz 7)
2.7 Änderung bei Zustellung- und Bekanntgabe bei Wohnungseigentümergemeinschaften (§ 58 Abs. 1 Satz 8)
2.8 Einführung der Genehmigungsfiktion im vereinfachten Baugenehmigungsverfahren und bei Antennenanlagen (§ 58 Abs. 1a)
2.9 Bauen bereits nach zwei Wochen im Kenntnisgabeverfahren (§ 59 Abs. 4)
2.10 Verkürzung des Zeitraums folgenloser Nichtnutzung von Tierhaltungsanlagen (§ 62 Abs. 3)
2.11 Einführung der Typengenehmigung (§ 68)
2.12 Mehrfache Änderung der Regelung zu Einschränkungen von erneuerbaren Energien durch kommunale Gestaltungssatzungen (§ 74 Abs. 1 Satz 2)
2.13 Erweiterung der Verfahrensfreiheit um Gebäude für den Verkauf landwirtschaftlicher Produkte (Anhang 1 Nr. 1a)
2.14 Erweiterung der Verfahrensfreiheit von Doppelgaragen (Anhang 1 Nr. 1b)
2.15 Erweiterung der Verfahrensfreiheit um Wochenendhäuser auf Wochenendplätzen (Anhang 1 Nr. 1e)
2.16 Erweiterung der Verfahrensfreiheit um Terrassen (Anhang 1 Nr. 1l)
2.17 Erweiterung der Verfahrensfreiheit von Öffnungen in Außenwänden (Anhang 1 Nr. 2c)
2.18 Erweiterung der Verfahrensfreiheit von Solaranlagen (Anhang 1 Nr. 3c)
2.19 Erweiterung der Verfahrensfreiheit um Anlagen zur Nutzung und zur Erzeugung von Wasserstoff (Anhang 1 Nrn. e, f, g)
2.20 Erweiterung der Verfahrensfreiheit von Ladestationen für Elektromobilität (Anhang 1 Nr. 4a)
2.21 Erweiterung der Verfahrensfreiheit von Versorgungseinrichtungen von Antennen (Anhang 1 Nr. 5c)
2.22 Erweiterung der Verfahrensfreiheit um Kinderspielplätze (Anhang 1 Nr. 8g)
2.23 Erweiterung der Verfahrensfreiheit um mobile Geflügelställe (Anhang 1 Nr. 11j)
3. **Organisatorische Änderungen**
3.1 Änderungen bei der Baurechtszuständigkeit auf Antrag (§ 46 Abs. 2 und 3)
3.2 Neufassung der Vorschriften über die Bauvorlageberechtigung (§§ 63 bis 63d)
    a) Allgemeines
    b) Übersicht über die Neuregelung
    c) Die Regelungen im Einzelnen
3.3 Zuständigkeitsänderung im Regelungsbereich der Fliegenden Bauten (§ 69 Abs. 5)
3.4 Änderung der Anzeigemodalitäten bei der Aufstellung Fliegender Bauten (§ 69 Abs. 6)
3.5 Entfall des Schriftformerfordernisses bei Verzicht auf eine Baulast (§ 71 Abs. 3)

3.6 Erweiterung der Stichtagsregelung in der Übergangsvorschrift auf untergesetzliche Vorschriften (§ 77 Abs. 1)
3.7 Übergangsvorschrift für Studenten des Bauingenieurwesens bei Bauvorlageberechtigung (§ 77 Abs. 6)
4. **Sonstige Änderungen (Begriffsdefinitionen, Klarstellungen, Anpassungen usw.)**
4.1 Erstreckung des sachlichen Anwendungsbereichs der LBO auf Regale (§ 1 Abs. 2 Satz 1 Nr. 5)
4.2 Streichung der Zeltplätze (§ 2 Abs. 1 Satz 3 Nr. 3, § 38 Abs. 2 Nr. 6, § 39 Abs. 2 Nr. 7 und Anhang 1 Nr. 8a)
4.3 Definition des Begriffs „Geländeoberfläche" (§ 2 Abs. 4 Satz 3)
4.4 Definition des Begriffs „Nutzungseinheit" (§ 2 Abs. 4 Satz 5)
4.5 Definition des Begriffs „freistehend" (§ 2 Abs. 4 Satz 6)
4.6 Fahrräder in Garagen (§ 2 Abs. 8 Satz 2)
4.7 Anpassung infolge Aufhebung des § 34 des Produktsicherheitsgesetzes (§ 48 Abs. 3)
4.8 Ersetzung des Wortes „Nachbarn" durch „Angrenzer" (§ 58 Abs. 1 Satz 5)
4.9 Anpassung der Definition der betroffenen Tierhaltungsanlagen (§ 62 Abs. 3)
4.10 Regelung des baurechtlichen Bestandsschutzes baulicher Anlagen (§ 76 Abs. 1)

A. Allgemeines zur Novellierung der Landesbauordnung

Das Gesetz für ein schnelleres Bauen, das der Landtag am 13. März 2025 beschlossen hat, enthält unter Artikel 1 die **Änderung der Landesbauordnung**. Mit den vorgenommenen Änderungen soll vor allem das baurechtliche Verfahren optimiert und weiter beschleunigt werden. Zudem haben die Änderungen das Ziel, bauliche Standards abzubauen und den Ausbau erneuerbarer Energien zu erleichtern und zu unterstützen. Insbesondere das Bauen im Bestand wurde durch verschiedene Änderungen vereinfacht. So wurde der Bestandsschutz neu definiert und dabei Inhalt und Reichweite des Bestandsschutzes klar und verständlich festgelegt. Nutzungsänderungen und bauliche Änderungen von Gebäuden – etwa in Form von Aufstockungen –werden zudem grundsätzlich nicht mehr den aktuellen, oftmals strengeren Vorschriften des Brandschutzes unterworfen. Um eine bessere Rechtsklarheit zu erreichen und eine einfachere Rechtsanwendung zu ermöglichen, wurde außerdem die Ausführungsverordnung zur Landesbauordnung (LBOAVO) in die Landesbauordnung eingearbeitet.

Eine wichtige und folgenreiche Änderung wurde zudem in Artikel 3 mit der Änderung des § 15 des Gesetzes zur Ausführung der Verwaltungsgerichtsordnung (AGVwGO) vorgenommen. Danach bedarf es nunmehr **in Angelegenheiten nach der Landesbauordnung und nach dem Denkmalschutzgesetz** keines Vorverfahrens mehr vor einer Klageerhebung. Diese **Abschaffung des Widerspruchsverfahrens** bedeutet, dass den Bauherren, Nachbarn, Kommunen oder sonstigen Dritten, die gegen eine Entscheidung der Baurechtsbehörde vorgehen möchten, der Widerspruch als Rechtsbehelf nicht mehr zur Verfügung steht. Damit soll ermöglicht werden, dass die Klärung einer streitigen Rechtsfrage ohne Umweg über die bisher notwendige Widerspruchsentscheidung eines Regierungspräsidiums als höhere Baurechtsbehörde unmittelbar durch Klageeinreichung bei dem zuständigen Verwaltungsgericht herbeigeführt werden kann. Kraft ausdrücklicher gesetzlicher Regelung gilt die Abschaffung des Widerspruchsverfahrens für alle Baugenehmigungen und sonstigen Verwaltungsakte, die ab dem 1. Juni 2025 bekannt gegeben werden. Die „Angelegenheiten nach der Landesbauordnung und nach dem Denkmalschutzgesetz" im Sinne der Neuregelung umfassen die gesamte Entscheidung der Baurechtsbehörde einschließlich der Gebührenentscheidung, denn Sinn und Zweck der Änderung ist die Verfahrensbeschleunigung insgesamt, es wäre daher kaum nachvollziehbar, wollte man hinsichtlich der baurechtlichen Entscheidung eine schnelle gerichtliche Entscheidung ohne Vorverfahren ermöglichen, dem Bauherrn, Nachbarn oder sonstigen Dritten jedoch hinsichtlich der daraus folgenden Gebührenentscheidung den Umweg über ein Widerspruchsverfahren abverlangen.

B. Die wesentlichen Änderungen im Einzelnen

1. Materiell-rechtliche Änderungen

1.1 Erleichterung für Nutzungsänderungen im Waldabstand (§ 4 Abs. 3 Satz 2)

Die für bauliche Änderungen rechtmäßig bestehender baulicher Anlagen *bestehende Ausnahme in § 4 Absatz 3 Satz 2 LBO wird auf die Nutzungsänderung ausgeweitet. Bloße Nutzungsänderungen tangieren die mit dem Waldabstand geschützten Belange weniger, als dies bei baulichen Veränderungen der Fall sein kann. Es ist daher sachgerecht, auch für Nutzungsänderungen rechtmäßig bestehender baulicher Anlagen eine Ausnahme vorzusehen.*

1.2 Erleichterungen beim Bau an die Grenze (§ 5 Abs. 1 Satz 3)

Durch die Erweiterung der Vorschrift wird eine Grenzbebauung im unbeplanten Innenbereich nach § 34 BauGB einfacher. *Soweit bauplanungsrechtlich aufgrund der Bauweise an die Grenze gebaut werden darf, ist eine öffentlich-rechtliche Sicherung für die Grenzbebauung auf dem Nachbargrundstück auch dann nicht erforderlich, wenn nach Maßgabe der näheren Umgebung, unabhängig von der Bebauung auf dem Nachbargrundstück, an die Grenze gebaut werden darf. Es kommt damit nicht mehr allein darauf an, ob und welche Bauweise durch Bebauungsplan festgesetzt ist.*

1.3 Vereinfachung der Berechnung der Höhe der Giebelfläche (§ 5 Abs. 5 Satz 1 Nr. 2)

Durch die Änderung wird die Berechnung der abstandsflächenrelevanten Höhe der Giebelfläche *sprachlich und inhaltlich vereinfacht.* Die Höhe der Giebelfläche ist nun zu einem Viertel auf die Wandhöhe anzurechnen. Bereits die bisherige Berechnungsmethode hat bei den meisten Dächern dazu geführt, dass die Höhe der Giebelfläche zu einem Viertel angerechnet wurde. Dieses Maß soll daher nun in allen Fällen zugrunde gelegt werden, als auch für besondere Dachgestaltungen wie z. B. Tonnendächer.

1.4 Abstandsflächenrechtliche Erleichterung bei Aufstockungen (§ 5 Abs. 5 Satz 2 Nr. 1)

Die Neuregelung in § 5 Abs. 5 Satz 2 Nr. 1 übernimmt die bisherige Regelung des Satzes 2, wonach Aufstockungen um bis zu zwei Geschosse auf die Wandhöhe nicht angerechnet werden, wenn die Baugenehmigung oder die Kenntnisgabe für die Errichtung des Gebäudes mindestens fünf Jahre zurückliegt. Die Regelung wird jedoch *sowohl dem Inhalt als auch der Reichweite nach abgeändert.* So greift die Regelung nur noch für die Aufstockung rechtmäßig bestehender Gebäude und damit für jene Gebäude, deren abstandsflächenrechtliche Situation vom Bestandsschutz umfasst ist. Hierfür genügt insbesondere der formelle Bestandsschutz einer Baugenehmigung, auch dann, wenn dort die gesetzlich vorgegebenen Abstände tatsächlich nicht eingehalten wurden (z. B. aufgrund einer erteilten Abweichung, einer Baulastübernahme oder als Folge einer fehlerhaften Rechtsanwendung). Es reicht aber auch ein materieller Bestandsschutz aus, der nur voraussetzt, dass der vorhandene Grenzabstand des Gebäudes zu irgendeinem Zeitpunkt einmal mit dem geltenden Recht in Einklang stand. *Neben der Aufstockung soll künftig auch die Errichtung von Dachgauben oder Zwerchgiebeln zulässig sein, da sie im Vergleich zur Aufstockung oftmals einen geringeren Planungs-, Errichtungs- und Kostenaufwand erfordern* und zudem Nachbarn regelmäßig weniger belasten als eine Aufstockung um ein ganzes Geschoss. Als zusätzliche gesetzliche Voraussetzung wird neu das Erfordernis der Wohnraumschaffung eingeführt. Diesem Zweck muss nun sowohl die Aufstockung als auch eine Errichtung von Dachgauben oder Zwerchgiebeln dienen. Ebenfalls neu ist das eingrenzende Kriterium, wonach die benannten Maßnahmen innerhalb der durch die Außenwände vorgegebenen Grenzen zu erfolgen haben. Damit wird die Anwendung der Vorschrift insbesondere auf auskragende Aufstockungen verhindert.

1.5 Abstandsflächenrechtliche Erleichterung bei Solaranlagen auf Dächern (§ 5 Abs. 5 Satz 2 Nr. 2; § 5 Abs. 6 Satz 2)

Nach der Neuregelung in § 5 Abs. 5 Satz 2 Nr. 2 wird das Anbringen oder Aufstellen von Anlagen zur photovoltaischen oder thermischen Solarnutzung auf Dächern bis zu einer Anlagenhöhe von 1,5 m nicht auf die Wandfläche angerechnet. *Dies ermöglicht eine größtmögliche Ausnutzung der Dachfläche für die Nutzung erneuerbarer Energien.* Ein Abrücken der Solaranlagen auf dem Dach von den durch die Außenwandrändern des Gebäudes ist damit nicht mehr erforderlich. *Die Anlagenhöhe von 1,5 m stellt sicher, dass die gängigen Solaranlagen erfasst werden.*
Die Herausnahme der bisherigen Regelung in § 5 Abs. 6 und die Verortung der Neuregelung in Abs. 5, der nunmehr umfassend regelt, welche Bauteile und Anlagen auf die Wandhöhe anzurechnen sind und welche nicht, führt zu einer Trennung der Regelung von Maßnahmen auf dem Dach von solchen auf der Außenwand. Damit kann nun für Wärmedämmmaßnahmen auf der Außenwand das nach § 5 Abs. 6 Satz 2 abstandsflächenrechtlich unbeachtliche Maß von 0,3 m unabhängig von Maßnahmen auf dem Dach und in voller Höhe in Anspruch genommen werden. Eine Anrechnung der Dacherhöhung bei Maßnahmen auf der Außenwand erfolgt nicht mehr.

1.6 Abstandsflächenrechtliche Erleichterung bei nachträglicher Dachdämmung (§ 5 Abs. 5 Satz 2 Nr. 3; § 5 Abs. 6 Satz 2)

Nach der Neuregelung in § 5 Abs. 5 Satz 2 Nr. 3 wird die nachträgliche Dämmung des Daches bis zu einer Dicke von 0,3 m nicht auf die Wandfläche angerechnet. *Dieses Maß ist für eine angemessene Dachdämmung in jedem Falle ausrei-*

Einführung 1.7–1.10

chend. Nach dem bisherigen § 5 Absatz 6 Satz 2 LBO ist dies dagegen nicht sichergestellt, da hier die Dachdämmung auf das zulässige Maß von 0,30 m einer nachträglichen Außenwanddämmung anzurechnen ist. Eine solche Anrechnung der durch die Dachdämmung zusätzlich erforderlichen Abstandsfläche auf die Abstandsfläche bei Dämmmaßnahmen auf der Außenwand erfolgt nicht mehr.

1.7 Reduzierung der Abstandsflächentiefen für dörfliche Wohngebiete (§ 5 Abs. 7 Satz 1 Nr. 2)

Die Änderung dient der Erweiterung um den im Zuge des Baulandmobilisierungsgesetzes vom 14. Juni 2021 (BGBl. I S. 1802) neu geschaffenen Baugebietstypus des dörflichen Wohngebiets (§ 5a BauNVO), da dieser systematisch den Baugebietstypen in Nummer 2 zuzuordnen ist. Eine Schlechterstellung dieses Baugebietstyps durch den bislang einschlägigen Faktor von 0,4 (Nummer 1) ist angesichts des mit diesem neu geschaffenen Baugebietstyp verfolgten Ziels, das Miteinander zwischen Wohnen, landwirtschaftlichen Betrieben und sonstiger Gewerbenutzung zu ermöglichen, nicht gerechtfertigt.

1.8 Ermittlung der Wandhöhe von abstandsflächenrechtlich privilegierten Gebäuden (§ 6 Abs. 1 Satz 2)

Aufgrund Rückfragen aus der Praxis wird im Gesetz klargestellt, *was auf die zulässige Wandhöhe* privilegierten grenznahen oder grenzständigen Garagen usw. *nach § 6 Absatz 1 Satz 1 Nummer 2 LBO angerechnet werden muss* und was nicht. *Die Verweisung stellt im Ergebnis klar, dass nachträgliche Aufstockungen nach § 5 Absatz 5 Satz 2 Nummer 1 LBO anzurechnen sind, nicht dagegen Solaranlagen auf dem Dach nach Satz 2 Nummer 2 oder nachträgliche Dachdämmungen nach Satz 2 Nummer 3.*

1.9 Erhalt der Privilegierung als zulässige Grenzbauten trotz Dachnutzung (§ 6 Abs. 1 Satz 4)

Die Änderung erfolgt in Reaktion auf das Urteil des Verwaltungsgerichtshofs Baden-Württemberg vom 20. September 2016 (Az.: 11 S 2070/14). Mit der Änderung soll die Nutzung bestehender Dachflächen ermöglicht und zugleich verhindert werden, dass die Nutzung der Dachfläche zum Wegfall der Privilegierung der vorhandenen baulichen Anlage im Sinne des § 6 Absatz 1 Satz 1 Nummer 2 LBO führt. Die für die Nutzung auf den Dachflächen erforderlichen Abstandsflächen bleiben unberührt, es sind daher für Anlagen auf dem Dach weiterhin eigene Abstandsflächen gemäß § 5 zu bestimmen. In der Praxis relevant ist insbesondere, dass durch die neue Regelung vermieden wird, dass eine Grenzgarage durch eine Dachterrasse mit Geländer ihre abstandsflächenrechtliche Privilegierung verliert. Die Nutzung der Dachfläche in diesem Sinne liegt aber auch vor, wenn auf dem Dach Solar- oder Antennenanlagen errichtet oder aber haustechnische Anlagen wie z. B. Wärmepumpen abgestellt werden, nicht dagegen eine Aufstockung für andere Nutzungszwecken als eine Garagennutzung, da hier schon begrifflich nicht mehr von einer Dachnutzung gesprochen werden kann.

1.10 Erweiterung der Möglichkeit der Ablöse der Kinderspielplatzpflicht (§ 9 Abs. 4)

Die Regelung räumt dem Bauherrn nun *ein Wahlrecht auf Zahlung eines Geldbetrages an die Gemeinde vor, um der Erfüllung der Kinderspielplatz-Verpflichtung* anders als durch Herstellung eines Kinderspielplatzes oder Vorhaltung einer öffentlich-rechtlich gesicherten Freifläche *nachkommen zu können. Der Geldbetrag wird der Höhe nach durch die Baurechtsbehörde im Benehmen mit der Gemeinde festgelegt. Die Zweckbindung der zugeflossenen Gelder wird für die Gemeinde auf die Instandhaltung ausgeweitet, um neben dem Ausbau und der Errichtung auch die Instandhaltung von Kinderspielplätzen sicherzustellen. Die Gemeinden sollen die Geldzahlungen vorrangig in die Errichtung neuer oder den Ausbau bestehender Kinderspielplätze investieren. Nur im Ausnahmefall kann die Geldzahlung zur Instandhaltung bereits bestehender Kinderspielplätze eingesetzt werden. Die Praxis zeigt, dass größere Spielplätze attraktiver sind und somit häufiger von Kindern genutzt werden. So können wenig zielführende Ressourcenbindungen vermieden und stattdessen dort gezielt eingesetzt werden, wo sie ihren Zweck bestmöglich erreichen.*

1.11 Entbehrlichkeit eines zweiten Rettungswegs bei Ebenerdigkeit (§ 15 Abs. 5 Satz 2)

In Ergänzung des bisherigen Regelungsinhalts ist ein zweiter Rettungsweg auch dann entbehrlich, wenn der erste Rettungsweg aus einem Geschoss einer Nutzungseinheit, welches einen Aufenthaltsraum enthält, ebenerdig unmittelbar ins Freie führt. Diese Situation ist sicherer als ein Ausgang in einen notwendigen Flur, der wiederum zu zwei Treppenräumen führt.

1.12 Änderungen bei der Rauchwarnmelderpflicht (§ 15 Abs. 9)

Bis zum 31. Dezember 2014 waren auch Bestandsgebäude mit erforderlichen Rauchwarnmeldern auszustatten. *Der zeitliche Umsetzungsrahmen für die Nachrüstungspflicht mit Rauchwarnmeldern wurde gestrichen, da sie zeitlich überholt ist. Dies bedeutet jedoch nicht, dass die seinerzeit vorgesehene Nachrüstverpflichtung damit nunmehr entfallen ist.* Wer also für sein vor Inkrafttreten der Rauchwarnmelderpflicht am 23. Juli 2013 bestehendes Gebäude bis Ende 2014 oder aber später der Nachrüstungspflicht nicht nachgekommen ist, hat diese weiterhin eine Ausstattung mit Rauchwarnmeldern vorzunehmen, da insoweit ein bauordnungswidriger Zustand besteht. Auf einen Bestandsschutz kann sich der Eigentümer regelmäßig nicht berufen.

Die Sicherstellung der Betriebsbereitschaft von Rauchwarnmeldern wird nunmehr ausnahmslos dem unmittelbaren Besitzer übertragen, da dieser einen unmittelbaren Zugriff hat. Es bleibt den Vertragsparteien (z. B. Mieter und Vermieter/Eigentümer) weiterhin unbenommen, die interne Verantwortlichkeit bezüglich der Betriebsbereitschaft abweichend vertraglich zu regeln. Auf die Verpflichtung des Eigentümers kommt es aber für die bauordnungsrechtliche Betriebsbereitschaft nicht mehr an, da diese nun rein zivilrechtlicher Natur ist.

1.13 Erleichterte Anforderung an das Brandverhalten hinterlüfteter Außenwandbekleidungen (§ 27a Abs. 5 Satz 2)

Der bisherige Regelungsinhalt des § 5 LBOAVO wird durch die Regelung in § 27a Absatz 5 Satz 2 LBO ergänzt. Die Ergänzung dient der Umsetzung der Richtlinie über brandschutztechnische Anforderungen an Bauteile und Außenwandbekleidungen in Holzbauweise Baden-Württemberg – Holzbaurichtlinie Baden-Württemberg –, um Außenwandbekleidungen aus Holz zu ermöglichen.

Einführung

1.14 Änderung der Anforderungen an Brandwände (§ 27c)

Der bisherige Regelungsinhalt des bisherigen § 7 LBOAVO wird in § 27c übernommen, dabei aber durch die Regelungen in § 27c Absatz 2, 3 und 6 LBO teilweise abgeändert:
- *Für das Brandwanderfordernis nach § 27c Absatz 2 Nummer 1 LBO kommt es nicht mehr auf die Nachbar-, sondern auf die Grundstücksgrenze an. Dies dient der Klarheit und sichert weiterhin den mit dieser Vorschrift verfolgten Schutzzweck. Dieser erfordert, dass auch z. B. bei beidseitig bebauten öffentlichen Wegen mit geringer Wegbreite ggf. ein Brandwanderfordernis besteht. Sofern durch diese Änderung Anforderungen an Grenzen zu öffentlichen Verkehrs-, Grün- oder Wasserflächen entstehen, können diese Anforderungen jedenfalls dann Abweichungen oder Befreiungen zugänglich sein, wenn die Mindestabstände auf diesen öffentlichen Flächen abgebildet werden können.*
- *Zudem kommt es für das Brandwanderfordernis nach § 27c Absatz 2 Nummer 1 LBO nicht mehr auf die fiktive Bebauungsmöglichkeit auf dem Vorhabengrundstück an, sondern lediglich auf die tatsächliche Bebauung.*
- *Nach § 27c Absatz 3 Nummer 3 kann nun vom Brandwanderfordernis zudem bei den nach § 6 Absatz 1 LBO privilegierten Vorhaben auch dann abgesehen werden, wenn zur Nachbargrenze Wandöffnungen bestehen. Insbesondere mit Blick auf häufig errichtete Carports ist das Erfordernis einer geschlossenen Wand nicht praktikabel. Zudem schafft dieses Erfordernis keinen weitergehenden Brandschutz.*
- *In § 27c Absatz 3 Nummer 6 wird – ebenso wie in § 27 Absatz 2 Nummer 1 (s. o.) – nicht mehr auf die fiktive Bebauungsmöglichkeit abgestellt, sondern nur noch auf tatsächlich bereits bestehende Gebäude.*
- *In § 27c Absatz 6 LBO wird die vormalige Regelung zur auskragenden feuerbeständigen Platte konkretisiert. Klargestellt wird nun auch, dass die vorgeschriebene Brandschutzmaßnahme beiderseits der Wandachse auszuführen ist. Maßgebend für die Berechnung der Breite ist damit die Wandmitte, bei zwei aneinander liegenden Wänden die Mitte der jeweiligen Wand. Es erfolgt eine klarstellende Regelung für die Ausführung in Anlehnung an § 30 Absatz 5 Musterbauordnung. Denn die Anforderung „feuerbeständig" kann nur einen Bauteil, nicht aber einen Baustoff betreffen.*

1.15 Änderung der Anforderungen an Decken (§ 27d)

Der bisherige Regelungsinhalt des § 8 LBOAVO wird durch die Regelung in § 27d Absatz 2 LBO auf „maßgebliche Lasten" konkretisiert, um insbesondere Lüftungszentralen, Antriebe für Aufzüge oder ähnliche Einrichtungen, die nicht vorzeitig in den Brandraum fallen dürfen, miteinzubeziehen.

1.16 Erleichterungen beim Brandschutz für Nutzungsänderungen, bauliche Änderungen sowie Aufstockungen (§ 27f, § 28d)

- *Der neu eingefügte § 27f Absatz 1 LBO dient dem Schutz des Bestands hinsichtlich tragender, aussteifender und raumabschließender Bauteile in Bezug auf brandschutzbezogene Anforderungen. Denn genehmigungspflichtige Nutzungsänderungen oder bauliche Änderungen führen zum Entfall des Bestandsschutzes der bestehenden baulichen Anlage. Infolgedessen hat auch der Bestand – zumindest, soweit er von der Nutzungsänderung oder der baulichen Änderung unmittelbar berührt ist oder § 76 Abs. 3 greift – die zum Zeitpunkt der Nutzungsänderung oder baulichen Änderung maßgeblichen baurechtlichen Vorschriften einzuhalten. Insbesondere brand-*

schutztechnische Anforderungen führen häufig dazu, dass derartige Bauvorhaben nicht oder nur mit unverhältnismäßig hohem Kostenaufwand realisiert werden können. Zudem zeigt sich, dass insbesondere von Abweichungen nach § 56 Absatz 2 Nummer 1 LBO von Vorschriften des Brandschutzes im Wohnungsbau seitens der Baurechtsbehörden nur zurückhaltend Gebrauch gemacht wird. Die vorliegende Regelung schafft zudem einen weiterreichenden Anwendungsbereich, der sich auch auf Nicht-Wohngebäude erstreckt.

Durch § 27f Absatz 1 LBO führen Nutzungsänderungen von Gebäuden oder Nutzungseinheiten sowie bauliche Änderungen innerhalb dieser Gebäude nicht zu höheren brandschutzbezogenen Anforderungen an bereits bestehende tragende, aussteifende und raumabschließende Bauteile, soweit für die Nutzungsänderung nicht Anforderungen zu Sonderbauten Anwendung finden (§ 38 LBO). Ausweislich des Halbsatzes wird klargestellt, dass nachträgliche Anforderungen nach Maßgabe der §§ 58 Absatz 6 und 76 Absatz 2 – jetzt Absatz 3 – LBO weiterhin gestellt werden können, wenn dies zur Abwendung konkreter Gefahren für Leben oder Gesundheit erforderlich ist. Aus der Vorschrift ergibt sich auch, dass die materiell-rechtlichen Erleichterungen nicht für die Ausführung der baulichen Änderungen selbst gelten. Für die Herstellung der baulichen Änderungen finden daher regelmäßig nicht die bauzeitlichen Anforderungen, die seinerzeit an das Gebäude gestellt wurden, Anwendung, sondern die ggf. höheren aktuellen Anforderungen.

- Auch Aufstockungen sind bauliche Änderungen, die ggf. höheren aktuellen Anforderungen genügen müssen. Da § 27f Absatz 1 nur bauliche Änderungen innerhalb der Gebäude betrifft, werden Aufstockungen durch diese Regelung nicht erfasst. Durch § 27f Absatz 2 und 3 LBO wird jedoch sichergestellt, dass die abstandsflächenrechtliche Unbeachtlichkeit der Aufstockung von Gebäuden in § 5 Absatz 5 Satz 2 Nummer 1 um bis zu zwei Geschosse nicht aufgrund wirtschaftlich kaum erfüllbarer zusätzlicher Brandschutzanforderungen in der Praxis leer läuft. *§ 27f Absatz 2 LBO umfasst den Dachgeschossausbau und Aufstockungen zu Wohnzwecken, die zu einer erstmaligen Einstufung in die Gebäudeklasse 4 führen, bei rechtmäßig bestehenden und damit bestandsgeschützten Gebäuden. § 27f Absatz 3 LBO regelt dies für Dachgeschossausbauten und Aufstockungen, die zu einer erstmaligen Einstufung in die Gebäudeklasse 5 führen.*
- Durch § 28d wird § 27f bei Nutzungsänderungen und baulichen Änderungen im Bestand für die Anforderungen an den Feuerwiderstand der Bauteile in Rettungswegen für entsprechend anwendbar erklärt.

1.17 Erleichterung bei Binnentreppen in Nutzungseinheiten (§ 28 Abs. 3 Satz 3)

Der zum Wortlaut des bisherigen § 10 Absatz 3 LBOAVO hinzugefügte Satz 3 streicht Brandschutzanforderungen an Binnentreppen in Maisonettewohnungen, die in der Stellungnahme von Feuerwehrseite als nicht erforderlich identifiziert wurden, sofern in allen Ebenen ein zweiter Rettungsweg erreicht werden kann.

1.18 Änderungen bei notwendigen Treppenräumen (§ 28a)

- *Der bisherige Regelungsinhalt des § 11 LBOAVO wird durch die Regelung in § 28a Absatz 3 LBO ergänzt, indem der Ausgang im Bereich der Tür gegenüber der Breite der Treppenläufe eine leicht verminderte Breite aufweisen darf. Die Änderung wird dem Umstand gerecht, dass Haustüren in der Regel eine Breite von 0,9 m aufweisen.*

Einführung 1.19–1.22

- In § 28a Absatz 7 LBO wird vom Zusatz der „innenliegenden" notwendigen Treppenräumen abgesehen, da diese Anforderung auch für die an Außenwänden liegenden Treppenräumen ohne Fenster gelten soll.
- In § 28a Absatz 8 LBO wird ergänzt, dass notwendige Treppenräume nicht nur belüftet, sondern auch entraucht werden können müssen.
- § 28a Absatz 9 Nummer 2 LBO konkretisiert die bisherige Regelung des § 11 Absatz 8 Nummer 2 LBOAVO und bildet damit alle technisch korrekten Fälle ab.
- In § 28a Absatz 9 Nummer 4 LBO wird in Abkehr von § 11 Absatz 8 Nummer 4 LBOAVO anstatt der Rauchdichtigkeit lediglich die Dichtigkeit verlangt, da in diesen Konstellationen auf den Türen im Regelfall kein Rauchdruck lastet.

1.19 Änderung bei notwendigen Fluren (§ 28b Abs. 6)

Der bisherige Regelungsinhalt des § 12 Absatz 5 LBOAVO wird durch die Regelung in § 28b Absatz 6 LBO dahingehend ergänzt, dass Öffnungsabschlüsse an offenen Gängen, die als einziger baulicher Rettungsweg bestehen, ausnahmsweise auch dann zulässig sind, wenn sie eine Breite von maximal 1,5 m und zu anderen Öffnungen einen Abstand von mindestens 1 m aufweisen. Damit kann in einer frühen Brandphase der Rettungsweg vor der Brandwohnung noch nutzbar bleiben. Zudem werden die Anforderungen an die Umwehrung des offenen Gangs zum Freien konkretisiert.

1.20 Anwendung von Anforderungen an Feuerungsanlagen auf Wasserstoff-Elektrolyseure (§ 32 Abs. 5)

In Absatz 5 werden die bestehenden Anforderungen auf Elektrolyseure ausgeweitet. Die Anforderungen nach den Absätzen 1 bis 3 dürfen nicht ausschließlich für das Aufstellen der Anlagen gelten. Auch die Anlagen selbst müssen betriebssicher und brandsicher sein. Dabei ist unbeachtlich, ob diese Anlagen der Beheizung von Räumen oder der Warmwasserversorgung dienen und somit in den Anwendungsbereich der Feuerungsverordnung fallen. Der bisherige Begriff der Verbrennungsgase wird auf Prozessgase erweitert, um beispielsweise auch die in Reformern anfallenden Gase zu erfassen.

1.21 Änderung der Bemessungsgrundlage für den Umfang barrierefrei erreichbarer Wohnungen (§ 35 Abs. 1 Satz 1)

Die Änderung dient der Schließung einer Regelungslücke. Die Nutzungseinheiten im Erdgeschoss sind damit nicht mehr die maßgebliche Bemessungsgrundlage für die Ermittlung der erforderlichen Gesamtgrundfläche für barrierefreie Wohnungen. Durch gezielte Reduktion der Nutzungseinheiten im Erdgeschoss konnte das Mindestmaß an Barrierefreiheit bislang unterlaufen werden. Um dies zu vermeiden, wird nunmehr auf die Brutto-Grundfläche des Gebäudes im Erdgeschoss abgestellt, abzüglich der Netto-Grundflächen von notwendigen Treppenräumen und Fluren. Somit verbleibt eine feste und nachvollziehbare Bemessungsgrundlage. Brutto-Grundflächen im Sinne der Vorschrift umfassen dabei insbesondere auch die Grundflächen der Außenwände des Gebäudes, während bei notwendigen Treppenräumen und Fluren nur die Netto-Grundflächen aus den lichten Weiten zwischen den Wänden anzusetzen sind.

1.22 Streichung der Abstellraumpflicht (§ 35 Abs. 5)

Die Streichung des Absatzes dient dem Abbau eines überflüssigen baulichen Standards, der nicht dem Regelungszweck des Bauordnungsrechts als besonderes Sicherheitsrecht unterliegt.

1.23 Bauordnungsrechtliche Erleichterung der Kindertagespflege (§ 38 Abs. 2 Nr. 6)

Das Kindertagesbetreuungsgesetz ermöglicht eine Kindertagespflege in anderen geeigneten Räumen (sog. TiagR). Gemäß der Verwaltungsvorschrift des Ministeriums für Kultus, Jugend und Sport zur Kindertagespflege vom 6. April 2021 können bei einem Zusammenschluss mehrerer Kindertagespflegepersonen in einer TiagR bis zu neun Kinder gleichzeitig betreut werden (vgl. Ziffer 1.2 Buchstabe c VwV Kindertagespflege). Im Zuge einer bevorstehenden Anpassung von Ziffer 1.2 Buchstabe c VwV Kindertagespflege soll die Anzahl auf zehn Kinder erhöht werden. Von dieser erweiterten Möglichkeit zur Kindertagespflege wird wegen baurechtlicher Hürden regelmäßig kein Gebrauch gemacht. Denn nach der LBO gelten Einrichtungen zur Betreuung von mehr als acht Kindern bislang als Sonderbau. Durch die Erhöhung des Schwellenwerts von acht auf zehn Kinder soll eine Betreuung ermöglicht werden, ohne dass besondere Anforderungen an einen Sonderbau gestellt werden können.

1.24 Erweiterung des Abweichungstatbestands auf Wohnraumschaffung in Nicht-Wohngebäuden (§ 56 Abs. 2 Nr. 1)

Die Änderung stellt sicher, dass vom Abweichungstatbestand auch für die Schaffung von Wohnraum in Nicht-Wohngebäuden Gebrauch gemacht werden kann. Mit der bisherigen Regelung, die eine Abweichung von der Schaffung zusätzlichen Wohnraums voraussetzte, *wurde auf den bestehenden Wohnraum im Gebäude abgestellt, womit sich der Anwendungsbereich auf Wohngebäude beschränkte. Zur vereinfachten Schaffung von Wohnraum soll künftig auch dann eine Abweichung möglich sein, wenn durch sie erstmals Wohnraum im bestehenden Gebäude durch die benannten Maßnahmen geschaffen wird.*

1.25 Abstandsflächenrechtliche Abweichung bei Ersetzung eines rechtmäßig errichteten Gebäudes (§ 56 Abs. 2 Nr. 5)

Obwohl der Wortlaut der Neuregelung nur die Ersetzung eines Gebäudes aufführt, hat der neu geschaffene Abweichungstatbestand einen weit größeren praktischen Anwendungsbereich, da damit auch weniger umfassende bauliche Maßnahmen von der Regelung erfasst werden. *Der neue Abweichungstatbestand dient der vereinfachten Weiterverwendung des baulichen Bestands in abstandsflächenrechtlicher Hinsicht. Demnach soll verhindert werden, dass rechtmäßig errichtete Gebäude im Zuge der Nutzungsänderung – welche gemäß § 2 Absatz 13 Nummer 1 LBO der Errichtung gleichgestellt wird – oder baulichen Veränderung den zu diesem Zeitpunkt geltenden und ggf. nachteiligen Abstandsflächenregelungen unterworfen werden müssen. Einmal rechtmäßig errichtete Gebäude können so abstandsflächenrechtlich einer weiteren Verwendung zugeführt werden. Der neue Abweichungstatbestand gilt für alle Gebäudearten.*

2. Verfahrensmäßige Änderungen

2.1 Erweiterung der Verfahrensfreiheit von Nutzungsänderungen (§ 50 Abs. 2 Nr. 2)

Die Änderung dient der unbürokratischen und damit vereinfachten Realisierung von Wohnnutzungen in Bestandsgebäuden. Sie ist erforderlich, um den baulichen Bestand

Einführung 2.2–2.4

effektiver und schneller der benötigten Wohnnutzung zuzuführen. Deshalb wird die Nutzungsänderung verfahrensfrei gestellt, wenn sie der Schaffung von Wohnraum dient. Bereits bestehende Wohnräume im Bestandsgebäude sind dafür nicht mehr erforderlich. Es wird künftig zudem weder auf Wohngebäude noch auf konkrete Gebäudeklassen abgestellt. Daher ist insbesondere auch die Umnutzung von gewerblichen Gebäuden oder Räumen in Wohnraum nunmehr verfahrensfrei möglich. Auch ein verfahrensfreies Vorhaben muss jedoch den geltenden öffentlich-rechtlichen Vorschriften entsprechen (§ 50 Abs. 5). Es obliegt dem Bauherrn selbst, die materiell-rechtliche Zulässigkeit seiner Umnutzung zu prüfen bzw. prüfen zu lassen.

2.2 Erweiterung des Anwendungsbereichs des vereinfachten Baugenehmigungsverfahrens (§ 52 Abs. 1)

Die Änderung dient zum einen der Ausweitung des vereinfachten Verfahrens. Die Vorschrift nimmt wegen des gegenständlichen Anwendungsbereichs des vereinfachten Verfahrens jetzt nicht mehr Bezug auf den des Kenntnisgabeverfahrens nach § 51 Abs. 1 Satz 1. Das vereinfachte Verfahren ist nun für alle Bauvorhaben eröffnet, soweit es sich nicht um Sonderbauten handelt. Für Sonderbauten ist weiterhin die Durchführung eines (normalen) Baugenehmigungsverfahrens verpflichtend vorgegeben. Für Wohngebäude der Gebäudeklasse 1 bis 4 soll neben dem Kenntnisgabeverfahren lediglich das vereinfachte Baugenehmigungsverfahren statthaft sein. Für alle anderen Bauvorhaben (mit Ausnahme der Sonderbauten) *besteht* ein *Wahlrecht zwischen den Verfahrensarten.* Dies bedeutet, dass der Bauherr bei Wohngebäuden der Gebäudeklasse 5, bei Nichtwohngebäuden, die keine Sonderbauten sind, und bei sonstigen baulichen Anlagen, die keine Gebäude sind, ein Wahlrecht zwischen dem vereinfachten und dem normalen Baugenehmigungsverfahren hat. In diesen Fällen kann zudem auch das Kenntnisgabeverfahren gewählt werden, wobei dieses aber bei Nichtwohngebäuden grundsätzlich nur für solche der Gebäudeklassen 1 bis 3 offensteht. Dieses umfassende Wahlrecht des Bauherrn unter zwei oder ggf. sogar drei Verfahren wird durch § 52 Abs. 1 Satz 1, der insoweit den bisherigen § 51 Abs. 5 ersetzt hat, weiterhin gewährleistet. Das Wahlrecht gilt nach dem eindeutigen Wortlaut im Übrigen – trotz seiner neuen Verortung in § 52 Abs. 1 Satz 1 – weiterhin auch für Abbrüche nach § 51 Abs. 3.

2.3 Verkürzung der Einwendungsfrist im Rahmen der Nachbaranhörung (§ 55 Abs. 2 Satz 1)

Durch die Änderung wird die Frist zur Erhebung nachbarlicher Einwendungen von vier auf zwei Wochen gekürzt. Dies dient der Beschleunigung des baurechtlichen Verfahrens. Da die Nachbarbeteiligung nur noch im Falle von Abweichungen, Ausnahmen und Befreiungen von drittschützenden Vorschriften erfolgt, sind die für die Einwendungserhebung maßgeblichen Belange dem Umfang nach stark eingegrenzt. Eine nachbarliche Befassung im Rahmen der zweiwöchigen Frist ist daher angemessen und ausreichend.

2.4 Erweiterung anwendbarer Vorschriften bei isolierten Abweichungen usw. für verfahrensfreie Vorhaben (§ 56 Abs. 6 Satz 2)

Die Änderungen des Satzes 2 dienen der Angleichung an § 57 Absatz 2 LBO, wonach die Regelungen zur Angrenzerbenachrichtigung (§ 55 Absatz 1 und 2 LBO), Bekannt-

2.5–2.8 Einführung

gabe und Rechtswirkung (§ 58 Absatz 1 bis 3 LBO) sowie Geltungsdauer (§ 62 Absatz 1 und 2 LBO) entsprechend Anwendung finden. Denn es besteht kein Rechtfertigungsgrund, den Begünstigten einer isoliert verbeschiedenen Abweichung, Ausnahme oder Befreiung besser zu stellen als denjenigen, der mittels Bauvorbescheid eine solche Rechtsfrage rechtsverbindlich geklärt haben möchte.

2.5 Erweiterung anwendbarer Vorschriften beim Bauvorbescheid (§ 57 Abs. 2)

Die Aufnahme des § 62 Absatz 1 LBO dient der Klarstellung, dass die für (Teil-)Baugenehmigungen maßgebliche Geltungsdauer auch für Bauvorbescheide gilt. Eine Herleitung dieses Grundsatzes ist damit nicht mehr über die für entsprechend anwendbar erklärte Vorschrift über die Verlängerung der dreijährigen Geltungsdauer (§ 62 Absatz 2 LBO) erforderlich. Zudem wird der Verweis auf § 58 LBO auf die Absätze 1, 2 und 3 abgeändert, damit für den Fall der Bauvoranfrage die Genehmigungsfiktion nicht greift.

2.6 Änderung des Zustellungs- und Bekanntgabeerfordernisses hinsichtlich der sonstigen Nachbarn (§ 58 Abs. 1 Satz 7)

Das Zustellungs- und Bekanntgabeerfordernis der baurechtlichen Entscheidung wird durch die Änderung in einem abgestuften Verhältnis ausgestaltet. Demnach ist die Zustellung bzw. Bekanntgabe an den beteiligten Angrenzer weiterhin erforderlich, sofern dessen Einwendungen nicht entsprochen wurde oder dessen öffentlich-rechtlich geschützte Belange betroffen sein können. Bei sonstigen Nachbarn, die in ihren öffentlich-rechtlich geschützten nachbarlichen Belangen betroffen sein können, wird dagegen nunmehr von einer Zustellungs- bzw. Bekanntgabepflicht abgesehen. Insoweit handelt es sich nun nur noch um eine Soll-Vorschrift, wonach die Zustellung bzw. Bekanntgabe bei Möglichkeit des rechtlich relevanten Betroffenseins im Regelfall zu erfolgen hat. Ob und inwieweit dies der Fall ist, unterliegt der Einschätzungsprärogative der unteren Baurechtsbehörde.

2.7 Änderung bei Zustellung- und Bekanntgabe bei Wohnungseigentümergemeinschaften (§ 58 Abs. 1 Satz 8)

Der neue Satz 8 dient der Angleichung des Zustellungs- und Bekanntgabeerfordernisses an § 55 Absatz 1 Satz 3 LBO, wodurch die Zustellung bzw. Bekanntgabe an den Verwalter der Wohnungseigentümergemeinschaft genügt, soweit es sich um Gemeinschaftseigentum handelt. Die das Sondereigentum betreffenden Fälle erfordern weiterhin eine separate Zustellung an den jeweiligen Eigentümer.

2.8 Einführung der Genehmigungsfiktion im vereinfachten Baugenehmigungsverfahren und bei Antennenanlagen (§ 58 Abs. 1a)

- Der neu eingefügte Absatz 1a *schafft eine Genehmigungsfiktion für Bauanträge im vereinfachten Baugenehmigungsverfahren, ungeachtet dessen, ob es pflicht- oder wahlweise durchgeführt wird.*
- *Die Genehmigungsfiktion gilt zudem für die Errichtung oder Änderung einer Antennenanlage, ungeachtet der Anlagenhöhe (und damit auch im Falle der Einstufung als Sonderbau). Die Genehmigung von Antennenanlagen, die als Sonderbauten einzustufen sind – also Anlagen über 30 m Höhe (vgl. § 38 Absatz 2 Nummer 19) –, hat dann aber im normalen Baugenehmigungsverfahren zu erfolgen, da das vereinfachte Verfahren für Sonderbauten nicht eröffnet ist.*

Einführung 2.8

Bei diesen Bauvorhaben gilt also die Genehmigungsfiktion auch im normalen Baugenehmigungsverfahren.
- *Die Genehmigungsfiktion hat zur Folge, dass bei nicht fristgemäßer Entscheidung über den entscheidungsreifen Bauantrag die baurechtliche Entscheidung fingiert wird.* Diese Fiktion kann aber nie weiter gehen als die fristgemäße Entscheidung gegangen wäre. Außer bei Antennenanlagen gilt die Genehmigungsfiktion regelmäßig nur für Vorhaben, die im vereinfachten Baugenehmigungsverfahren durchgeführt werden. Hier ist der Prüfungsumfang der Baurechtsbehörde eingeschränkt. Die Genehmigungsfiktion kann sich daher grundsätzlich nur auf die nach § 52 Absatz 2 zu prüfenden Bereiche (Bauplanungsrecht, Abstandsflächenrecht und ggf. mit zu prüfendes Fachrecht) erstrecken. Eine Erweiterung des Umfangs der Genehmigungsfiktion darüber hinaus findet allein nach Absatz 1a Ziffer 2 statt. Auch die fingierte Genehmigung besitzt damit nur die beschränkte Legitimationswirkung einer Baugenehmigung im vereinfachten Verfahren.
- *In Ziffer 1 wird unter Modifizierung des § 42a LVwVfG für die Vollständigkeit von Bauantrag und Bauvorlagen sowie für den Beginn der Entscheidungsfrist auf § 54 LBO verwiesen. Gleichzeitig wird klargestellt, dass die dreimonatige Entscheidungsfrist des § 42a Absatz 2 Satz 1 LVwVfG gilt und die dort vorgesehene Verlängerungsmöglichkeit keine Anwendung finden soll.* Dies bedeutet, dass die Genehmigungsfrist nach § 54 Absatz 5 Satz 2 zu laufen beginnt, sobald die vollständigen Bauvorlagen und alle für die Entscheidung notwendigen Stellungnahmen und Mitwirkungen vorliegen, spätestens aber nach Ablauf der hierfür gesetzlich vorgesehenen Fristen. Entscheidet die Baurechtsbehörde daher nicht innerhalb der gesetzlichen Entscheidungsfristen nach § 54 Absatz 5 Satz 1, tritt spätestens nach drei Monaten die Genehmigungsfiktion ein. So kann verhindert werden, dass Baugenehmigungsverfahren trotz vorliegender Entscheidungsreife z. B. aufgrund von Personalausfällen oder Arbeitsüberlastung über längere Zeit nicht zum Abschluss gebracht werden.
- *In Ziffer 2 wird klargestellt, dass Abweichungen, Ausnahmen und Befreiungen der Genehmigungsfiktion nur dann zugänglich sind, wenn sie beantragt wurden (vgl. § 53 Absatz 1 Satz 3 LBO).* Diese Beantragung hat neben oder im Bauantrag gesondert, das bedeutet ausdrücklich, zu erfolgen. Eine konkludente Beantragung reicht daher für eine Einbeziehung in die Fiktionswirkung nicht aus. Dies bedeutet für die fingierte Baugenehmigung:
  - Aus der Bauzeichnung, der Baubeschreibung oder anderen Bauvorlagen ersichtliche Abweichungen z. B. vom Bebauungsplan, von einzuhaltenden Abstandsflächentiefen oder von einem Brandwanderfordernis werden damit ohne ausdrücklichen Antrag nicht durch eine fingierte Zulassung bzw. Erteilung einer Abweichung, Ausnahme oder Befreiung materiellrechtlich legitimiert. Hinsichtlich der Abweichung vom Brandwanderfordernis ergibt sich dies auch schon aus § 52 Absatz 4, nach dem die Entscheidung über eine Abweichung, Ausnahme oder Befreiung von nicht zu prüfenden Vorschriften nach der LBO ohne eine gesonderte Beantragung nicht im Rahmen des vereinfachten Verfahrens beschieden wird. Ein Bauvorhaben, das im Wege der Genehmigungsfiktion genehmigt wurde, ist ohne diese Abweichungsentscheidungen daher zwar „genehmigt, wie beantragt und aus den Bauvorlagen ersichtlich", aber diese Genehmigung

ist rechtswidrig, soweit nicht alle sich aus den Bauvorlagen ergebenden Abweichungen von im vereinfachten Verfahren baubehördlich zu prüfenden öffentlich-rechtlichen Vorschriften vorher ausdrücklich beantragt wurden. Betrifft der Rechtsverstoß daher nachbarschützende Vorschriften, kann ein Nachbar insoweit gegen die fingierte Genehmigung vorgehen.
- Sofern sich die Abweichungen von öffentlich-rechtlichen Vorschriften nicht aus den Bauvorlagen ergeben und die Rechtsabweichungen auch nicht ausdrücklich beantragt waren, besteht (nach Ausführung) hinsichtlich der Abweichungen ein baurechtswidriger Zustand, gegen den die Baurechtsbehörde später auch noch vorgehen kann. Einer Rücknahme der fingierten Baugenehmigung bedarf es in diesem Fall nicht, denn die fingierte Baugenehmigung war rechtmäßig. Bei Genehmigungsfiktionen im vereinfachten Verfahren dürfte dieser Fall aber wegen des engen Prüfungsumfangs selten auftreten.
- *Ziffer 3 stellt sicher, dass ein etwaig versagtes gemeindliches Einvernehmen vor Verstreichen der Entscheidungsfrist (3 Monate ab Vollständigkeit) ordnungsgemäß ersetzt wurde.* Insofern hat die Baurechtsbehörde dafür Sorge zu tragen, dass sie die Ersetzung nach § 54 Absatz 4 rechtzeitig vornimmt. Liegen die rechtlichen Voraussetzungen für eine Ersetzung nicht vor – weil diese zu Recht von der Gemeinde versagt wurde –, ergibt sich aus Ziffer 3 als Rückschluss aber auch, dass eine Genehmigungsfiktion wegen des versagten gemeindlichen Einvernehmens nicht eintreten kann.
- *Ziffer 4 regelt die Modalitäten über Form und Inhalt der Bescheinigung über die Genehmigungsfiktion. Sie ist nach Maßgabe des § 58 Absatzes 1 Satz 6 bis 9 dem Bauantragsteller, Angrenzern und sonstigen Nachbarn zuzustellen oder bekanntzugeben.* Darüber hinaus hat die Bescheinigung den Inhalt der fingierten Genehmigung wiederzugeben – also zumindest, welches Vorhaben genehmigt wurde, den Umfang der Genehmigung, also vor allem auch alle fingierten Abweichungen, Ausnahmen und Befreiungen. Insoweit bedeutet der Ausschluss des § 58 Absatzes 1 Satz 4 in Absatz 1a Satz 3 nur, dass wegen der Genehmigungsfiktion nicht verlangt wird, dass diese Entscheidungen ausdrücklich auszusprechen sind, die Nennung der fingierten Abweichungen etc. in der Bescheinigung hat gleichwohl zu erfolgen, da dies zur Feststellung des Inhalts der fingierten Baugenehmigung unabdingbar ist und der vom Gesetzgeber bezweckten Rechtssicherheit dient.
Zudem ist eine Rechtsbehelfsbelehrung aufzunehmen. Dieses hat zu erfolgen, obwohl die Bescheinigung eigentlich keinen Verwaltungsakt darstellt, weil sie nur die kraft Gesetzes eingetretene Genehmigung bestätigt und damit keinen eigenen rechtlichen Regelungsinhalt besitzt. Da die Bestätigung jedoch im Rechtsverkehr auf eine falsche, tatsächlich nicht vorhandene Rechtslage hinweisen könnte, hat der Gesetzgeber es aber für notwendig erachtet, dennoch von einem feststellenden Verwaltungsakt auszugehen, der deklaratorisch nochmals die eingetretenen Rechtsfolgen darstellt und gegen den ein Rechtsbehelf zulässig sein soll.
- Die Neuregelung sieht zudem vor, *dass der Antragsteller auf den Eintritt der Genehmigungsfiktion verzichten kann. Damit bleibt ihm das Recht einer inhaltlichen Prüfung des Bauantrages durch die Baurechtsbehörde weiterhin erhalten.*

Einführung 2.9–2.11

– Soweit die Genehmigungsfiktion Anwendung findet, scheidet die Anwendung des § 58 Absatzes 1 Satz 1, 2, 4 und 5 konsequenterweise aus.

2.9 Bauen bereits nach zwei Wochen im Kenntnisgabeverfahren (§ 59 Abs. 4)

Die Änderung des § 59 Absatz 4 LBO ist bedingt durch die bereits erfolgte Abschaffung der Angrenzerbenachrichtigung im Kenntnisgabeverfahren (Artikel 1 des Gesetzes vom 20. November 2023 [GBl. S. 422]). Die Abschaffung lässt zwar die Möglichkeit der Angrenzerzustimmung weiterhin unberührt (vgl. § 55 Absatz 1 Satz 2 LBO), sie führt aber dazu, dass die Zustimmungserklärung praktisch keinen Anwendungsbereich mehr findet. Aus diesem Grund wird die bisherige Differenzierung in Absatz 4 aufgehoben und nunmehr auf die zweiwöchige Frist abgestellt.

2.10 Verkürzung des Zeitraums folgenloser Nichtnutzung von Tierhaltungsanlagen (§ 62 Abs. 3)

Durch die Änderung erlischt die Baugenehmigung für die Nutzung einer innerörtlichen Tierhaltungsanlage nun immer schon dann, wenn deren Nutzung während eines Zeitraums von sechs Jahren durchgehend unterbrochen war. Die bisherigen Möglichkeiten, den Zeitraum um zweimal zwei Jahre zu verlängern werden *ersatzlos gestrichen*. Dies schafft schnellere Rechts- und Planungssicherheit insbesondere für *Wohnbauvorhaben* in der Nachbarschaft zu solchen Tierhaltungsanlagen *und fördert die städtebaulich erwünschte Nachverdichtung im Innenbereich*. Eine vor Inkrafttreten der Änderung beantragte Verlängerung, kann nach pflichtgemäßem Ermessen auf der Grundlage und nach Maßgabe der bisherigen Rechtsvorschriften noch gewährt werden (vgl. § 77 Absatz 1 Satz 1).

2.11 Einführung der Typengenehmigung (§ 68)

– Die Einführung der Typengenehmigung in die LBO durch weitgehende Übernahme von § 72a Musterbauordnung, schafft die Grundlage für das serielle Bauen und ergänzt die weniger weitreichenden Vorschriften der Typenprüfung (§ 68 LBO). Im Unterschied zur Typenprüfung können im Rahmen der Typengenehmigung nicht nur die bautechnischen Nachweise (wie im Rahmen der Typenprüfung), sondern alle standortunabhängigen Anforderungen an die baulichen Anlagen vorweg einer baurechtlichen Prüfung unterzogen werden. Typengenehmigungen entbinden dabei aber nicht von der Verpflichtung eines bauaufsichtlichen Verfahrens. In diesem müssen dann nur die bereits spezifisch in der Typengenehmigung entschiedenen Fragen nicht mehr geprüft werden.

– In Ergänzung zu § 72a Musterbauordnung wurde in Absatz 2 zudem eine klarstellende Regelung in Bezug auf die Durchführung der bautechnischen Prüfung aufgenommen, da die LBOVVO lediglich Einzelfallprüfungen im Rahmen von Kenntnisgabe- bzw. Genehmigungsverfahren umfasst. Die Typengenehmigung ist von der LBOVVO und den entsprechenden Zuständigkeiten der bautechnischen Prüfung daher nicht umfasst. Es war mithin eine eigenständige Zuständigkeitsregelung erforderlich, um einer entsprechenden Regelungslücke vorzubeugen.

– Die weniger weitreichende Typenprüfung, die so nur in der LBO in Baden-Württemberg vorgesehen ist, bleibt nach § 68 Absatz 2 neben der neuen Typengenehmigung im bisherigen Umfang weiterhin ausdrücklich möglich.

2.12 Mehrfache Änderung der Regelung zu Einschränkungen von erneuerbaren Energien durch kommunale Gestaltungssatzungen (§ 74 Abs. 1 Satz 2)

- Bisher waren nach Satz 2 Anforderungen an die äußere Gestalt baulicher Anlagen nach Absatz 1 Satz 1 Nummer 1 „grundsätzlich nur zulässig, wenn sie gleichzeitig die Nutzung erneuerbarer Energien zulassen". Durch Streichung des Wortes „grundsätzlich" wird die Regelung nun erneut verschärft. Die Änderung bedeutet, dass es künftig auch in Ausnahmefällen nicht mehr zulässig ist, in Gestaltungssatzungen die Nutzung erneuerbarer Energien einzuschränken. Damit ist auch in sog. Altstadtsatzungen zum Schutz bestimmter Bauten, Straßen, Plätze oder Ortsteile von geschichtlicher, künstlerischer oder städtebaulicher Bedeutung sowie zum Schutz von Kulturdenkmalen insbesondere die Beschränkung von Anlagen zur photovoltaischen oder thermischen Solarnutzung nicht mehr zulässig. Einschränkungen für solche Anlagen in kommunalen Satzungen auf bauordnungsrechtlicher Ermächtigungsgrundlage sind damit ausgeschlossen, d. h. die Kommunen dürfen in Gestaltungssatzungen nun generell nicht mehr verbieten, dass mit Anlagen zur Solarnutzung die äußere Gestalt von Gebäuden verändert wird. Einschränkungen solcher Anlagen können sich jedoch weiterhin aus den Vorschriften des Denkmalschutzgesetzes ergeben oder auf dessen Grundlage vorgesehen werden.
- *Mit Ausweitung des Anwendungsbereichs des Satzes 2 auf Satz 1 Nummer 3 wird vermieden, dass örtliche Bauvorschriften in Bezug auf die dort genannten Anlagen die Nutzung erneuerbarer Energien verhindern oder erschweren.* In der Praxis bedeutet dies insbesondere, dass Gestaltungsanforderungen in kommunale Gestaltungssatzungen die Nutzung von Einfriedungen als sog. Solarzäune nicht beschränken dürfen.
- *Mit Schaffung des neuen Satzes 3 wird eine Regelung zu bestehenden Satzungen getroffen, die dem neuen Satz 2 widersprechende Anforderungen enthalten. Seit 11. Februar 2023 gelten die Einschränkungen in Satz 2, wonach die Anforderungen nach Satz 1 Nummer 1 die Nutzung erneuerbarer Energien zulassen müssen. Nach der Rechtsprechung des Verwaltungsgerichtshofs Baden-Württemberg wird eine Satzung nicht schon dann ungültig, wenn sich die Ermächtigungsgrundlage ändert oder entfällt, solange kein entsprechender Wille des Gesetzgebers aus der Änderung hervorgeht. Vor diesem Hintergrund sollen die Anforderungen in bereits bestehenden Satzungen, welche diesen Anforderungen (des Satzes 2) nicht mehr gerecht werden, an den Regelungsmaßstab des § 74 Absatz 1 Satz 2 bis spätestens sechs Monate nach Verkündung dieses Gesetzes (siehe Artikel 7 des Gesetzes für das schneller Bauen) angepasst werden. Bei Nichtanpassung der Satzungen durch die Kommunen verlieren die darin getroffenen Anforderungen an Gültigkeit, soweit sie den Anforderungen in § 74 Absatz 1 Satz 2 LBO widersprechen.*

2.13 Erweiterung der Verfahrensfreiheit um Gebäude für den Verkauf landwirtschaftlicher Produkte (Anhang 1 Nr. 1a)

Die Änderung dient als Ausnahme der vom Tatbestand ausgeschlossenen Gebäude für Verkaufs- und Ausstellungszwecke. Damit soll die Errichtung von Gebäuden für den Verkauf landwirtschaftlicher Produkte im Innen- und Außenbereich verfahrensfrei möglich sein, sofern sie einem landwirtschaftlichen oder gartenbaulichen Betrieb dienen und die benannten Höchstwerte des Brutto-Rauminhalts einhalten.

Einführung

2.14 Erweiterung der Verfahrensfreiheit von Doppelgaragen (Anhang 1 Nr. 1b)

Die Änderung dient dazu, dass auch Doppelgaragen verfahrensfrei gestellt werden. Die bisher verfahrensfrei gestellte Grundfläche von 30 m^2 genügt diesen Anforderungen jedoch nicht, weswegen eine Anhebung des höchstzulässigen Wertes auf 50 m^2 erforderlich ist.

2.15 Erweiterung der Verfahrensfreiheit um Wochenendhäuser auf Wochenendplätzen (Anhang 1 Nr. 1e)

Die Änderung dient der Schließung einer planwidrigen Regelungslücke und stellt Wochenendhäuser auf Wochenendplätzen verfahrensfrei. Andernfalls würden Wochenendhäuser auf vergleichsweise größeren Wochenendhausgebieten verfahrensfrei gestellt, solche auf vergleichsweise kleineren Wochenendplätzen aber wiederum der Genehmigungspflicht unterworfen. Die Änderung dient damit einer sachgerechten Gleichstellung. Sie betrifft z. B. die nicht ortsveränderlichen sog. Mobilheime und andere Kleinwochenendhäuser.

2.16 Erweiterung der Verfahrensfreiheit um Terrassen (Anhang 1 Nr. 1l)

Die Änderung dient dazu, die Terrassen als solche in den Tatbestand miteinzubeziehen. Bislang gilt die Verfahrensfreiheit lediglich für Terrassenüberdachungen, nicht aber für die darunter befindlichen Terrassen. Zudem wird klargestellt, dass die Verfahrensfreiheit nicht für Dachterrassen und ihre Überdachungen gilt, da diesen in der Regel eine größere raumgleiche Wirkung zukommt, als dies bei ebenerdigen Terrassen der Fall ist.

2.17 Erweiterung der Verfahrensfreiheit von Öffnungen in Außenwänden (Anhang 1 Nr. 2c)

Die Änderung ermöglicht die verfahrensfreie Öffnung in Außenwänden und Dächern nunmehr für sämtliche Gebäude. Die bisherige Beschränkung auf Wohngebäude ist nicht sachgerecht, da hierfür keine Rechtfertigung besteht. Damit ist nun in allen Gebäuden z. B. der nachträgliche Einbau von Fenstern, Dachfenstern oder innenliegenden Dachbalkonen verfahrensfrei möglich. Die Öffnung des Dachs zur Errichtung von Dachgauben bleibt jedoch weiterhin verfahrenspflichtig.

2.18 Erweiterung der Verfahrensfreiheit von Solaranlagen (Anhang 1 Nr. 3c)

Die Änderung stellt die Errichtung oder Änderung von Solarenergieanlagen generell verfahrensfrei, egal ob es sich um anlagenabhängige oder anlagenunabhängige Solarenergieanlagen handelt. Bauordnungsrechtliche Belange werden bei der Errichtung oder Änderung von bislang genehmigungspflichtigen (größeren) Freiflächen-Solarenergieanlagen im Regelfall nicht tangiert. Daher wird die Verfahrensfreiheit nunmehr auch auf solche Anlagen ausgeweitet. Dies dient zugleich der großzügigen Umsetzung der Richtlinie (EU) 2023/2413 des Europäischen Parlaments und des Rates vom 18. Oktober 2023. Mit der Änderung sind grundsätzlich auch sog. Agri-PV-Anlagen verfahrensfrei. Eine Verfahrenspflicht kann hier jedoch bestehen, wenn durch diese Anlagen eine Raumwirkung entsteht und sie daher nicht nur als verfahrensfreie PV-Anlagen, sondern auch als nach Maßgabe der Nummer 1a des Anhangs zu § 50 Absatz 1 LBO verfahrenspflichtige Gebäude angesehen werden müssen. Entsprechendes gilt für PV-Anlagen über Parkflächen. Diese Überdachungen können dennoch verfahrenspflichtig sein, soweit nicht Nummer 1b des Anhangs greift.

2.19 Erweiterung der Verfahrensfreiheit um Anlagen zur Nutzung und zur Erzeugung von Wasserstoff (Anhang 1 Nrn. e, f, g)

- *Die für die Nutzung von Wasserstoff zur Erzeugung von Wärme und Strom erforderlichen Brennstoffzellen werden mit dem neuen Buchstaben e verfahrensfrei gestellt.*
- *Mit dem neuen Buchstaben f werden Anlagen zur Erzeugung von Wasserstoff verfahrensfrei gestellt, in denen Wasserstoff zur Nutzung in den versorgten Gebäuden, einschließlich der Quartiersversorgung, erzeugt wird. Anlagen zur Erzeugung von Wasserstoff zum Zweck der Abgabe an Dritte oder der stofflichen Verwendung sind nicht umfasst. Die zur Speicherung des in Anlagen nach Buchstaben f erzeugten Wasserstoffs erforderlichen Behälter sind nach Nummer 6 Buchstabe a bis zu einem Behältervolumen von nicht mehr als 6 m^3 schon jetzt verfahrensfrei.*
- *Mit dem neuen Buchstaben g werden integrierte Wasserstoffanlagen, beispielsweise Solar-Wasserstoffanlagen oder Brennstoffzellen-Heizgeräte mit integriertem Reformer, einschließlich ihrer Speicher verfahrensfrei gestellt. Die Speichermenge von nicht mehr als 20 kg Wasserstoff entspricht dabei einem haushaltsüblichen Maßstab, der sich an einem Bündel aus 16 handelsüblichen 50-Liter-Druckgasflaschen orientiert (Speichermenge insgesamt 16 kg Wasserstoff bei einem Speicherdruck von 300 bar).*

2.20 Erweiterung der Verfahrensfreiheit von Ladestationen für Elektromobilität (Anhang 1 Nr. 4a)

- *Die Änderung dient dem einfacheren verfahrensfreien Ausbau der Ladeinfrastruktur für alle Fahrzeugklassen (z. B. EG-Fahrzeugklasse M1 oder N3). Neben der verfahrensfreien Errichtung der Ladestationen werden hiervon auch die technischen Nebenanlagen mitumfasst. Technische Nebenanlagen sind solche Anlagen, die der technischen Funktion der Ladestationen dienen, wie beispielsweise Trafo-Stationen. Nicht von diesem Begriff umfasst werden sonstige Nebenanlagen, die ohne technisch-funktionalen Bezug lediglich die Attraktivität der Ladestationen steigern sollen, wie etwa Aufenthaltsräume oder Dachkonstruktionen.*
- *Zugleich wird durch die Änderung sichergestellt, dass im Falle einer damit einhergehenden Nutzungsänderung der Bestandsanlage (beispielsweise Garage) für diese durch die Ausstattung mit Ladeinfrastruktur keine erneute Genehmigungspflicht ausgelöst wird.*

2.21 Erweiterung der Verfahrensfreiheit von Versorgungseinrichtungen von Antennen (Anhang 1 Nr. 5c)

Die verfahrensfreien Raummaße der zugehörigen Versorgungseinrichtungen wird von 10 auf 20 m^3 erhöht. Grund dafür ist der Umstand, dass beispielsweise entlang von Bahnstrecken mehrere Netzbetreiber die Versorgungseinrichtungen gebündelt innerhalb eines Containers unterbringen müssen. Die bisherigen Raummaße von 10 m^3 reichen daher in der Praxis oftmals nicht aus und führen unter Umständen dazu, dass die Errichtung der Antennenanlage mit Mast verfahrensfrei ist, die Errichtung der größeren Versorgungseinrichtung aber der Genehmigungspflicht unterliegt.

2.22 Erweiterung der Verfahrensfreiheit um Kinderspielplätze (Anhang 1 Nr. 8g)

Die Änderung ermöglicht nunmehr die verfahrensfreie Errichtung und Änderung von Kinderspielplätzen. Bislang sind lediglich derartige Anlagen verfahrensfrei, die einer

Einführung 2.23

zweckentsprechenden Errichtung von u. a. Spielplätzen dienen. Diese Einschränkung soll für Kinderspielplätze nicht mehr gelten. Die Verfahrensfreiheit ist deshalb sachgerecht, da Kinderspielplätze im Regelfall keine grundlegende bauordnungs- oder planungsrechtliche Belange aufwerfen.

2.23 Erweiterung der Verfahrensfreiheit um mobile Geflügelställe (Anhang 1 Nr. 11j)

Die Änderung stellt die Verfahrensfreiheit bestimmter mobiler Geflügelställe sicher.

Durch die Wörter „ortsveränderlich" und „erkennbar beweglich" soll klar definiert werden, dass es sich um Mobilställe handelt, die jederzeit ohne viel Aufwand entsprechend den Vorgaben einer Straßenzulassung bewegt werden können müssen.

Die gesetzlich definierten Begriffe „Freilandhaltung" und „ökologisch biologisch" definieren eindeutig die möglichen Verfahren, die gemeint sind.

Die Nutzung des mobilen Geflügelstalls muss einem land- oder forstwirtschaftlichen Betrieb dienen. Hierdurch wird gemäß § 201 BauGB eine der Tierhaltung entsprechende Futtergrundlage vorausgesetzt. Des Weiteren wird hierdurch dem Schutz des Außenbereichs (insbesondere vor Hobbytierhaltung) Rechnung getragen.

Die Begrenzung der Verweildauer an einem Standort auf zwei Monate soll dem Schutz der Grasnarbe und der Vermeidung des übermäßigen Eintrags von Nährstoffen im nahen Auslaufbereich Rechnung tragen.

Dazu muss beim Versetzen eine „räumlich und funktionale Distanz sichergestellt" werden, um die Grasnarbe des Grünlands zu schonen und punktuelle Nährstoffeinträge zu reduzieren.

Darüber hinaus ermöglicht dies das mehrmalige Aufstellen auf „Großen Flurstücken". Der Mindestabstand von 50 m ist notwendig, weil von Geflügelhaltungen Immissionen für die Nachbarschaft in Form von Gerüchen, Staub und Bioaerosolen ausgehen. Eine Quantifizierung ist mit erheblichem Aufwand verbunden, sodass eine erst nachträgliche Überprüfung der bauordnungs- und bauplanungsrechtlichen Zulässigkeit für Behörden und Nachbarschaft kaum möglich ist. Mit der Aufnahme eines Mindestabstands können Konflikte, die durch Gerüche, Staub und Bioaerosole entstünden, frühzeitig vermieden und dem Gebot der Rücksichtnahme Rechnung getragen werden. Zusammen mit der Standzeit von 2 Monaten schafft der Abstand einen angemessenen Ausgleich zwischen den berechtigten Belangen der Wohnnachbarschaft, unzumutbaren Belästigungen oder Störungen nicht ausgesetzt zu werden, und den Belangen des Bauherrn an der Errichtung und Nutzung mobiler Hühnerställe. Die nachträgliche Überprüfung der Anlagen im Anwendungsbereich der Landesbauordnung liegt im Zuständigkeitsbereich der Baurechtsbehörden.

Ziel der Regelung ist zwar vor allem die Verfahrensfreiheit von mobilen Ställen für Geflügel (Hühner, Gänse, Enten, Fasane etc.), der Wortlaut der Regelung ermöglicht jedoch auch, ortsveränderlich genutzte Anlagen zum Zweck der Freilandhaltung von anderen vergleichbaren Nutztierarten, z. B. Kaninchen, verfahrensfrei aufzustellen.

Die Neuregelung ergänzt die Regelung in Anhang 1 Nummer 7b zur Verfahrensfreiheit von offenen Einfriedungen ohne Fundament und Sockel im Außenbereich um die ortveränderlich genutzten Anlagen.

3.–3.2 Einführung

3. Organisatorische Änderungen

3.1 Änderungen bei der Baurechtszuständigkeit auf Antrag (§ 46 Abs. 2 und 3)
Die Feststellung über die Erfüllung der in § 46 Absatz 4 genannten Voraussetzungen zur Erlangung der Zuständigkeit als untere Baurechtsbehörde erfolgt künftig im Wege der Ermessensentscheidung durch die oberste Baurechtsbehörde.

3.2 Neufassung der Vorschriften über die Bauvorlageberechtigung (§§ 63 bis 63d)
a) Allgemeines. Die Regelungen über die Bauvorlageberechtigung werden durch das Änderungsgesetz umfassend neu gestaltet. Im Rahmen der Neugestaltung wurde der Regelungsort der Bauvorlageberechtigung von § 43 Absätze 4 bis 9 in die §§ 63 bis 63d verlegt. Die Neugestaltung war erforderlich geworden, da die bisherigen Vorschriften nach Auffassung der EU-Kommission nicht den Vorgaben des geltenden EU-Rechts entsprachen.
Aufgrund eines von der Europäischen Kommission gegen Deutschland eingeleiteten Vertragsverletzungsverfahrens (VVV 2018/2291 – Bauvorlageberechtigung) wegen unzureichender Umsetzung der Richtlinie EG 2005/36 – Berufsanerkennungsrichtlinie – haben die Europäische Kommission und Deutschland gemeinsam einen Kompromiss zur Beilegung des Vertragsverletzungsverfahrens hinsichtlich der Bauvorlageberechtigung der Ingenieure ausgehandelt. Dieser Kompromiss führt zu Änderungen in § 65 der Musterbauordnung (MBO) und zur Ergänzung um die §§ 65a bis 65d MBO. Diese Änderungen waren zwingend im Landesrecht als Mindeststandard umzusetzen, um die Beendigung des Vertragsverletzungsverfahrens sicherzustellen. Zum Zwecke der Angleichung an die Regelungen der MBO zur Bauvorlageberechtigung wird daher in der LBO § 63 neu gefasst und die §§ 63a bis 63d neu aufgenommen.
Um der Berufsanerkennungsrichtlinie zu entsprechen, musste die Regelung der Bauvorlageberechtigung hinsichtlich der Personen aus Mitgliedstaaten der Europäischen Union oder aus rechtlich gleichgestellten Staaten im Vergleich zur bisherigen Regelung in folgenden Punkten neu geregelt oder geändert werden:
- **Erweiterung der Listeneintragung für Bauingenieure:** In die Liste der bauvorlageberechtigten Bauingenieure bei der Ingenieurkammer werden nun auch Antragsteller, die in EU-Mitgliedsstaaten und gleichgestellten Staaten ihren Geschäftssitz haben, eingetragen, wenn sie die Voraussetzungen der Art. 11 und 13 der Berufsanerkennungsrichtlinie erfüllen (§ 63a Abs. 3).
- **Erweiterung der kleinen Bauvorlageberechtigung:** Da für die große Bauvorlageberechtigung eine zweijährige praktische Tätigkeit nach § 63a Abs. 1 Nr. 2 als Eintragungsvoraussetzung zugestanden wurde, sah der Kompromiss mit der EU-Kommission im Gegenzug vor, dass ein wesentlicher Teil der Tätigkeit als Bauvorlageberechtigter von der Listenführung mit zusätzlichen Anforderungen freigestellt bleibt, indem eine kleine Bauvorlageberechtigung für Bauingenieure vorgesehen wird. Da die Kompromisslösung einen bestimmten Umfang der Bauvorlageberechtigung hinsichtlich der Gebäude, zu deren Errichtung sie berechtigt, vorsah, musste der Umfang in § 63 Abs. 3 Nr. 1 im Vergleich zum bisherigen § 43 Abs. 4 erweitert werden. Um eine Ungleichbehandlung der Bauingenieure und der anderen in der anderen Berufsgruppen zu vermeiden, wurde in Baden-Württemberg die gegenständ-

Einführung 3.2

liche Erweiterung der kleinen Bauvorlageberechtigung für alle Berechtigten übernommen.
- **Ermöglichung von Ausgleichsmaßnahmen:** Für Personen, die keine Listeneintragung nach Art. 11 und 13 der Berufsanerkennungsrichtline erreichen können, da ihre Berufsqualifikation nicht vergleichbar ist, musste in § 63c die Möglichkeit geschaffen werden, dass diese einen Anpassungslehrgang absolvieren oder eine Eignungsprüfung ablegen können.
- **Regelung der vorübergehenden Dienstleistungserbringung:** Die vorübergehende oder gelegentliche Dienstleistungserbringung von bauvorlageberechtigten Ingenieuren musste durch ein einfaches Anzeigeverfahren ermöglicht werden (§ 63d).

b) Übersicht über die Neuregelung. Die Bauvorlageberechtigung beinhaltet das Recht, Bauvorlagen für Errichtung und Änderung von verfahrenspflichtigen Gebäuden eigenverantwortlich zu erstellen oder erstellen zu lassen und bei den Baurechtsbehörden einzureichen.

Wem die Bauvorlageberechtigung zukommt, wurde in den §§ 63 bis 63d nun für die jeweiligen Personenkreise wie folgt vorgesehen:
- Unverändert bleibt, dass Personen, die die Berufsbezeichnung „Architekt" führen dürfen, umfassend bauvorlageberechtigt sind. Sonstigen Personen mit abgeschlossenem Studium der Fachrichtung Architektur kommt die kleine Bauvorlageberechtigung für bestimmte nach Art, Größe und Umfang beschränkte Gebäude zu.
- Personen, die in die Liste der bauvorlageberechtigten Ingenieure bei der Ingenieurkammer eingetragen sind, sind umfassend bauvorlageberechtigt. Eingetragen werden können Personen in folgenden Fällen:
  - Personen, die ein abgeschlossenes Hochschulstudium der Fachrichtung Bauingenieurwesen mit den im Anhang 2 zur LBO genannten Mindestinhalten an einer deutschen Hochschule – oder bei gleichwertigen Anforderungen an einer ausländischen Hochschule – nachweisen können und zwei Jahre auf dem Gebiet der Entwurfsplanung von Gebäuden praktisch tätig waren (vgl. §§ 63a Abs. 1 und 2).
  - Personen, die einen Ausbildungsnachweis nach § 11 der Richtlinie 2005/36/EG besitzen, der ihnen nach dem Recht eines Mitgliedstaats der Europäischen Union oder eines gleichgestellten Staats erlaubt, in dessen Hoheitsgebiet Bauvorlagen vorzulegen und sie dort mindestens zwei Jahre vergleichbar praktisch tätig waren (§ 63a Abs. 3 Satz 1).
  - Personen, die den Beruf einer bauvorlageberechtigten Person ein Jahr lang in Vollzeit oder während einer entsprechenden Gesamtdauer in Teilzeit während der vorhergehenden zehn Jahre in Mitgliedstaaten der Europäischen Union oder einem gleichgestellten Staat ausgeübt haben, und hinsichtlich der Ausbildung keine wesentlichen Unterschiede in Bezug auf die baden-württembergischen Studienanforderungen bestehen, sofern der Beruf im Niederlassungsmitgliedstaat nicht reglementiert ist (§ 63a Abs. 3 Satz 2).
  - Personen, die aufgrund von wesentlichen Unterschieden nicht über eine gleichwertige Berufsqualifikation verfügen, aber die nach § 63c entweder einen dreijährigen Anpassungslehrgang absolvieren oder eine Eignungs-

3.2 Einführung

prüfung ablegen. Unter bestimmten Voraussetzungen kann die Ingenieurkammer sowohl einen Anpassungslehrgang als auch eine Eignungsprüfung verlangen.
- Personen, die zwar über einen berufsqualifizierenden Hochschulabschluss eines Studiums der Fachrichtung Bauingenieurwesen verfügen, aber noch keine ausreichende Berufserfahrung nachweisen können und daher nicht in die Liste der Bauvorlageberechtigten bei der Ingenieurkammer eingetragen werden können, kommt die kleine Bauvorlageberechtigung für bestimmte nach Art, Größe und Umfang beschränkte Gebäude zu. Diese kleine Bauvorlageberechtigung besitzen in Baden-Württemberg auch Personen mit einem Hochschulstudium der Architektur oder Innenarchitektur, die aber nicht Mitglied der Architektenkammer sind, staatlich geprüfte Techniker/innen der Fachrichtung Bautechnik sowie Meister des Maurer-, Beton- und Zimmererhandwerks (§ 63 Abs. 3 Nr. 1).
- Personen, die die Berufsbezeichnung „Innenarchitekt" führen dürfen, sind für die mit der Berufsaufgabe des Innenarchitekten verbundenen baulichen Änderungen von Gebäuden bauvorlageberechtigt. Sonstigen Personen mit abgeschlossenem Studium der Fachrichtung Innenarchitektur kommt die kleine Bauvorlageberechtigung für bestimmte in Art, Größe und Umfang beschränkte Gebäude zu (§ 63 Abs. 3 Nr. 2).
- Bedienstete einer juristischen Person des öffentlichen Rechts, die die Anforderungen an den Hochschulabschluss und die Berufserfahrung erfüllen, um als Architekt oder bauvorlageberechtigter Ingenieur eingetragen werden zu können, sind ohne Eintragung im Rahmen ihrer dienstlichen Tätigkeit umfassend bauvorlageberechtigt (§ 63 Abs. 3 Nr. 3).
- Personen nach § 63d, die nur eine vorübergehende und gelegentliche Erstellung von Bauvorlagen in Baden-Württemberg beabsichtigen (sog. Dienstleisterinnen oder Dienstleister), sind ohne Listeneintragung umfassend bauvorlageberechtigt. Sie haben die erstmalige Dienstleitungserbringung bei der Ingenieurkammer anzuzeigen. Dabei ist im Regelfall neben einem Berufsqualifikationsnachweis nur eine Bescheinigung vorzulegen, dass die Personen in dem jeweiligen Mitgliedstaat der Europäischen Union oder einem diesem durch Abkommen gleichgestellten Staat rechtmäßig zur Ausübung der betreffenden Tätigkeit niedergelassen sind und ihnen die Ausübung dieser Tätigkeit nicht untersagt ist. Die Personen werden in einem Verzeichnis geführt.

c) Die Regelungen im Einzelnen

Zu § 63:

Absatz 1:
Absatz 1 Satz 1 regelt die grundlegende Anforderung einer Bauvorlageberechtigung bei Gebäuden. Satz 2 führt die Vorhaben auf, für die keine Bauvorlageberechtigung erforderlich ist. Dies sind vor allem geringfügige oder technisch einfache Bauvorhaben. Dies sind z. B. geringfügige Änderungen an bestehenden Gebäuden wie der Anbau von Dachgauben, Balkon- und Terrassenüberdachungen oder auch die Errichtung verfahrenspflichtiger Kleinstgebäude. Einige wichtige Vorhaben dieser Art, die bereits bisher in § 43 Absatz 5 LBO benannt sind, sollten auch weiterhin beispielhaft im Gesetz aufgeführt werden.

Einführung 3.2

§ 65 Absatz 1 Satz 2 Nummer 1 MBO, wonach auch Bauvorlagen, die „üblicherweise von Fachkräften mit anderer Ausbildung als nach Absatz 2 verfasst werden", ohne Bauvorlageberechtigung erstellt werden können, wurde nicht übernommen. Der Kreis der hiervon betroffenen Berufsgruppen wäre nur ungenau beschrieben. Im Sinne der Rechtsklarheit wird daher wie bisher insoweit eine ausdrückliche Regelung zur sogenannten kleinen Bauvorlageberechtigung für staatlich geprüfte Techniker und bestimmte Meister in § 63 Absatz 3 Nummer 1 LBO vorgesehen.

Absatz 2:
In Absatz 2 werden nur noch die Personen erfasst, die unbeschränkt bauvorlageberechtigt sind. Der Kreis der Bauvorlageberechtigten wird zudem redaktionell erweitert. Wie bisher sind neben den in der von der Ingenieurkammer geführten Liste eingetragene Bauvorlageberechtigte auch Personen bauvorlageberechtigt, die ohne eine solche Listeneintragung gemäß § 63d vorübergehend und gelegentlich Dienstleistungen als EU-auswärtige, bauvorlageberechtigte Ingenieure in Baden-Württemberg erbringen.

Absatz 3:
Absatz 2 und Absatz 3 bilden insoweit ein Stufenverhältnis. In Absatz 3 werden all jene Personen erfasst, die persönlich und/oder sachlich eingeschränkt bauvorlageberechtigt sind.
- Zu Nummer 1:
  Nach der Nummer 1 sind zunächst Berufsangehörige, welche über die in § 63a genannten inländischen oder auswärtigen Hochschulabschlüsse verfügen, für die in Buchstaben a) bis c) genannten Gebäude bauvorlageberechtigt. Für die Bauvorlageberechtigung nach Nummer 1 wird keine zweijährige praktische Berufserfahrung auf dem Gebiet der Entwurfsplanung von Gebäuden gefordert. Im Gegenzug wird jedoch die Bauvorlageberechtigung auf die in Buchstaben a) bis c) benannten Gebäude beschränkt. Da dieser Verweis entsprechend der Regelung in § 65 Absatz 3 Nummer 1 MBO nur die Personen der Fachrichtung Bauingenieurwesen mit abgeschlossenem Hochschulabschluss, aber ohne Listeneintragung bei der Ingenieurkammer betrifft, wird § 63 Absatz 3 Nummer 1 LBO noch um Berufsangehörige der Fachrichtung Architektur und Innenarchitektur, staatlich geprüfte Technikerinnen oder Techniker der Fachrichtung Bautechnik sowie Personen, die die Meisterprüfung des Maurer-, Betonbauer-, Stahlbetonbauer- oder Zimmererhandwerks abgelegt haben und Personen, die diesen, mit Ausnahme von § 7b der Handwerksordnung, handwerksrechtlich gleichgestellt sind, ergänzt. Durch diese Ergänzung bleibt der berechtigte Personenkreis hinsichtlich der sogenannten kleinen Bauvorlageberechtigung im Vergleich zur bisherigen Regelung in § 43 Absatz 4 LBO unverändert. Durch die Übernahme der mit der EU-Kommission vereinbarten Kompromissregelung wird der gegenständliche Anwendungsbereich an den Umfang der Musterbauordnung angepasst. Insbesondere erfasst die kleine Bauvorlageberechtigung nunmehr Wohngebäude der Gebäudeklassen 1 bis 3 nach § 2 Absatz 4 LBO, jedoch in Baden-Württemberg beschränkt auf Wohngebäude mit nicht mehr als drei Wohnungen. Damit wird der Umfang der kleinen Bauvorlageberechtigung, die bislang auf Wohngebäude mit einem Vollgeschoss bis zu 150 m^2 Grundfläche beschränkt ist, für die vorgenannten Berufsgruppen maßvoll und vertretbar erweitert.
- Zu Nummer 2 und 3:
  Die bestehenden eingeschränkten Bauvorlageberechtigungen der Innenarchitekten und der Berufsangehörigen im Bereich des öffentlichen Rechts werden aus systematischen Gründen künftig in Absatz 3 als Nummer 2 und 3 verortet.

3.2 Einführung

Im Ergebnis ergibt sich daraus folgendes dreistufiges System der Bauvorlageberechtigung:
1. *keine Bauvorlageberechtigung erforderlich, § 63 Absatz 1 Satz 2*
2. *unbeschränkte Bauvorlageberechtigung, § 63 Absatz 2*
3. *eingeschränkte Bauvorlageberechtigung, § 63 Absatz 3 mit Einschränkungen hinsichtlich des Umfangs der Vorhaben (bei § 63 Abs. 3 Nummer 1 – sog. „kleine Bauvorlageberechtigung") oder hinsichtlich des beruflichen Rahmens der Tätigkeit (bei § 63 Abs. 3 Nrn. 2 und 3).*

Zu § 63a:
Die §§ 63a bis 63d werden entsprechend des mit der Europäischen Kommission erzielten Kompromisses neu eingefügt und strukturieren die Bauvorlageberechtigung systematisch neu. An verschiedenen Stellen wird künftig auf einzelne anzuwendende Regelungen des Berufsqualifikationsfeststellungsgesetzes Baden-Württemberg klarstellend verwiesen. Die einzelnen Regelungen des Berufsqualifikationsfeststellungsgesetzes sind unmittelbar anzuwenden, weil kein expliziter Anwendungsausschluss in der LBO normiert ist. Ein Anwendungsausschluss hätte zur Folge, dass die Regelungen des Berufsqualifikationsfeststellungsgesetzes in der Bauordnung unmittelbar hätten geregelt werden müssen und dadurch die Lesbarkeit und weitere Anwendbarkeit der ohnehin bereits komplexen Regelungsmaterie unnötig erhöht worden wäre.

Absatz 1:
In Satz 1 werden allgemein die Voraussetzungen für eine Eintragung in die Liste der Bauvorlageberechtigten bei der Ingenieurkammer geregelt. Nach Nummer 1 ist neben dem bisher geforderten berufsqualifizierenden Hochschulabschluss eines Studiums der Fachrichtung Bauingenieurwesen an einer deutschen Hochschule ergänzend hinzugekommen, dass der Studiengang den in Anhang 2 zur LBO geregelten Leitlinien entsprechen muss. Des Weiteren wird an der Anforderung der mindestens zweijährigen Berufserfahrung auf dem Gebiet der Entwurfsplanung von Gebäuden nach Nummer 2 weiter festgehalten.

Absatz 2:
Personen, die über einen berufsqualifizierenden Hochschulabschluss aus einem Mitgliedstaat der Europäischen Union verfügen, sind in die Liste der Bauvorlageberechtigten einzutragen, wenn der auswärtige Hochschulabschluss bezüglich der Anforderung aus Absatz 1 Nummer 1 gleichwertig ist und die Anforderung an eine zweijährige Berufserfahrung erfüllt ist. Das weitere Festhalten an der Anforderung, hinsichtlich der Berufserfahrung bei Personen aus Mitgliedstaaten der Europäischen Union mit auswärtigen Hochschulabschlüssen, ist ausdrücklicher Bestandteil des mit der Europäischen Kommission ausgehandelten Kompromisses.
Es war Hauptkritikpunkt der Kommission, dass die zweijährige Berufserfahrung auch von Ingenieuren gefordert wird, die in ihrem Land die volle Bauvorlageberechtigung auch ohne Berufserfahrung haben. Es kann nach Artikel 13 Absatz 2 der Richtlinie 2005/36/EG eigentlich nur eine einjährige Tätigkeit und das auch nur in den Grenzen des Artikel 13 Absatz 2 letzter Satz der Richtlinie 2005/36/EG (in der Fassung der Änderung durch Richtlinie 2013/55 EU) gefordert werden.
Die abschließende Entscheidung über die Gleichwertigkeit auswärtiger Hochschulabschlüsse nach Absatz 2 ist von der Ingenieurkammer Baden-Württemberg zu treffen, soweit diese nicht der automatischen Anerkennung unterliegen. Die Bewertung der

Einführung 3.2

Gleichwertigkeit der Studieninhalte auswärtiger Hochschulabschlüsse mit den nationalen Anforderungen werden in der Regel von einer zentralen Stelle, der Zentralstelle für ausländisches Bildungswesen, durchgeführt. Die Ingenieurkammer Baden-Württemberg müsste sich für die Bewertung der Gleichwertigkeit der Studieninhalte an diese zuständige zentrale Stelle wenden und eine Stellungnahme im jeweiligen Einzelfall abfordern, um damit die Grundlage für eine konkrete Entscheidung treffen zu können.

Absatz 3:
Absatz 3 stellt eine der zentralen Neuerungen im Bereich der Bauvorlageberechtigung dar. Strukturell werden in Satz 1 und Satz 2 jeweils kumulative Voraussetzungen für die Eintragung in die Liste der Bauvorlageberechtigten bestimmt, die neben Absatz 1 und 2 gelten.
Nach Satz 1 wird in Nummer 1 zunächst bestimmt, dass in Bezug auf die Studienanforderungen nach Absatz 1 Nummer 1 ein Ausbildungsnachweis nach Artikel 11 der Richtlinie 2005/36/EG erforderlich ist, soweit dieser in einem Mitgliedstaat der Europäischen Union oder einem diesem durch Abkommen gleichgestellten Staat erforderlich ist, um in dessen Hoheitsgebiet die Erlaubnis zur Aufnahme und Ausübung dieses Berufes zu erhalten (reglementierter Beruf in einem Mitgliedstaat der Europäischen Union). Aufgrund des verwendeten Begriffs Ausbildungsnachweis und die Bezugnahme auf Artikel 11 der Richtlinie 2005/36/EG (Berufsanerkennungsrichtlinie) kommen auch Ausbildungsberufe in Betracht, wenn diese nach dem Recht des jeweiligen Mitgliedstaates für die unbeschränkte Befähigung zur Erstellung von Bauvorlagen genügen. Durch den nach Artikel 11 der Richtlinie 2005/36/EG weit gefassten Anwendungsbereich bezüglich der Ausbildungsnachweise genügen beispielsweise auch regelmäßig Diplome.
Welche Berufsausbildungen in Bezug auf die geforderten Studienanforderungen als „gleichwertig" (vgl. Artikel 11 der Richtlinie 2005/36/EG) anerkannt werden müssen, ist ebenfalls im konkreten Einzelfall durch die Ingenieurkammer zu entscheiden.
In Satz 1 Nummer 2 wird durch die Bezugnahme auf Artikel 13 Absatz 2 Satz 2 der Richtlinie 2005/36/EG festgelegt, welche konkreten Anforderungen die Ausbildungsnachweise erfüllen müssen.
Der Satz 1 Nummer 3 verlangt als letzte Voraussetzung eine berufspraktische Tätigkeit von mindestens zwei Jahren, die mit den Anforderungen des Absatz 1 Nummer 2 vergleichbar ist. Die Feststellung der Vergleichbarkeit der auswärtigen berufspraktischen Tätigkeit obliegt ebenfalls der Ingenieurkammer. Dies ist ebenfalls ein Teil der mit der EU-Kommission vereinbarten Kompromisslösung.
In Satz 2 werden die nach Satz 1 zu erfüllenden Anforderungen für den Fall modifiziert, dass nach dem Recht eines Mitgliedstaates der Europäischen Union keine berufsreglementierenden Regelungen für die Bauvorlageberechtigung existieren. Nach Satz 2 Nummer 1 ist dann lediglich die Berufsausübung von einem Jahr in Vollzeit oder im Falle der Teilzeit von insgesamt einem Jahr Gesamtdauer nachzuweisen. Nach Satz 2 Nummer 2 muss ebenfalls der Befähigungs- oder Ausbildungsnachweis den Anforderungen des Artikel 13 Absatz 2 Satz 2 der Richtlinie 2005/36/EG entsprechen und nach Satz 2 Nummer 3 dürfen keine wesentlichen Unterschiede in Bezug auf die geforderte Studienanforderung nach Absatz 1 Nummer 1 bestehen. Die Feststellung der Gleichwertigkeit hinsichtlich der Anforderungen gemäß Satz 2 obliegt entsprechend der Ausführungen zu Satz 1 der Ingenieurkammer, gegebenenfalls unter Beteiligung der zuständigen Stelle im Herkunftsstaat. Die Nichtumsetzung von Artikel 13 Absatz 2 Satz 3 der Richtlinie 2005/36/EG scheint ebenfalls Teil der mit der EU-Kommission vereinbarten Kompromisslösung zu sein.

3.2 Einführung

Absatz 4:
Absatz 4 regelt das Verfahren bei Anträgen auf Listeneintragung, soweit nicht die besonderen Vorgaben für das Eintragungsverfahren für Mitglieder aus EU-Mitgliedsstaaten nach § 63b gilt. Zur Regelung der Genehmigungsfiktion wird nunmehr auf die allgemeinen Vorgaben des § 42a LVwVfG verwiesen. Eine Genehmigungsfiktion tritt damit ein, wenn über den Antrag nicht innerhalb der vorgegebenen Frist (drei Monate plus mögliche einmonatige Verlängerung) entschieden wurde.

Absatz 5:
Nach Absatz 5 entfällt das Erfordernis der Eintragung in die Liste, wenn der/die Antragsteller/-in aufgrund einer Regelung eines anderen Landes bauvorlageberechtigt ist. Diese Regelung bringt das Prinzip der gegenseitigen Anerkennung bei bereits erfolgter Listeneintragung zum Ausdruck und liegt im Interesse aller Beteiligten hinsichtlich des Bürokratieabbaus.

Absatz 6:
Nach Absatz 6 wird über den Verweis auf § 16 Berufsqualifikationsfeststellungsgesetz Baden-Württemberg klargestellt, dass über die Verfahren zur Feststellung der Gleichwertigkeit eine Landesstatistik geführt wird. Auskunftspflichtig sind die für das Verfahren zur Feststellung der Gleichwertigkeit zuständigen Stellen, vorliegend die Ingenieurkammer Baden-Württemberg.

Zu § 63b:

Absatz 1:
Durch Absatz 1 wird Artikel 50 (Unterlagen und Formalitäten) der Richtlinie 2005/36/EG umgesetzt.
Im Wesentlichen wird in Absatz 2 geregelt, dass Antragstellerinnen und Antragsteller Unterlagen nach Artikel 50 Absatz 1 der Richtlinie 2005/36/EG in Verbindung mit deren Anhang VII Nummer 1 Buchstabe a und b Satz 1 sowie auf Anforderung nach Anhang VII Nummer 1 Buchstabe b Satz 2 dieser Richtlinie vorzulegen haben. Sollten sie hierzu nicht in der Lage sein, wendet sich die Ingenieurkammer Baden-Württemberg zur Beschaffung der erforderlichen Unterlagen an die sogenannte Kontaktstelle nach der Richtlinie, die zuständige Behörde oder eine Ausbildungsstelle des Herkunftsmitgliedstaates.
Des Weiteren kann bei Ausbildungsnachweisen gemäß Artikel 50 Absatz 3 der Richtlinie 2005/36/EG die Ingenieurkammer bei berechtigten Zweifeln von der zuständigen Stelle des Ausstellungsstaates die Überprüfung der Kriterien gemäß Artikel 50 Absatz 3 Buchstabe a bis c der Richtlinie 2005/36/EG verlangen.
Die auf Verlangen übermittelten Unterlagen und Bescheinigungen dürfen bei ihrer Vorlage nicht älter als drei Monate sein. Der Informationsaustausch erfolgt über das Binnenmarkt-Informationssystem (IMI).

Absatz 2:
Absatz 2 bestimmt für die Form des Antrags auf Eintragung in die Liste der Bauvorlageberechtigten für Antragstellende aus anderen Mitgliedstaaten der Europäischen Union nach § 63a Absatz 3, die einzureichenden Unterlagen sowie das diesbezügliche Verfahren, dass in Ergänzung zu § 63b Absatz 1 die §§ 12 und 13 des Berufsqualifikationsfeststellungsgesetzes Baden-Württemberg Anwendung finden. Die Unterlagen sind

Einführung 3.2

bei der Ingenieurkammer Baden-Württemberg einzureichen, die für die Durchführung des Eintragungsverfahrens zuständig ist.

Absatz 3:
In Absatz 3 wird die Verpflichtung zur Ausstellung einer Bescheinigung über die Eintragung in die Liste der Bauvorlageberechtigten geregelt. Des Weiteren enthält Absatz 3 konkrete Vorgaben hinsichtlich der Mindestangaben, die die Liste der Bauvorlageberechtigten aufweisen muss. Wesentliche Änderungen dieser Angaben sind der Ingenieurkammer Baden-Württemberg unverzüglich mitzuteilen. Die für die Löschung aus Listen geltenden Regelungen insbesondere des § 19 des Ingenieurkammergesetzes gelten auch für diese Liste.

Absatz 4:
Soweit eine Eintragung in die Liste nach § 63 Absatz 2 Nummer 2 wegen fehlender Gleichwertigkeit der Ausbildungsnachweise nicht erfolgen kann, ist dies nach § 10 Berufsqualifikationsfeststellungsgesetz Baden-Württemberg zu bescheiden. In dem Bescheid wird des Weiteren festgestellt, durch welche konkreten Ausgleichsmaßnahmen nach § 63c die wesentlichen Unterschiede gegenüber der erforderlichen landesrechtlich geregelten Berufsqualifikation ausgeglichen werden können.

Zu § 63c:

Absatz 1:
In Absatz 1 wird geregelt, wie zu verfahren ist, wenn eine Person aufgrund von wesentlichen Unterschieden nicht über eine gleichwertige Berufsqualifikation und über einen Ausbildungsnachweis verfügt, der dem Berufsqualifikationsniveau nach Artikel 11 Buchstaben b, c, d oder e der Richtlinie 2005/36/EG entspricht. Die jeweilige Person kann in einem solchen Fall einen höchstens dreijährigen Anpassungslehrgang absolvieren oder eine Eignungsprüfung ablegen. Falls ein Inhaber einer Berufsqualifikation gemäß Artikel 11 Buchstabe a der Richtlinie 2005/36/EG die Anerkennung seiner Berufsqualifikationen beantragt, kann die Ingenieurkammer Baden-Württemberg im jeweiligen Einzelfall einen Anpassungslehrgang und eine Eignungsprüfung vorschreiben, weil die nationale Berufsqualifikation unter Artikel 11 Buchstabe d der Richtlinie 2005/36/EG eingestuft ist. Mit Absatz 1 wird Artikel 14 der Richtlinie 2005/36/EG umgesetzt.

Absatz 2:
Absatz 2 enthält eine Ermächtigung zugunsten der Ingenieurkammer die weitere Konkretisierung der Durchführung der Ausgleichsmaßnahmen durch Satzung, die der Genehmigung durch die oberste Baurechtsbehörde bedarf, festzulegen.

Absatz 3:
Aufgrund von Absatz 3 Satz 1 ist die Ingenieurkammer berechtigt, eine länderübergreifende Vereinbarung zur Durchführung von Ausgleichmaßnahmen zu treffen. Diese Vereinbarungen stehen unter dem Genehmigungsvorbehalt der obersten Baurechtsbehörde. Im Übrigen wird durch die Regelung die grundsätzliche Möglichkeit geschaffen, länderübergreifend für eine effiziente und einheitliche Regelung zur Durchführung von Ausgleichsmaßnahmen sorgen zu können.

3.2 Einführung

Zu § 63d:

Absatz 1:
Auswärtige Bauvorlageberechtigte, die ihren Geschäftssitz in einem Mitgliedstaat der Europäischen Union haben und nur vorübergehend und gelegentlich in Baden-Württemberg tätig werden, werden von der Ingenieurkammer Baden-Württemberg in ein zu führendes Verzeichnis eingetragen, damit die Berufspflichten kontrollierbar sind. Die Eintragung ist nicht konstitutiv und daher keine Voraussetzung der Bauvorlageberechtigung.

Absatz 2:
Nach Absatz 2 haben auswärtige bauvorlageberechtigte Dienstleister, die nur vorübergehend und gelegentlich in Baden-Württemberg tätig werden wollen, dies der Ingenieurkammer vor dem erstmaligen Tätigwerden anzuzeigen. Soweit die Dienstleister bereits aufgrund einer Regelung eines anderen Landes zur Dienstleistungserbringung bzw. Erstellung von Bauvorlagen berechtigt sind, ist eine erneute Anzeige bei der Ingenieurkammer Baden-Württemberg entbehrlich. Diese Regelung entspricht dem System der gegenseitigen Anerkennung der Länder untereinander. Des Weiteren wird in Satz 3 konkret geregelt, welche Unterlagen mit der Anzeige vorzulegen sind. Die Vorschriften der §§ 12 und 13 des Berufsqualifikationsfeststellungsgesetzes Baden-Württemberg gelten entsprechend.

Absatz 3:
In Absatz 3 wird einleitend klargestellt, dass nach erfolgter Meldung (Anzeige) die Dienstleister grundsätzlich zur Erstellung von Bauvorlagen berechtigt sind. Der Ingenieurkammer wird jedoch im Weiteren ein Prüfvorbehalt eingeräumt, d. h. ihr steht es frei, die mit der Anzeige vorgelegten Unterlagen zu überprüfen. Die Ingenieurkammer hat dem Dienstleister die Erstellung von Bauvorlagen zu untersagen, wenn er nicht zur Ausübung desselben Berufs rechtmäßig in einem Mitgliedstaat niedergelassen ist, ihm die Ausübung dieser Tätigkeit nach der Anzeige untersagt wird oder die Voraussetzungen des § 63a Absatz 3 Satz 2 nicht erfüllt sind. In einem solchen Fall hat die Ingenieurkammer dem Dienstleister anzubieten fehlende Kenntnisse, Fähigkeiten, und Kompetenzen durch einen Anpassungslehrgang oder eine Eignungsprüfung auszugleichen (Artikel 7 Absatz 4 der Richtlinie 2005/36/EG). Sind die Dienstleiter in einem Mitgliedstaat rechtmäßig niedergelassen oder erfüllen die Voraussetzungen nach § 63a Absatz 3 Satz 2, darf die Erstellung von Bauvorlagen nicht beschränkt werden. Aufgrund dieser Regelung wird im Rahmen des mit der Europäischen Kommission ausgehandelten Kompromisses auf die Umsetzung von Artikel 4f (partieller Zugang) der Richtlinie 2005/36/EG verzichtet. Für die Bestimmung desselben Berufs im Sinne dieses Absatzes wird auf das gestufte System des § 63 verwiesen.

Absatz 4:
In Absatz 4 wird die Berechtigung zur Führung von Berufsbezeichnungen nach dem Recht des Niederlassungsstaates geregelt. Die Führung dieser Berufsbezeichnung bleibt in vollem Umfang bestehen. Es ist jedoch darauf zu achten, dass eine Verwechslung mit einer inländischen Berufsbezeichnung ausgeschlossen ist.

Absatz 5:
In Absatz 5 wird bestimmt, dass auswärtige Dienstleister zur Beachtung der Berufspflichten verpflichtet sind. Sie sind diesbezüglich wie Mitglieder der Ingenieurkammer

Einführung 3.3–3.6

zu behandeln. Die Ingenieurkammer stellt über die Eintragung in das Verzeichnis eine auf fünf Jahre befristete Bescheinigung aus, die auf Antrag verlängert werden kann. Durch die Eintragung in das Verzeichnis darf das Erbringen der Dienstleistung nicht verzögert, erschwert oder verteuert werden. Diese Regelung entspricht insoweit Artikel 6a der Richtlinie 2005/36/EG.

3.3 Zuständigkeitsänderung im Regelungsbereich der Fliegenden Bauten (§ 69 Abs. 5)

In Satz 1 war eine Korrektur erforderlich, da die bisherige Fassung nicht in allen Fällen sachgerecht war. Denn *im Fall einer bereits einmal erfolgten Übertragung einer Ausführungsgenehmigung ist es nicht sinnvoll, die Anzeige weiterer Veränderungen an die Behörde zu richten, die die Ausführungsgenehmigung (ursprünglich) erteilt hat. Der Inhaber der Ausführungsgenehmigung muss die Anzeigen an die für ihn zuständige Behörde richten, die die Ausführungsgenehmigung zuletzt übertragen bekommen hat und das Behördenexemplar führt. Da das Land von § 69 Absatz 3 LBO Gebrauch gemacht hat und die Genehmigungszuständigkeit zentralisiert ist* (beim TÜV Süd in Filderstadt, vgl. § 1 FliegBautenZuVO), *können Bauaufsichtsbehörden, die früher Ausführungsgenehmigungen erteilt haben, heute keine Genehmigungszuständigkeit mehr haben. Satz 1 ist kürzer und damit klarer.*

3.4 Änderung der Anzeigemodalitäten bei der Aufstellung Fliegender Bauten (§ 69 Abs. 6)

Absatz 6 Sätze 1 bis 3 verfolgen konsequent das Ziel, dass im Zuge der Aufstellung genehmigungspflichtiger Fliegender Bauten das Prüfbuch bei der örtlich zuständigen Bauaufsichtsbehörde vorgelegt werden muss und die Bauaufsichtsbehörde dies auch bestätigt. Aus Praktikabilitätsgründen kann der Betreiber aber nunmehr auch *die Aufstellung des Fliegenden Baus unter Angabe der wesentlichen Daten vorab in Textform anzeigen.*
Im Übrigen wird Absatz 6 durch die Streichung des bisherigen Satzes *4 gestrafft, da für diesen Satz keine Anwendungsfälle bekannt geworden* sind.

3.5 Entfall des Schriftformerfordernisses bei Verzicht auf eine Baulast (§ 71 Abs. 3)

Die Baurechtsbehörde kann ihren Verzicht auf die Baulast in Textform nach § 126b des Bürgerlichen Gesetzbuchs erklären, d. h. möglich ist daher nun auch eine Erklärung durch einfache elektronische Kommunikation, also insbesondere durch eine E-Mail. Eine eigenhändige Unterschrift ist nicht erforderlich, es reicht, dass die Person des Erklärenden in der Erklärung genannt wird.

3.6 Erweiterung der Stichtagsregelung in der Übergangsvorschrift auf untergesetzliche Vorschriften (§ 77 Abs. 1)

§ 77 Absatz 1 LBO umfasste zwar bereits bisher *eine Stichtagsregelung für die Änderung der Verfahrensvorschriften und materiellen Vorschriften. Diese beschränkte sich aber auf ebensolche der LBO („dieses Gesetzes"), sie umfasste dagegen nicht die aufgrund der LBO erlassenen Vorschriften, wie beispielsweise die LBOVVO, Technische Baubestimmungen, Garagenverordnung, Campingplatzverordnung etc. Mit der Änderung und tatbestandlichen Ausweitung des § 77 Absatz 1 LBO werden künftig auch die aufgrund der LBO erlassenen Vorschriften von der Stichtagsregelung umfasst.*

3.7–4.4 Einführung

3.7 Übergangsvorschrift für Studenten des Bauingenieurwesens bei Bauvorlageberechtigung (§ 77 Abs. 6)

Die Übergangsvorschrift soll durch eine Anwendung der bisherigen Regelung in § 43 Absatz 6 LBO auf schon laufende Ausbildungsfälle rückwirkende Rechtsfolgen der neuen Bauvorlageberechtigung bei Bauingenieuren verhindern. Verfassungsmäßig gebotene Übergangsregelung (Artikel 12 GG).

4. Sonstige Änderungen (Begriffsdefinitionen, Klarstellungen, Anpassungen usw.)

4.1 Erstreckung des sachlichen Anwendungsbereichs der LBO auf Regale (§ 1 Abs. 2 Satz 1 Nr. 5)

Regale und Regalanlagen in Gebäuden sollen künftig nur dann der LBO unterfallen, wenn sie Teil der Gebäudekonstruktion sind oder Erschließungsfunktion haben. Die Regelung dient *der Klarstellung und Abgrenzung zum bloßen, von der Landesbauordnung nicht mitumfassten Gebäudeinventar. Die Änderung gleicht die LBO an die geltende Musterbauordnung an. Der Begriff der Erschließungsfunktion betrifft insbesondere Fälle mit Bezug zum Brandschutz, in denen beispielsweise der bauliche Rettungsweg über Regale verläuft.*

4.2 Streichung der Zeltplätze (§ 2 Abs. 1 Satz 3 Nr. 3, § 38 Abs. 2 Nr. 6, § 39 Abs. 2 Nr. 7 und Anhang 1 Nr. 8a)

Als bauliche Anlagen, die durch das Gesetzes als solche gelten, werden nur noch Camping- und Wochenendplätze aufgeführt. *Der Begriff „Zeltplätze" ist in der aktuellen Fassung der Campingplatz-Verordnung nicht mehr enthalten, sondern wird im Gesamtbegriff „Campingplatz" miteinbezogen.* Die Zeltplätze mussten daher in der Vorschrift nicht mehr aufgeführt werden. Mit der Änderung des Wortlauts ist keine materiell-rechtliche Änderung verbunden. Entsprechende Änderungen erfolgen auch in § 38 Absatz 2 Nummer 6 und in § 39 Absatz 2 Nummer 7 und in Nummer 8a des Anhangs 1 zu § 50 Absatz 1.

4.3 Definition des Begriffs „Geländeoberfläche" (§ 2 Abs. 4 Satz 3)

Der Begriff „Geländeoberfläche" wird nunmehr gesetzlich definiert. Dieser Begriff findet sich wiederkehrend in Tatbeständen der LBO und führte in der Vergangenheit häufig zu unterschiedlichen Einstufungen, insbesondere mit Blick auf die Gebäudeklassen, die erforderlichen Abstandsflächen oder der Bestimmung der Zahl der Vollgeschosse. Durch die Definition soll Klarheit geschaffen und eine einheitliche Anwendungspraxis gesichert werden, indem für die Feststellung der Gebäudeklassen ebenso wie bereits bei der Ermittlung der Abstandsflächen (§ 5 Abs. 4 Satz 5) grundsätzlich die tatsächliche Geländeoberfläche nach Ausführung des Bauvorhabens als maßgeblich festgelegt wird.

4.4 Definition des Begriffs „Nutzungseinheit" (§ 2 Abs. 4 Satz 5)

Der Begriff „Nutzungseinheit" findet sich wiederkehrend in Tatbeständen der LBO und unterliegt häufig einer rein situationsbezogenen Auslegung. Der Begriff wird daher nunmehr gesetzlich definiert. Durch die Definition soll Klarheit geschaffen und eine einheitliche Anwendungspraxis gesichert werden.

Einführung

4.5 Definition des Begriffs „freistehend" (§ 2 Abs. 4 Satz 6)
Der Begriff „freistehend" wird ebenfalls gesetzlich definiert. Dieser Begriff findet sich wiederkehrend in Tatbeständen der LBO. Durch die Definition soll ebenfalls Klarheit geschaffen und eine einheitliche Anwendungspraxis gesichert werden. Als „freistehend im Sinne des Satzes 1 Nummer 1" wird ein Gebäude gesetzlich definiert, das an benachbarte Gebäude nicht unmittelbar angebaut ist. Dabei sollen bauliche Anlagen und Gebäude im Sinne des § 6 Absatz 1 unberücksichtigt bleiben. Mit dieser Vorgabe soll insbesondere vermieden werden, dass Ein- oder Zweifamilienhäuser durch angebaute Kleingaragen, die aus brandschutztechnischer Sicht unproblematisch sind, der Gebäudeklasse 2 zugeordnet werden müssen. Die gesetzliche Definition gilt im Übrigen auch, soweit in der LBO an anderer Stelle freistehende Gebäude aufgeführt werden und dabei auf die Gebäudeklassenzuordnung Bezug genommen wird, so z. B. in § 50 Abs. 3 Nr. 2.

4.6 Fahrräder in Garagen (§ 2 Abs. 8 Satz 2)
Die Begriffsdefinition von Garagen wird in der bereits zugrunde gelegten Nutzungsbestimmung auf Fahrräder erweitert. Denn typischerweise dienen Garagen nicht nur dem Abstellen von Kraftfahrzeugen, sondern auch dem Abstellen von Fahrrädern. Die Regelung soll dem Umstand Rechnung tragen, dass Fahrräder in Garagen untergebracht werden können, ohne dass damit eine (bauliche) Zweckentfremdung von Garagen erfolgt, die unter Umständen eine baurechtlich relevante Nutzungsänderung zur Folge haben kann. Reine Fahrradabstellräume werden dadurch aber nicht zu Garagen.

4.7 Anpassung infolge Aufhebung des § 34 des Produktsicherheitsgesetzes (§ 48 Abs. 3)
Die Änderung ist redaktioneller Art, da § 34 des Produktsicherheitsgesetzes mit Ablauf des 15. Juli 2021 aufgehoben wurde. Der Verweis wurde entsprechend auf § 31 des Gesetzes über überwachungsbedürftige Anlagen angepasst.

4.8 Ersetzung des Wortes „Nachbarn" durch „Angrenzer" (§ 58 Abs. 1 Satz 5)
Die Änderung ist redaktioneller Art, da seit Inkrafttreten des Gesetzes zur Digitalisierung baurechtlicher Verfahren zum 25. November 2023 (GBl. S. 422 ff.) lediglich Angrenzer im Rahmen der Benachrichtigung Einwendungen erheben können (vgl. § 55 Absatz 1 Satz 1 LBO).

4.9 Anpassung der Definition der betroffenen Tierhaltungsanlagen (§ 62 Abs. 3)
Die Vorschrift war anzupassen, da sich die Feststellung und Beurteilung von Geruchsimmissionen mittlerweile nach Anhang 7 der Technischen Anleitung zur Reinhaltung der Luft beurteilt.

4.10 Regelung des baurechtlichen Bestandsschutzes baulicher Anlagen (§ 76 Abs. 1)
Die Änderung dient der erstmals expliziten Regelung des formellen und materiellen Bestandsschutzes, wie er durch Artikel 14 Absatz 1 des Grundgesetzes und höchstrichterlicher Rechtsprechung geprägt wird. Satz 1 umfasst den formellen Bestandsschutz, Satz 2 den materiellen Bestandsschutz. Für den formellen Bestandsschutz ist erforder-

4.10 Einführung

lich, dass der Umfang der genehmigten Nutzung nicht verlassen wurde. Für den materiellen Bestandsschutz ist erforderlich, dass die bauliche Anlage, die entweder zum Zeitpunkt ihrer Errichtung geltendem Recht entsprochen hat oder später hätte genehmigt werden können, nicht zwischenzeitlich zu anderen Zwecken genutzt wird. Für beide Formen des Bestandsschutzes (hinsichtlich der Nutzung – nicht hinsichtlich der baulichen Substanz) *ist damit erforderlich, dass die* (durch die Baugenehmigung) *legalisierte oder* (jetzt oder zu irgendeinem früheren Zeitpunkt einmal) *legale Nutzung fortbesteht. Nur insoweit besteht ein schützenswertes Interesse des sich auf den Bestandsschutz Berufenden.* Die Nutzung darf daher nicht inzwischen endgültig aufgegeben oder zu einem früheren Zeitpunkt bereits endgültig aufgegeben worden sein.

Hinsichtlich des Bestandsschutzes von Nutzungen bildet die Regelung damit die jahrzehntelange Rechtsprechung des VGH ab, wonach der Erlass einer Nutzungsuntersagung wegen eines Widerspruchs zu öffentlich-rechtlichen Vorschriften im Sinne des § 65 Abs. 1 Satz 2 voraussetzt, dass die Nutzung nicht durch eine Baugenehmigung gedeckt ist und seit ihrem Beginn fortlaufend gegen materielles Baurecht verstößt (vgl. nur Verwaltungsgerichtshof Mannheim, VGH Urt. v. 19.10.2009 – 5 S 347/09 –). Sie folgt daher nicht dem Urteil des Verwaltungsgerichtshofs Baden-Württemberg, VGH Urt. v. 9.11.2020 – 3 S 2590/18 –), wonach eine genehmigungspflichtige Nutzung nur dann Bestandsschutz genießt, wenn sie von einer Baugenehmigung gedeckt ist, sodass für eine Nutzungsuntersagung die formelle Illegalität allein ausreichen würde. Nach der Regelung des § 76 Abs. 1 setzt dagegen die Untersagung der Nutzung vielmehr wieder ihre formelle und materielle Illegalität voraus. Dies bedeutet z. B., dass die untere Baurechtsbehörde die Nutzung einer Vergnügungsstätte, die ohne förmliche Baugenehmigung betrieben wurde, jedoch in der Vergangenheit einmal mit dem geltenden Recht in Einklang stand – also genehmigungsfähig gewesen sein war – nicht (dauerhaft) untersagen kann, selbst wenn nach dem aktuellen Bebauungsplan eine solche Nutzung von Gebäuden nicht mehr zulässig ist.

Vorbemerkung

Die linke Spalte der nachfolgenden Synopse enthält den Text der Landesbauordnung für Baden-Württemberg in der Fassung vom 5. März 2010 (GBl. 2010, S. 358, ber. S. 416) mit allen Änderungen bis zur Änderung durch Artikel 1 des Gesetzes vom 20. November 2023 (GBl. S. 422) – **LBO 2023** –.

In der rechten Spalte wird der Text der Landesbauordnung für Baden-Württemberg in der ab dem 28. Juni 2025 geltenden Fassung – **LBO 2025** – wiedergegeben und dem bisherigen Text, also der LBO 2023, gegenübergestellt. In dieser Spalte wurden die Änderungen in der Landesbauordnung, die sich durch das Gesetz für ein schnelleres Bauen vom 18. März 2025 (GBl. 2025 Nr. 25, S. 1) ergeben, durch **Fettdruck** kenntlich gemacht.

Der geänderte, bisherige Wortlaut der Vorschriften wird im Übrigen in der linken Spalte durch *Kursivschrift* kenntlich gemacht.

Landesbauordnung für Baden-Württemberg (LBO)

in der Fassung vom 5. März 2010 (GBl. 2010, S. 358, ber. S. 416), zuletzt geändert durch Artikel 1 des Gesetzes vom 20. November 2023 (GBl. S. 422)

Landesbauordnung für Baden-Württemberg (LBO)

in der Fassung vom 5. März 2010 (GBl. 2010, S. 358, ber. S. 416), zuletzt geändert durch Artikel 1 des Gesetzes vom 18. März 2025 (GBl. 2025 Nr. 25, S. 1)

Inhaltsübersicht

Erster Teil **Allgemeine Vorschriften**
§ 1 Anwendungsbereich
§ 2 Begriffe
§ 3 Allgemeine Anforderungen

Zweiter Teil **Das Grundstück und seine Bebauung**
§ 4 Bebauung der Grundstücke
§ 5 Abstandsflächen
§ 6 Abstandsflächen in Sonderfällen
§ 7 Übernahme von Abständen und Abstandsflächen auf Nachbargrundstücke
§ 8 Teilung von Grundstücken
§ 9 Nichtüberbaute Flächen der bebauten Grundstücke, Kinderspielplätze
§ 10 Höhenlage des Grundstücks

Dritter Teil **Allgemeine Anforderungen an die Bauausführung**
§ 11 Gestaltung
§ 12 Baustelle
§ 13 Standsicherheit
§ 14 Schutz baulicher Anlagen
§ 15 Brandschutz
§ 16 Verkehrssicherheit
§ 16a Bauarten

Vierter Teil **Bauprodukte**
§ 16b Allgemeine Anforderungen für die Verwendung von Bauprodukten
§ 16c Anforderungen für die Verwendung von CE-gekennzeichneten Bauprodukten
§ 17 Verwendbarkeitsnachweise
§ 18 Allgemeine bauaufsichtliche Zulassung
§ 19 Allgemeines bauaufsichtliches Prüfzeugnis
§ 20 Nachweis der Verwendbarkeit von Bauprodukten im Einzelfall
§ 21 Übereinstimmungsbestätigung
§ 22 Übereinstimmungserklärung des Herstellers
§ 23 Zertifizierung
§ 24 Prüf-, Zertifizierungs- und Überwachungsstellen
§ 25 Besondere Sachkunde- und Sorgfaltsanforderungen

LBO 2023	Inhaltsübersicht	LBO 2025

Fünfter Teil Der Bau und seine Teile

§ 26	Allgemeine Anforderungen an das Brandverhalten von Baustoffen und Bauteilen			
§ 27	Anforderungen an tragende, aussteifende und raumabschließende Bauteile	§ 27	Tragende Wände und Stützen	
		§ 27a	Außenwände	
		§ 27b	Trennwände	
		§ 27c	Brandwände	
		§ 27d	Decken	
		§ 27e	Dächer	
		§ 27f	Nutzungsänderungen und bauliche Änderungen im Bestand bei tragenden, aussteifenden und raumabschließenden Bauteilen und Dachgeschossausbauten oder Aufstockungen zu Wohnzwecken	
§ 28	Anforderungen an Bauteile in Rettungswegen	§ 28	Treppen	
		§ 28a	Notwendige Treppenräume, Ausgänge	
		§ 28b	Notwendige Flure, offene Gänge	
		§ 28c	Fenster, sonstige Öffnungen	
		§ 28d	Nutzungsänderungen und bauliche Änderungen im Bestand bei Bauteilen in Rettungswegen	
§ 29	Aufzugsanlagen			
§ 30	Lüftungsanlagen			
§ 31	Leitungsanlagen			
§ 32	Feuerungsanlagen, sonstige Anlagen zur Wärmeerzeugung, Brennstoffversorgung	§ 32	Feuerungsanlagen, sonstige Anlagen zur Wärmeerzeugung und Energiebereitstellung	
§ 33	Wasserversorgungs- und Wasserentsorgungsanlagen, Anlagen für Abfallstoffe und Reststoffe			

Sechster Teil Einzelne Räume, Wohnungen und besondere Anlagen

§ 34 Aufenthaltsräume
§ 35 Wohnungen
§ 36 Toilettenräume und Bäder
§ 37 Stellplätze für Kraftfahrzeuge und Fahrräder, Garagen
§ 38 Sonderbauten
§ 39 Barrierefreie Anlagen
§ 40 Gemeinschaftsanlagen

Siebenter Teil Am Bau Beteiligte, Baurechtsbehörden

§ 41 Grundsatz
§ 42 Bauherr
§ 43 Entwurfsverfasser
§ 44 Unternehmer
§ 45 Bauleiter
§ 46 Aufbau und Besetzung der Baurechtsbehörden

LBO 2023	Inhaltsübersicht	LBO 2025

§ 47 Aufgaben und Befugnisse der Baurechtsbehörden
§ 48 Sachliche Zuständigkeit

Achter Teil Verwaltungsverfahren, Baulasten
§ 49 Genehmigungspflichtige Vorhaben
§ 50 Verfahrensfreie Vorhaben
§ 51 Kenntnisgabeverfahren
§ 52 Vereinfachtes Baugenehmigungsverfahren
§ 53 Bauvorlagen und Bauantrag
§ 54 Fristen im Genehmigungsverfahren, gemeindliches Einvernehmen
§ 55 Beteiligung der Nachbarn und der Öffentlichkeit
§ 56 Abweichungen, Ausnahmen und Befreiungen
§ 57 Bauvorbescheid
§ 58 Baugenehmigung
§ 59 Baubeginn
§ 60 Sicherheitsleistung
§ 61 Teilbaugenehmigung
§ 62 Geltungsdauer der Baugenehmigung

§ 63 *Verbot unrechtmäßig gekennzeichneter Bauprodukte*	§ 63 **Bauvorlageberechtigung**
	§ 63a Voraussetzung für die Eintragung in die Liste nach § 63 Absatz 2 Nummer 2
	§ 63b Eintragungsverfahren für Antragstellende nach § 63a Absatz 3
	§ 63c Ausgleichsmaßnahmen
	§ 63d Vorübergehende und gelegentliche Dienstleistungserbringung von bauvorlageberechtigten Ingenieuren, Anzeigeverfahren

§ 64 Einstellung von Arbeiten
§ 65 Abbruchsanordnung und Nutzungsuntersagung
§ 66 Bauüberwachung
§ 67 Bauabnahmen, Inbetriebnahme der Feuerungsanlagen

§ 68 Typenprüfung	§ 68 **Typengenehmigung**, Typenprüfung

§ 69 Fliegende Bauten
§ 70 Zustimmungsverfahren, Vorhaben der Landesverteidigung
§ 71 Übernahme von Baulasten
§ 72 Baulastenverzeichnis

Neunter Teil Rechtsvorschriften, Ordnungswidrigkeiten, Übergangs- und Schlussvorschriften
§ 73 Rechtsverordnungen
§ 73a Technische Baubestimmungen
§ 74 Örtliche Bauvorschriften
§ 75 Ordnungswidrigkeiten
§ 76 Bestehende bauliche Anlagen
§ 77 Übergangsvorschriften
§ 78 Außerkrafttreten bisherigen Rechts
§ 79 Inkrafttreten

| LBO 2023 | §§ 1, 2 | LBO 2025 |

Erster Teil Allgemeine Vorschriften

§ 1 Anwendungsbereich

(1) Dieses Gesetz gilt für bauliche Anlagen und Bauprodukte. Es gilt auch für Grundstücke, andere Anlagen und Einrichtungen, an die in diesem Gesetz oder in Vorschriften aufgrund dieses Gesetzes Anforderungen gestellt werden. Es gilt ferner für Anlagen nach Absatz 2, soweit an sie Anforderungen aufgrund von § 74 gestellt werden.

(2) Dieses Gesetz gilt
1. bei öffentlichen Verkehrsanlagen nur für Gebäude,
2. bei den der Aufsicht der Wasserbehörden unterliegenden Anlagen nur für Gebäude, Überbrückungen, Abwasseranlagen, Wasserbehälter, Pumpwerke, Schachtbrunnen, ortsfeste Behälter für Treibstoffe, Öle und andere wassergefährdende Stoffe, sowie für Abwasserleitungen auf Baugrundstücken,
3. bei den der Aufsicht der Bergbehörden unterliegenden Anlagen nur für oberirdische Gebäude,
4. bei Leitungen aller Art nur für solche auf Baugrundstücken.

(2) Dieses Gesetz gilt
1. bei öffentlichen Verkehrsanlagen nur für Gebäude,
2. bei den der Aufsicht der Wasserbehörden unterliegenden Anlagen nur für Gebäude, Überbrückungen, Abwasseranlagen, Wasserbehälter, Pumpwerke, Schachtbrunnen, ortsfeste Behälter für Treibstoffe, Öle und andere wassergefährdende Stoffe, sowie für Abwasserleitungen auf Baugrundstücken,
3. bei den der Aufsicht der Bergbehörden unterliegenden Anlagen nur für oberirdische Gebäude,
4. bei Leitungen aller Art nur für solche auf Baugrundstücken,
5. **bei Regalen und Regalanlagen in Gebäuden nur, soweit sie Teil der Gebäudekonstruktion sind oder Erschließungsfunktion haben.**

Es gilt nicht für Kräne und Krananlagen mit Ausnahme ihrer Bahnen und Unterstützungen, wenn diese mit einer baulichen Anlage verbunden sind.

§ 2 Begriffe

(1) Bauliche Anlagen sind unmittelbar mit dem Erdboden verbundene, aus Bauprodukten hergestellte Anlagen. Eine Verbindung mit dem Erdboden besteht auch dann, wenn die Anlage durch eigene Schwere auf dem Boden ruht oder wenn die Anlage nach ihrem Verwendungszweck dazu bestimmt ist, überwiegend ortsfest benutzt zu werden. Als bauliche Anlagen gelten auch
1. Aufschüttungen und Abgrabungen,
2. Ausstellungs-, Abstell- und Lagerplätze,
3. *Camping-, Wochenend- und Zeltplätze,*
4. Sport- und Spielflächen,
5. Freizeit- und Vergnügungsparks,
6. Stellplätze.

(1) Bauliche Anlagen sind unmittelbar mit dem Erdboden verbundene, aus Bauprodukten hergestellte Anlagen. Eine Verbindung mit dem Erdboden besteht auch dann, wenn die Anlage durch eigene Schwere auf dem Boden ruht oder wenn die Anlage nach ihrem Verwendungszweck dazu bestimmt ist, überwiegend ortsfest benutzt zu werden. Als bauliche Anlagen gelten auch
1. Aufschüttungen und Abgrabungen,
2. Ausstellungs-, Abstell- und Lagerplätze,
3. **Camping- und Wochenendplätze,**
4. Sport- und Spielflächen,
5. Freizeit- und Vergnügungsparks,
6. Stellplätze.

| LBO 2023 | § 2 | LBO 2025 |

(2) Gebäude sind selbständig benutzbare, überdeckte bauliche Anlagen, die von Menschen betreten werden können und geeignet sind, dem Schutz von Menschen, Tieren oder Sachen zu dienen.

(3) Wohngebäude sind Gebäude, die überwiegend der Wohnnutzung dienen und außer Wohnungen allenfalls Räume für die Berufsausübung freiberuflich oder in ähnlicher Art Tätiger sowie die zugehörigen Garagen und Nebenräume enthalten.

LBO 2023	LBO 2025
(4) Gebäude werden in folgende Gebäudeklassen eingeteilt: 1. Gebäudeklasse 1: freistehende Gebäude mit einer Höhe bis zu 7 m und nicht mehr als zwei Nutzungseinheiten von insgesamt nicht mehr als 400 m² und freistehende land- oder forstwirtschaftlich genutzte Gebäude, 2. Gebäudeklasse 2: Gebäude mit einer Höhe bis zu 7 m und nicht mehr als zwei Nutzungseinheiten von insgesamt nicht mehr als 400 m², 3. Gebäudeklasse 3: sonstige Gebäude mit einer Höhe bis zu 7 m, 4. Gebäudeklasse 4: Gebäude mit einer Höhe bis zu 13 m und Nutzungseinheiten mit jeweils nicht mehr als 400 m², 5. Gebäudeklasse 5: sonstige Gebäude einschließlich unterirdischer Gebäude. Höhe im Sinne des Satzes 1 ist das Maß der Fußbodenoberkante des höchstgelegenen Geschosses, in dem ein Aufenthaltsraum möglich ist, über der Geländeoberfläche im Mittel. Grundflächen von Nutzungseinheiten im Sinne dieses Gesetzes sind die Brutto-Grundflächen; bei der Berechnung der Brutto-Grundflächen nach Satz 1 bleiben Flächen in Kellergeschossen außer Betracht.	(4) Gebäude werden in folgende Gebäudeklassen eingeteilt: 1. Gebäudeklasse 1: freistehende Gebäude mit einer Höhe bis zu 7 m und nicht mehr als zwei Nutzungseinheiten von insgesamt nicht mehr als 400 m² und freistehende land- oder forstwirtschaftlich genutzte Gebäude, 2. Gebäudeklasse 2: Gebäude mit einer Höhe bis zu 7 m und nicht mehr als zwei Nutzungseinheiten von insgesamt nicht mehr als 400 m², 3. Gebäudeklasse 3: sonstige Gebäude mit einer Höhe bis zu 7 m, 4. Gebäudeklasse 4: Gebäude mit einer Höhe bis zu 13 m und Nutzungseinheiten mit jeweils nicht mehr als 400 m², 5. Gebäudeklasse 5: sonstige Gebäude einschließlich unterirdischer Gebäude. Höhe im Sinne des Satzes 1 ist das Maß der Fußbodenoberkante des höchstgelegenen Geschosses, in dem ein Aufenthaltsraum möglich ist, über der Geländeoberfläche im Mittel. **Geländeoberfläche ist die Fläche, die von der Baurechtsbehörde aufgrund von § 10 festgelegt ist, sich aus einer örtlichen Bauvorschrift ergibt oder im Übrigen die tatsächliche Geländeoberfläche nach Ausführung des Bauvorhabens, soweit sie nicht zur Erreichung einer niedrigeren Gebäudeklasse nach Satz 1 angelegt wird oder wurde.** Grundflächen von Nutzungseinheiten im Sinne dieses Gesetzes sind die Brutto-Grundflächen; bei der Berechnung der Brutto-Grundflächen nach Satz 1 bleiben Flächen in Kellergeschossen außer Betracht. **Nutzungseinheit im Sinne dieses Gesetzes ist ein Gebäude oder ein abgeschlossener Teil eines Gebäudes, dem eine bestimmte Nutzung zugeord-**

LBO 2023	§ 2	LBO 2025

net ist. Freistehend im Sinne des Satzes 1 Nummer 1 ist ein Gebäude, das an benachbarte Gebäude nicht unmittelbar angebaut ist; dabei bleiben bauliche Anlagen und Gebäude im Sinne des § 6 Absatz 1 unberücksichtigt.

(5) Geschosse sind oberirdische Geschosse, wenn ihre Deckenoberkanten im Mittel mehr als 1,4 m über die Geländeoberfläche hinausragen; im Übrigen sind sie Kellergeschosse. Hohlräume zwischen der obersten Decke und der Bedachung, in denen Aufenthaltsräume nicht möglich sind, sind keine Geschosse.

(6) Vollgeschosse sind Geschosse, die mehr als 1,4 m über die im Mittel gemessene Geländeoberfläche hinausragen und, von Oberkante Fußboden bis Oberkante Fußboden der darüberliegenden Decke oder bis Oberkante Dachhaut des darüberliegenden Daches gemessen, mindestens 2,3 m hoch sind.
Die im Mittel gemessene Geländeoberfläche ergibt sich aus dem arithmetischen Mittel der Höhenlage der Geländeoberfläche an den Gebäudeecken. Keine Vollgeschosse sind
1. Geschosse, die ausschließlich der Unterbringung von haustechnischen Anlagen und Feuerungsanlagen dienen,
2. oberste Geschosse, bei denen die Höhe von 2,3 m über weniger als drei Viertel der Grundfläche des darunterliegenden Geschosses vorhanden ist.
Hohlräume zwischen der obersten Decke und dem Dach, deren lichte Höhe geringer ist, als sie für Aufenthaltsräume nach § 34 Abs. 1 erforderlich ist, sowie offene Emporen bis zu einer Grundfläche von 20 m² bleiben außer Betracht.

(7) Aufenthaltsräume sind Räume, die zum nicht nur vorübergehenden Aufenthalt von Menschen bestimmt oder geeignet sind.

(8) Stellplätze sind Flächen, die dem Abstellen von Kraftfahrzeugen und Fahrrädern außerhalb der öffentlichen Verkehrsflächen dienen. Garagen sind Gebäude oder Gebäudeteile zum Abstellen von Kraftfahrzeugen. Ausstellungs-, Verkaufs-, Werk- und Lagerräume sind keine Stellplätze oder Garagen.	(8) Stellplätze sind Flächen, die dem Abstellen von Kraftfahrzeugen und Fahrrädern außerhalb der öffentlichen Verkehrsflächen dienen. Garagen sind Gebäude oder Gebäudeteile zum Abstellen von Kraftfahrzeugen **und Fahrrädern**. Ausstellungs-, Verkaufs-, Werk- und Lagerräume sind keine Stellplätze oder Garagen.

(9) Anlagen der Außenwerbung (Werbeanlagen) sind alle örtlich gebundenen Einrichtungen, die der Ankündigung oder Anpreisung oder als Hinweis auf Gewerbe oder Beruf dienen und vom öffentlichen Verkehrsraum aus sichtbar sind. Hierzu gehören vor allem Schilder, Beschriftungen, Bemalungen, Lichtwerbungen, Schaukästen sowie für Anschläge oder Lichtwerbung bestimmte Säulen, Tafeln und Flächen. Keine Werbeanlagen im Sinne dieses Gesetzes sind
1. Werbeanlagen, die im Zusammenhang mit allgemeinen Wahlen oder Abstimmungen angebracht oder aufgestellt werden, während der Dauer des Wahlkampfes,
2. Werbeanlagen in Form von Anschlägen,
3. Werbeanlagen an Baustellen, soweit sie sich auf das Vorhaben beziehen,
4. Lichtwerbungen an Säulen, Tafeln oder Flächen, die allgemein dafür baurechtlich genehmigt sind,
5. Auslagen und Dekorationen in Schaufenstern und Schaukästen,
6. Werbemittel an Verkaufsstellen für Zeitungen und Zeitschriften.

(10) Bauprodukte sind
1. Produkte, Baustoffe, Bauteile und Anlagen sowie Bausätze gemäß Artikel 2 Nummer 2 der Verordnung (EU) Nr. 305/2011 des Europäischen Parlaments und des Rates vom 9. März 2011 zur Festlegung harmonisierter Bedingungen für die Vermarktung von Bauprodukten und zur Aufhebung der Richtlinie 89/106/EWG des Rates (ABl. L 88 vom 4.4.2011, S. 5, ber. ABl. L 103 vom 12.4.2013, S. 10), die zuletzt durch Delegierte Verordnung (EU) Nr. 574/2014 (ABl. L 159 vom 28.5.2014, S. 41) geändert worden ist, die hergestellt werden, um dauerhaft in bauliche Anlagen eingebaut zu werden,
2. aus Produkten, Baustoffen, Bauteilen sowie Bausätzen gemäß Artikel 2 Nummer 2 der Verordnung (EU) Nr. 305/2011 vorgefertigte Anlagen, die hergestellt werden, um mit dem Erdboden verbunden zu werden,

und deren Verwendung sich auf die Anforderungen nach § 3 Absatz 1 Satz 1 auswirken kann.

(11) Bauart ist das Zusammenfügen von Bauprodukten zu baulichen Anlagen oder Teilen von baulichen Anlagen.

(12) Feuerstätten sind Anlagen oder Einrichtungen, die in oder an Gebäuden ortsfest benutzt werden und dazu bestimmt sind, durch Verbrennung Wärme zu erzeugen.

(13) Es stehen gleich
1. der Errichtung das Herstellen, Aufstellen, Anbringen, Einbauen, Einrichten, Instandhalten, Ändern und die Nutzungsänderung,
2. dem Abbruch das Beseitigen,

soweit nichts anderes bestimmt ist.

(14) Maßgebend sind in den Absätzen 4, 5 und 6 Satz 1 und 3 die Rohbaumaße.

§ 3 Allgemeine Anforderungen

(1) Bauliche Anlagen sowie Grundstücke, andere Anlagen und Einrichtungen im Sinne von § 1 Abs. 1 Satz 2 sind so anzuordnen und zu errichten, dass die öffentliche Sicherheit oder Ordnung, insbesondere Leben, Gesundheit oder die natürlichen Lebensgrundlagen, nicht bedroht werden und dass sie ihrem Zweck entsprechend ohne Missstände benutzbar sind; dabei sind die Grundanforderungen an Bauwerke gemäß Anhang I der Verordnung (EU) Nr. 305/2011 zu berücksichtigen. Für den Abbruch baulicher Anlagen gilt dies entsprechend.

(2) Bei der Planung, Errichtung und Änderung von Gebäuden und sonstigen baulichen Anlagen ist der besonderen Bedeutung von Energieeinsparung, -effizienz und erneuerbaren Energien sowie des Verteilnetzausbaus nach dem Klimaschutz- und Klimawandelanpassungsgesetz Baden-Württemberg Rechnung zu tragen.

(3) In die Planung von Gebäuden sind die Belange von Personen mit kleinen Kindern, Menschen mit Behinderung und alten Menschen nach Möglichkeit einzubeziehen.

Zweiter Teil Das Grundstück und seine Bebauung

§ 4 Bebauung der Grundstücke

(1) Gebäude dürfen nur errichtet werden, wenn das Grundstück in angemessener Breite an einer befahrbaren öffentlichen Verkehrsfläche liegt oder eine befahrbare,

LBO 2023	LBO 2025
öffentlich-rechtlich gesicherte Zufahrt zu einer befahrbaren öffentlichen Verkehrsfläche hat; bei Wohnwegen kann auf die Befahrbarkeit verzichtet werden, wenn keine Bedenken wegen des Brandschutzes bestehen. (2) Die Errichtung eines Gebäudes auf mehreren Grundstücken ist zulässig, wenn durch Baulast gesichert ist, dass keine Verhältnisse eintreten können, die den Vorschriften dieses Gesetzes oder den auf Grund dieses Gesetzes erlassenen Vorschriften zuwiderlaufen.	
(3) Bauliche Anlagen mit Feuerstätten müssen von Wäldern, Mooren und Heiden mindestens 30 m entfernt sein; die gleiche Entfernung ist mit Gebäuden von Wäldern sowie mit Wäldern von Gebäuden einzuhalten. Dies gilt nicht für Gebäude, die nach den Festsetzungen des Bebauungsplans mit einem geringeren Abstand als nach Satz 1 zulässig sind, sowie für bauliche Änderungen rechtmäßig bestehender baulicher Anlagen. Ausnahmen können zugelassen werden. Größere Abstände können verlangt werden, soweit dies wegen des Brandschutzes oder zur Sicherheit der Gebäude erforderlich ist.	(3) Bauliche Anlagen mit Feuerstätten müssen von Wäldern, Mooren und Heiden mindestens 30 m entfernt sein; die gleiche Entfernung ist mit Gebäuden von Wäldern sowie mit Wäldern von Gebäuden einzuhalten. Dies gilt nicht für Gebäude, die nach den Festsetzungen des Bebauungsplans mit einem geringeren Abstand als nach Satz 1 zulässig sind, sowie für bauliche Änderungen **und Nutzungsänderungen** rechtmäßig bestehender baulicher Anlagen. Ausnahmen können zugelassen werden. Größere Abstände können verlangt werden, soweit dies wegen des Brandschutzes oder zur Sicherheit der Gebäude erforderlich ist.

§ 5 Abstandsflächen

(1) Vor den Außenwänden von baulichen Anlagen müssen Abstandsflächen liegen, die von oberirdischen baulichen Anlagen freizuhalten sind. Eine Abstandsfläche ist nicht erforderlich vor Außenwänden an Grundstücksgrenzen, wenn nach planungsrechtlichen Vorschriften 1. an die Grenze gebaut werden muss, es sei denn, die vorhandene Bebauung erfordert eine Abstandsfläche, oder 2. an die Grenze gebaut werden darf und öffentlich-rechtlich gesichert ist, dass auf dem Nachbargrundstück ebenfalls an die Grenze gebaut wird. Die öffentlich-rechtliche Sicherung ist nicht erforderlich, wenn nach *den Festsetzungen einer abweichenden* Bauweise unabhängig von der Bebauung auf dem Nachbargrundstück an die Grenze gebaut werden darf.	(1) Vor den Außenwänden von baulichen Anlagen müssen Abstandsflächen liegen, die von oberirdischen baulichen Anlagen freizuhalten sind. Eine Abstandsfläche ist nicht erforderlich vor Außenwänden an Grundstücksgrenzen, wenn nach planungsrechtlichen Vorschriften 1. an die Grenze gebaut werden muss, es sei denn, die vorhandene Bebauung erfordert eine Abstandsfläche, oder 2. an die Grenze gebaut werden darf und öffentlich-rechtlich gesichert ist, dass auf dem Nachbargrundstück ebenfalls an die Grenze gebaut wird. Die öffentlich-rechtliche Sicherung ist nicht erforderlich, wenn nach **einer festgesetzten oder in der näheren Umgebung im Sinne von § 34 Absatz 1 Satz 1 des Baugesetzbuchs (BauGB) vorhandenen** Bauweise unabhängig von der Bebauung auf dem Nachbargrundstück an die Grenze gebaut werden darf.

LBO 2023	§ 5	LBO 2025

(2) Die Abstandsflächen müssen auf dem Grundstück selbst liegen. Sie dürfen auch auf öffentlichen Verkehrsflächen, öffentlichen Grünflächen und öffentlichen Wasserflächen liegen, bei beidseitig anbaubaren Flächen jedoch nur bis zu deren Mitte.

(3) Die Abstandsflächen dürfen sich nicht überdecken. Dies gilt nicht für Abstandsflächen von Außenwänden, die in einem Winkel von mehr als 75° zueinander stehen.

(4) Die Tiefe der Abstandsfläche bemisst sich nach der Wandhöhe; sie wird senkrecht zur jeweiligen Wand gemessen. Als Wandhöhe gilt das Maß vom Schnittpunkt der Wand mit der Geländeoberfläche bis zum Schnittpunkt der Wand mit der Dachhaut oder bis zum oberen Abschluss der Wand. Ergeben sich bei einer Wand durch die Geländeoberfläche unterschiedliche Höhen, ist die im Mittel gemessene Wandhöhe maßgebend. Sie ergibt sich aus dem arithmetischen Mittel der Höhenlage an den Eckpunkten der baulichen Anlage; liegen bei einer Wand die Schnittpunkte mit der Dachhaut oder die oberen Abschlüsse verschieden hoch, gilt dies für den jeweiligen Wandabschnitt. Maßgebend ist die tatsächliche Geländeoberfläche nach Ausführung des Bauvorhabens, soweit sie nicht zur Verringerung der Abstandsflächen angelegt wird oder wurde.

(5) Auf die Wandhöhe werden angerechnet 1. die Höhe von Dächern oder Dachaufbauten mit einer Neigung von mehr als 70° voll und von mehr als 45° zu einem Viertel, 2. die Höhe einer Giebelfläche *zur Hälfte des Verhältnisses, in dem ihre tatsächliche Fläche zur gedachten Gesamtfläche einer rechteckigen Wand mit denselben Maximalabmessungen steht*; die Giebelfläche beginnt an der Horizontalen durch den untersten Schnittpunkt der Wand mit der Dachhaut, 3. bei Windenergieanlagen nur die Höhe bis zur Rotorachse, wobei die Tiefe der Abstandsfläche mindestens der Länge des Rotorradius entsprechen muss. *Eine Aufstockung um bis zu zwei Geschosse wird auf die Wandhöhe nicht angerechnet, wenn die Baugenehmigung oder die Kenntnisgabe für die Errichtung des Gebäudes mindestens fünf Jahre zurückliegt.*	(5) Auf die Wandhöhe werden angerechnet 1. die Höhe von Dächern oder Dachaufbauten mit einer Neigung von mehr als 70° voll und von mehr als 45° zu einem Viertel, 2. die Höhe einer Giebelfläche **zu einem Viertel**; die Giebelfläche beginnt an der Horizontalen durch den untersten Schnittpunkt der Wand mit der Dachhaut, 3. bei Windenergieanlagen nur die Höhe bis zur Rotorachse, wobei die Tiefe der Abstandsfläche mindestens der Länge des Rotorradius entsprechen muss. **Auf die Wandhöhe werden nicht angerechnet** 1. die Aufstockung rechtmäßig bestehender Gebäude um bis zu zwei Geschosse sowie die Errichtung von Dachgauben und Zwerchgiebeln, wenn sie der Schaffung oder Erweiterung von Wohnraum dienen, in den durch die Außenwände vorgegebenen Grenzen erfolgen und die Baugenehmigung oder die Kenntnisgabe für die Errichtung des Gebäudes mindestens fünf Jahre zurückliegt, 2. das Anbringen oder Aufstellen von Anlagen zur photovoltaischen oder thermischen Solarnutzung auf Dächern bis zu einer Anlagenhöhe von 1,5 m,

LBO 2023	§ 6	LBO 2025

	3. die nachträgliche Dämmung des Daches bis zu einer Dicke von 0,3 m.
(6) Bei der Bemessung der Abstandsfläche bleiben außer Betracht
1. untergeordnete Bauteile wie Gesimse, Dachvorsprünge, Eingangs- und Terrassenüberdachungen, wenn sie nicht mehr als 1,5 m vor die Außenwand vortreten,
2. Vorbauten wie Wände, Erker, Balkone, Tür- und Fenstervorbauten, wenn sie nicht breiter als 5 m sind, nicht mehr als 1,5 m vortreten

und von Nachbargrenzen mindestens 2 m entfernt bleiben. Außerdem bleibt die nachträgliche Wärmedämmung eines bestehenden Gebäudes außer Betracht, wenn sie einschließlich der Bekleidung nicht mehr als 0,30 m vor die Außenwand tritt; *führt eine nachträgliche Dämmung des Daches zu einer größeren Wandhöhe, ist die zusätzlich erforderliche Abstandsfläche auf dieses Maß anzurechnen.* Satz 2 gilt für die nachträgliche Anbringung von Anlagen zur photovoltaischen oder thermischen Solarnutzung entsprechend. | (6) Bei der Bemessung der Abstandsfläche bleiben außer Betracht
1. untergeordnete Bauteile wie Gesimse, Dachvorsprünge, Eingangs- und Terrassenüberdachungen, wenn sie nicht mehr als 1,5 m vor die Außenwand vortreten,
2. Vorbauten wie Wände, Erker, Balkone, Tür- und Fenstervorbauten, wenn sie nicht breiter als 5 m sind, nicht mehr als 1,5 m vortreten

und von Nachbargrenzen mindestens 2 m entfernt bleiben. Außerdem bleibt die nachträgliche Wärmedämmung eines bestehenden Gebäudes außer Betracht, wenn sie einschließlich der Bekleidung nicht mehr als 0,30 m vor die Außenwand tritt. Satz 2 gilt für die nachträgliche Anbringung von Anlagen zur photovoltaischen oder thermischen Solarnutzung entsprechend. |
| (7) Die Tiefe der Abstandsflächen beträgt
1. allgemein 0,4 der Wandhöhe,
2. in Kerngebieten, Dorfgebieten, urbanen Gebieten, besonderen Wohngebieten und bei Antennenanlagen im Außenbereich 0,2 der Wandhöhe,
3. in Gewerbegebieten und in Industriegebieten, sowie in Sondergebieten, die nicht der Erholung dienen, 0,125 der Wandhöhe.

Sie darf jedoch 2,5 m, bei Wänden bis 5 m Breite 2 m nicht unterschreiten. | (7) Die Tiefe der Abstandsflächen beträgt
1. allgemein 0,4 der Wandhöhe,
2. in Kerngebieten, Dorfgebieten, **dörflichen Wohngebieten,** urbanen Gebieten, besonderen Wohngebieten und bei Antennenanlagen im Außenbereich 0,2 der Wandhöhe,
3. in Gewerbegebieten und in Industriegebieten, sowie in Sondergebieten, die nicht der Erholung dienen, 0,125 der Wandhöhe.

Sie darf jedoch 2,5 m, bei Wänden bis 5 m Breite 2 m nicht unterschreiten. |

§ 6 Abstandsflächen in Sonderfällen

(1) In den Abstandsflächen baulicher Anlagen sowie ohne eigene Abstandsflächen sind zulässig:
1. Gebäude oder Gebäudeteile, die eine Wandhöhe von nicht mehr als 1 m haben,
2. Garagen, Gewächshäuser und Gebäude ohne Aufenthaltsräume mit ei-	(1) In den Abstandsflächen baulicher Anlagen sowie ohne eigene Abstandsflächen sind zulässig:
1. Gebäude oder Gebäudeteile, die eine Wandhöhe von nicht mehr als 1 m haben,
2. Garagen, Gewächshäuser und Gebäude ohne Aufenthaltsräume mit ei-

LBO 2023	LBO 2025
ner Wandhöhe bis 3 m und einer Wandfläche bis 25 m², 3. bauliche Anlagen, die keine Gebäude sind, soweit sie nicht höher als 2,5 m sind oder ihre Wandfläche nicht mehr als 25 m² beträgt, 4. landwirtschaftliche Gewächshäuser, die nicht unter Nummer 2 fallen, soweit sie mindestens 1 m Abstand zu Nachbargrenzen einhalten. Für die Ermittlung der Wandhöhe nach Satz 1 Nr. 2 ist der höchste Punkt der Geländeoberfläche zugrunde zu legen. Die Grenzbebauung im Falle des Satzes 1 Nr. 2 darf entlang den einzelnen Nachbargrenzen 9 m und insgesamt 15 m nicht überschreiten.	ner Wandhöhe bis 3 m und einer Wandfläche bis 25 m², 3. bauliche Anlagen, die keine Gebäude sind, soweit sie nicht höher als 2,5 m sind oder ihre Wandfläche nicht mehr als 25 m² beträgt, 4. landwirtschaftliche Gewächshäuser, die nicht unter Nummer 2 fallen, soweit sie mindestens 1 m Abstand zu Nachbargrenzen einhalten. Für die Ermittlung der Wandhöhe nach Satz 1 Nr. 2 ist der höchste Punkt der Geländeoberfläche zugrunde zu legen; **hinsichtlich der Anrechnung auf die Wandhöhe gilt § 5 Absatz 5 Satz 1 und 2 Nummer 2 und 3 entsprechend.** Die Grenzbebauung im Falle des Satzes 1 Nr. 2 darf entlang den einzelnen Nachbargrenzen 9 m und insgesamt 15 m nicht überschreiten. **Der Anwendung des Satzes 1 Nummer 2 steht eine Nutzung der Dachfläche der baulichen Anlagen zu anderen Zwecken nicht entgegen.**

(2) Werden mit Gebäuden oder Gebäudeteilen nach Absatz 1 dennoch Abstandsflächen eingehalten, so müssen sie gegenüber Nachbargrenzen eine Tiefe von mindestens 0,5 m haben.

(3) Geringere Tiefen der Abstandsflächen sind zuzulassen, wenn
1. in überwiegend bebauten Gebieten die Gestaltung des Straßenbildes oder besondere örtliche Verhältnisse dies erfordern oder
2. Beleuchtung mit Tageslicht sowie Belüftung in ausreichendem Maße gewährleistet bleiben, Gründe des Brandschutzes nicht entgegenstehen und nachbarliche Belange nicht erheblich beeinträchtigt werden.

In den Fällen der Nummer 1 können geringere Tiefen der Abstandsflächen auch verlangt werden.

§ 7 Übernahme von Abständen und Abstandsflächen auf Nachbargrundstücke

Soweit nach diesem Gesetz oder nach Vorschriften auf Grund dieses Gesetzes Abstände und Abstandsflächen auf dem Grundstück selbst liegen müssen, dürfen sie sich ganz oder teilweise auf andere Grundstücke erstrecken, wenn durch Baulast gesichert ist, dass sie nicht überbaut werden und auf die auf diesen Grundstücken erforderlichen Abstandsflächen nicht angerechnet werden. Vorschriften, nach denen in den Abstandsflächen bauliche Anlagen zulässig sind oder ausnahmsweise zugelassen werden können, bleiben unberührt.

§ 8 Teilung von Grundstücken

(1) Durch die Teilung eines Grundstücks, das bebaut oder dessen Bebauung genehmigt ist, dürfen keine Verhältnisse geschaffen werden, die Vorschriften dieses Gesetzes oder auf Grund dieses Gesetzes widersprechen.

| LBO 2023 | § 9 | LBO 2025 |

(2) Die geplante Teilung eines Grundstücks nach Absatz 1 ist der unteren Baurechtsbehörde zwei Wochen vorher anzuzeigen; § 19 Absatz 1 BauGB gilt entsprechend. Soll bei der Teilung von Vorschriften dieses Gesetzes oder auf Grund dieses Gesetzes abgewichen werden, ist § 56 entsprechend anzuwenden.

§ 9 Nichtüberbaute Flächen der bebauten Grundstücke, Kinderspielplätze

(1) Die nichtüberbauten Flächen der bebauten Grundstücke müssen Grünflächen sein, soweit diese Flächen nicht für eine andere zulässige Verwendung benötigt werden. Ist eine Begrünung oder Bepflanzung der Grundstücke nicht oder nur sehr eingeschränkt möglich, so sind die baulichen Anlagen zu begrünen, soweit ihre Beschaffenheit, Konstruktion und Gestaltung es zulassen und die Maßnahme wirtschaftlich zumutbar ist.

LBO 2023	LBO 2025
(2) Bei der Errichtung von Gebäuden mit mehr als drei Wohnungen, die jeweils mindestens zwei Aufenthaltsräume haben, ist auf dem Baugrundstück oder in unmittelbarer Nähe auf einem anderen geeigneten Grundstück, dessen dauerhafte Nutzung für diesen Zweck öffentlich-rechtlich gesichert sein muss, ein ausreichend großer Spielplatz für Kleinkinder anzulegen. Die Art, Größe und Ausstattung der Kinderspielplätze bestimmt sich nach der Zahl und Größe der Wohnungen auf dem Grundstück. Es genügt auch, eine öffentlich-rechtlich gesicherte, ausreichend große Grundstücksfläche von baulichen Anlagen, Bepflanzung und sonstiger Nutzung freizuhalten, die bei Bedarf mit festen oder mobilen Spielgeräten für Kleinkinder belegt werden kann. Die Sätze 1 bis *3* gelten nicht, wenn die Art der Wohnungen einen Kinderspielplatz nicht erfordert. *(Der neue Satz entspricht dem bisherigen § 1 Absatz 1 der Ausführungsverordnung zur Landesbauordnung – LBOAVO.)* *(Der Absatz entspricht dem bisherigen § 1 Absatz 2 LBOAVO.)*	(2) Bei der Errichtung von Gebäuden mit mehr als drei Wohnungen, die jeweils mindestens zwei Aufenthaltsräume haben, ist auf dem Baugrundstück oder in unmittelbarer Nähe auf einem anderen geeigneten Grundstück, dessen dauerhafte Nutzung für diesen Zweck öffentlich-rechtlich gesichert sein muss, ein ausreichend großer Spielplatz für Kleinkinder anzulegen. **Kinderspielplätze müssen in geeigneter Lage und von anderen Anlagen, von denen Gefahren oder erhebliche Störungen ausgehen können, ausreichend entfernt oder gegen sie abgeschirmt sein; sie müssen für Kinder gefahrlos zu erreichen sein.** Die Art, Größe und Ausstattung der Kinderspielplätze bestimmt sich nach der Zahl und Größe der Wohnungen auf dem Grundstück. Es genügt auch, eine öffentlich-rechtlich gesicherte, ausreichend große Grundstücksfläche von baulichen Anlagen, Bepflanzung und sonstiger Nutzung freizuhalten, die bei Bedarf mit festen oder mobilen Spielgeräten für Kleinkinder belegt werden kann. Die Sätze 1 bis **4** gelten nicht, wenn die Art der Wohnungen einen Kinderspielplatz nicht erfordert. **(3) Die nutzbare Fläche der nach Absatz 2 erforderlichen Kinderspielplätze muss mindestens 30 m² betragen. Diese Fläche erhöht sich** 1. ab der 11. bis zur 20. Wohnung um 2 m², 2. ab der 21. bis zur 30. Wohnung um 1,5 m² und 3. ab der 31. Wohnung um 1 m²

| LBO 2023 | §§ 10, 11 | LBO 2025 |

	je weiterer Wohnung. Diese Spielplätze müssen für Kinder bis zu sechs Jahren geeignet und entsprechend dem Spielbedürfnis dieser Altersgruppe angelegt und ausgestattet sein.
(3) Die Baurechtsbehörde kann mit Zustimmung der Gemeinde zulassen, dass der Bauherr zur Erfüllung seiner Verpflichtung nach Absatz 2 einen Geldbetrag an die Gemeinde zahlt. Dieser Geldbetrag muss innerhalb eines angemessenen Zeitraums für die Errichtung oder den Ausbau eines nahegelegenen, gefahrlos erreichbaren kommunalen Kinderspielplatzes verwendet werden.	(4) Der Bauherr kann zur Erfüllung seiner Verpflichtung nach Absatz 2 einen Geldbetrag an die Gemeinde zahlen. Die Baurechtsbehörde legt im Benehmen mit der Gemeinde die Höhe des Geldbetrages fest. Dieser Geldbetrag soll vorrangig für die Errichtung und den Ausbau kommunaler Kinderspielplätze verwendet werden. Ausnahmsweise kann der Geldbetrag auch für die Instandhaltung kommunaler Kinderspielplätze verwendet werden.

§ 10 Höhenlage des Grundstücks

Bei der Errichtung baulicher Anlagen kann verlangt werden, dass die Oberfläche des Grundstücks erhalten oder ihre Höhenlage verändert wird, um
1. eine Verunstaltung des Straßen-, Orts- oder Landschaftsbildes zu vermeiden oder zu beseitigen,
2. die Oberfläche des Grundstücks der Höhe der Verkehrsfläche oder der Höhe der Nachbargrundstücke anzugleichen oder
3. überschüssigen Bodenaushub zu vermeiden.

Dritter Teil Allgemeine Anforderungen an die Bauausführung

§ 11 Gestaltung

(1) Bauliche Anlagen sind mit ihrer Umgebung so in Einklang zu bringen, dass sie das Straßen-, Orts- oder Landschaftsbild nicht verunstalten oder deren beabsichtigte Gestaltung nicht beeinträchtigen. Auf Kultur- und Naturdenkmale und auf erhaltenswerte Eigenarten der Umgebung ist Rücksicht zu nehmen.

(2) Bauliche Anlagen sind so zu gestalten, dass sie nach Form, Maßstab, Werkstoff, Farbe und Verhältnis der Baumassen und Bauteile zueinander nicht verunstaltet wirken.

(3) Die Absätze 1 und 2 gelten entsprechend für
1. Werbeanlagen, die keine baulichen Anlagen sind,
2. Automaten, die vom öffentlichen Verkehrsraum aus sichtbar sind,
3. andere Anlagen und Grundstücke im Sinne von § 1 Abs. 1 Satz 2.

(4) In reinen Wohngebieten, allgemeinen Wohngebieten, Dorfgebieten und Kleinsiedlungsgebieten sind nur für Anschläge bestimmte Werbeanlagen sowie Werbeanlagen an der Stätte der Leistung zulässig.

§ 12 Baustelle

(1) Baustellen sind so einzurichten, dass die baulichen Anlagen ordnungsgemäß errichtet oder abgebrochen werden können und Gefahren oder vermeidbare erhebliche Belästigungen nicht entstehen.

(2) Bei der Ausführung genehmigungspflichtiger Vorhaben hat der Bauherr an der Baustelle den von der Baurechtsbehörde nach § 59 Abs. 1 erteilten Baufreigabeschein anzubringen. Der Bauherr hat in den Baufreigabeschein Namen, Anschrift und Rufnummer der Unternehmer für die Rohbauarbeiten spätestens bei Baubeginn einzutragen; dies gilt nicht, wenn an der Baustelle ein besonderes Schild angebracht ist, das diese Angaben enthält. Der Baufreigabeschein muss dauerhaft, leicht lesbar und von der öffentlichen Verkehrsfläche aus sichtbar angebracht sein.

(3) Bei Vorhaben im Kenntnisgabeverfahren hat der Bauherr spätestens bei Baubeginn an der Baustelle dauerhaft, leicht lesbar und von der öffentlichen Verkehrsfläche sichtbar anzugeben:
1. Die Bezeichnung des Vorhabens,
2. den Namen und die Anschrift des Entwurfsverfassers und des Bauleiters,
3. den Namen, die Anschrift und die Rufnummer der Unternehmer für die Rohbauarbeiten.

(4) Bäume, Hecken und sonstige Bepflanzungen, die auf Grund anderer Rechtsvorschriften zu erhalten sind, müssen während der Bauausführung geschützt werden.

§ 13 Standsicherheit

(1) Bauliche Anlagen müssen sowohl im Ganzen als auch in ihren einzelnen Teilen sowie für sich allein standsicher sein. Die Standsicherheit muss auch während der Errichtung sowie bei der Durchführung von Abbrucharbeiten gewährleistet sein. Die Standsicherheit anderer baulicher Anlagen und die Tragfähigkeit des Baugrundes der Nachbargrundstücke dürfen nicht gefährdet werden.

(2) Die Verwendung gemeinsamer Bauteile für mehrere bauliche Anlagen ist zulässig, wenn durch Baulast und technisch gesichert ist, dass die gemeinsamen Bauteile beim Abbruch einer der aneinanderstoßenden baulichen Anlagen stehen bleiben können.

§ 14 Schutz baulicher Anlagen

(1) Geräusche, Erschütterungen oder Schwingungen, die von ortsfesten Einrichtungen in einer baulichen Anlage ausgehen, sind so zu dämmen, dass Gefahren sowie erhebliche Nachteile oder Belästigungen nicht entstehen. Gebäude müssen einen ihrer Nutzung entsprechenden Schallschutz haben.

(2) Bauliche Anlagen müssen so angeordnet, beschaffen und gebrauchstauglich sein, dass durch Wasser, Feuchtigkeit, pflanzliche und tierische Schädlinge sowie andere chemische, physikalische oder biologische Einflüsse Gefahren oder unzumutbare Belästigungen bei sachgerechtem Gebrauch nicht entstehen.

(3) Gebäude müssen einen ihrer Nutzung und den klimatischen Verhältnissen entsprechenden Wärmeschutz haben.

| LBO 2023 | § 15 | LBO 2025 |

§ 15 Brandschutz

(1) Bauliche Anlagen sind so anzuordnen und zu errichten, dass der Entstehung eines Brandes und der Ausbreitung von Feuer und Rauch (Brandausbreitung) vorgebeugt wird und bei einem Brand die Rettung von Menschen und Tieren sowie wirksame Löscharbeiten möglich sind.

(2) Bauliche Anlagen, die besonders blitzgefährdet sind oder bei denen Blitzschlag zu schweren Folgen führen kann, sind mit dauernd wirksamen Blitzschutzanlagen zu versehen.

(3) Jede Nutzungseinheit muss in jedem Geschoss mit Aufenthaltsräumen über mindestens zwei voneinander unabhängige Rettungswege erreichbar sein; beide Rettungswege dürfen jedoch innerhalb eines Geschosses über denselben notwendigen Flur führen.

(4) Der erste Rettungsweg muss in Nutzungseinheiten, die nicht zu ebener Erde liegen, über eine notwendige Treppe oder eine flache Rampe führen. Der erste Rettungsweg für einen Aufenthaltsraum darf nicht über einen Raum mit erhöhter Brandgefahr führen.

(5) Der zweite Rettungsweg kann eine weitere notwendige Treppe oder eine mit Rettungsgeräten der Feuerwehr erreichbare Stelle der Nutzungseinheit sein. Ein zweiter Rettungsweg ist nicht erforderlich, wenn die Rettung über einen sicher erreichbaren Treppenraum möglich ist, in den Feuer und Rauch nicht eindringen können (Sicherheitstreppenraum).

(Die neuen Sätze entsprechen dem bisherigen § 2 Absatz 1 LBOAVO.)

(5) Der zweite Rettungsweg kann eine weitere notwendige Treppe oder eine mit Rettungsgeräten der Feuerwehr erreichbare Stelle der Nutzungseinheit sein. Ein zweiter Rettungsweg ist nicht erforderlich, wenn die Rettung über einen sicher erreichbaren Treppenraum möglich ist, in den Feuer und Rauch nicht eindringen können (Sicherheitstreppenraum), **oder wenn der erste Rettungsweg aus einem Geschoss einer Nutzungseinheit, welches einen Aufenthaltsraum enthält, ebenerdig unmittelbar ins Freie führt. Gebäude, deren zweiter Rettungsweg über Rettungsgeräte der Feuerwehr führt, dürfen nur errichtet werden, wenn Zufahrt oder Zugang und geeignete Aufstellflächen für die erforderlichen Rettungsgeräte vorgesehen werden. Ist für die Personenrettung der Einsatz von Hubrettungsfahrzeugen erforderlich, sind die dafür erforderlichen Aufstell- und Bewegungsflächen vorzusehen. Bei Sonderbauten ist der zweite Rettungsweg über Rettungsgeräte der Feuerwehr nur zulässig, wenn keine Bedenken wegen der Personenrettung bestehen.**

(6) Zur Durchführung wirksamer Lösch- und Rettungsarbeiten durch die Feuerwehr müssen geeignete und von öffentlichen Verkehrsflächen erreichbare Aufstell- und Bewegungsflächen für die

(6) Zur Durchführung wirksamer Lösch- und Rettungsarbeiten durch die Feuerwehr müssen geeignete und von öffentlichen Verkehrsflächen erreichbare Aufstell- und Bewegungsflächen für die

LBO 2023	§ 15	LBO 2025

erforderlichen Rettungsgeräte vorhanden sein. *(Die neuen Sätze entsprechen dem bisherigen § 2 Absatz 2 LBOAVO.)*	erforderlichen Rettungsgeräte vorhanden sein. Von öffentlichen Verkehrsflächen ist insbesondere für die Feuerwehr ein Zu- oder Durchgang zu rückwärtigen Gebäuden zu schaffen; zu anderen Gebäuden ist er zu schaffen, wenn der zweite Rettungsweg dieser Gebäude über Rettungsgeräte der Feuerwehr führt. Die Zu- oder Durchgänge müssen geradlinig und mindestens 1,25 m, bei Türöffnungen und anderen geringfügigen Einengungen mindestens 1 m breit sein. Die lichte Höhe muss mindestens 2,2 m, bei Türöffnungen und anderen geringfügigen Einengungen mindestens 2 m betragen.
(Die neuen Sätze entsprechen dem bisherigen § 2 Absatz 3 LBOAVO bis auf folgenden abweichenden Wortlaut: *… Hiervon kann eine Ausnahme zugelassen werden, …)*	Zu Gebäuden nach Absatz 5, bei denen die Oberkante der zum Anleitern bestimmten Stellen mehr als 8 m über Gelände liegt, ist anstelle eines Zu- oder Durchgangs eine Zu- oder Durchfahrt zu schaffen. Hiervon ist eine Ausnahme zuzulassen, wenn keine Bedenken wegen des Brandschutzes bestehen. Bei Gebäuden, die ganz oder mit Teilen auf bisher unbebauten Grundstücken mehr als 50 m, auf bereits bebauten Grundstücken mehr als 80 m von einer öffentlichen Verkehrsfläche entfernt sind, sind Zu- oder Durchfahrten zu den vor und hinter den Gebäuden gelegenen Grundstücksteilen und Bewegungsflächen herzustellen, wenn sie aus Gründen des Feuerwehreinsatzes erforderlich sind. Die Zu- oder Durchfahrten müssen mindestens 3 m breit sein und eine lichte Höhe von mindestens 3,5 m haben. Werden die Zu- oder Durchfahrten auf einer Länge von mehr als 12 m beidseitig durch Bauteile begrenzt, so muss die lichte Breite mindestens 3,5 m betragen.
(Der Absatz entspricht dem bisherigen § 2 Absatz 4 LBOAVO.)	(7) Zu- und Durchgänge, Zu- und Durchfahrten, Aufstellflächen und Bewegungsflächen müssen für die einzusetzenden Rettungsgeräte der Feuerwehr ausreichend befestigt und tragfähig sein; sie sind als solche zu kennzeichnen und ständig frei zu halten; die Kennzeichnung von Zufahrten muss von der öffentlichen Verkehrsfläche aus

| LBO 2023 | § 16 | LBO 2025 |

	sichtbar sein. Fahrzeuge dürfen auf den Flächen nach Satz 1 nicht abgestellt werden.
(Der Absatz entspricht dem bisherigen § 2 Absatz 5 LBOAVO.)	(8) Zur Brandbekämpfung muss eine ausreichende Wassermenge zur Verfügung stehen. § 3 des Feuerwehrgesetzes in der Fassung vom 2. März 2010 (GBl. S. 333), das zuletzt durch Artikel 12 des Gesetzes vom 21. Mai 2019 (GBl. S. 161, 185) geändert worden ist, in der jeweils geltenden Fassung, bleibt unberührt.
(7) Aufenthaltsräume, in denen bestimmungsgemäß Personen schlafen, sowie Rettungswege von solchen Aufenthaltsräumen in derselben Nutzungseinheit sind jeweils mit mindestens einem Rauchwarnmelder auszustatten. Die Rauchwarnmelder müssen so eingebaut oder angebracht werden, dass Brandrauch frühzeitig erkannt und gemeldet wird. Eigentümerinnen und Eigentümer bereits bestehender Nutzungseinheiten sind verpflichtet, diese bis zum 31. Dezember 2014 entsprechend auszustatten. Die Sicherstellung der Betriebsbereitschaft obliegt *den unmittelbaren Besitzern, es sei denn, der Eigentümer übernimmt die Verpflichtung selbst.*	(9) Aufenthaltsräume, in denen bestimmungsgemäß Personen schlafen, sowie Rettungswege von solchen Aufenthaltsräumen in derselben Nutzungseinheit sind jeweils mit mindestens einem Rauchwarnmelder auszustatten. Die Rauchwarnmelder müssen so eingebaut oder angebracht werden, dass Brandrauch frühzeitig erkannt und gemeldet wird. Die Sicherstellung der Betriebsbereitschaft obliegt **den unmittelbaren Besitzern.**

(10) Gebäude zur Haltung von Tieren müssen über angemessene Einrichtungen zur Rettung der Tiere im Brandfall verfügen.

§ 16 Verkehrssicherheit

(1) Bauliche Anlagen sowie die dem Verkehr dienenden, nichtüberbauten Flächen von bebauten Grundstücken müssen verkehrssicher sein.

(2) Die Sicherheit und Leichtigkeit des öffentlichen Verkehrs darf durch bauliche Anlagen oder deren Nutzung nicht gefährdet werden.

(3) Umwehrungen müssen so beschaffen und angeordnet sein, dass sie Abstürze verhindern und das Überklettern erschweren.

(Der Absatz entspricht dem bisherigen § 3 Absatz 1 LBOAVO.)	(4) In, an und auf baulichen Anlagen sind zu umwehren oder mit Brüstungen zu versehen: 1. Flächen, die im Allgemeinen zum Begehen bestimmt sind und unmittelbar an mehr als 1 m tiefer liegende Flächen angrenzen; dies gilt nicht, wenn die Umwehrung dem Zweck der Flächen widerspricht,

LBO 2023	§ 16	LBO 2025

	2. nicht begehbare Oberlichte und Glasabdeckungen in Flächen, die im Allgemeinen zum Begehen bestimmt sind, wenn sie weniger als 0,5 m aus diesen Flächen herausragen,
	3. Dächer oder Dachteile, die zum auch nur zeitweiligen Aufenthalt von Menschen bestimmt sind,
	4. Öffnungen in begehbaren Decken sowie in Dächern oder Dachteilen nach Nummer 3, wenn sie nicht sicher abgedeckt sind,
	5. nicht begehbare Glasflächen in Decken sowie in Dächern oder Dachteilen nach Nummer 3, wenn sie weniger als 0,5 m aus diesen Decken oder Dächern herausragen,
	6. die freien Seiten von Treppenläufen, Treppenabsätzen und Treppenöffnungen (Treppenaugen), soweit sie an mehr als 1 m tiefer liegende Flächen angrenzen,
	7. Lichtschächte und Betriebsschächte, die an Verkehrsflächen liegen, wenn sie nicht verkehrssicher abgedeckt sind.
(Der Absatz entspricht dem bisherigen § 3 Absatz 2 LBOAVO.)	(5) In Verkehrsflächen liegende Lichtschächte und Betriebsschächte sind in Höhe der Verkehrsfläche verkehrssicher abzudecken. An und in Verkehrsflächen liegende Abdeckungen müssen gegen unbefugtes Abheben gesichert sein. Fenster, die unmittelbar an Treppen liegen und deren Brüstungen unter der notwendigen Umwehrungshöhe liegen, sind zu sichern.
(Der Absatz entspricht dem bisherigen § 3 Absatz 3 LBOAVO.)	(6) Nach Absatz 4 notwendige Umwehrungen und Fensterbrüstungen müssen mindestens 0,9 m hoch sein. Die Höhe darf auf 0,8 m verringert werden, wenn die Tiefe des oberen Abschlusses der Umwehrung mindestens 0,2 m beträgt. Bei Fensterbrüstungen wird die Höhe von der Oberkante des Fußbodens bis zur Unterkante der lichten Fensteröffnung gemessen.
(Der Absatz entspricht dem bisherigen § 3 Absatz 4 LBOAVO.)	(7) Der Abstand zwischen den Umwehrungen nach Absatz 4 und den zu sichernden Flächen darf waagerecht gemessen nicht mehr als 6 cm betragen.

LBO 2023	§ 16a	LBO 2025

(Der Absatz entspricht dem bisherigen § 3 Absatz 5 LBOAVO.)

(8) Öffnungen in Umwehrungen nach Absatz 4 dürfen bei Flächen, auf denen in der Regel mit der Anwesenheit von Kindern bis zu sechs Jahren gerechnet werden muss,
1. bei horizontaler Anordnung der Brüstungselemente bis zu einer Höhe der Umwehrung von 0,6 m nicht höher als 2 cm, darüber nicht höher als 12 cm sein,
2. bei vertikaler Anordnung der Brüstungselemente nicht breiter als 12 cm sein,
3. bei unregelmäßigen Öffnungen das Überklettern nicht erleichtern und in keiner Richtung größer als 12 cm sein.

Der Abstand dieser Umwehrungen von der zu sichernden Fläche darf senkrecht gemessen nicht mehr als 12 cm betragen. Die Sätze 1 und 2 gelten nicht bei Wohngebäuden der Gebäudeklassen 1 und 2 und bei Wohnungen.

(Der Absatz entspricht dem bisherigen § 13 Absatz 1 LBOAVO.)

(9) Können die Fensterflächen nicht gefahrlos vom Erdboden, vom Innern des Gebäudes, von Loggien oder Balkonen aus gereinigt werden, so sind Vorrichtungen wie Aufzüge, Halterungen oder Stangen anzubringen, die eine Reinigung von außen ermöglichen.

(Der Absatz entspricht dem bisherigen § 13 Absatz 2 LBOAVO.)

(10) Glastüren und andere Glasflächen, die bis zum Fußboden allgemein zugänglicher Verkehrsflächen herabreichen, sind so zu kennzeichnen, dass sie leicht erkannt werden können. Weitere Schutzmaßnahmen sind für größere Glasflächen vorzusehen, wenn dies die Verkehrssicherheit erfordert.

§ 16a Bauarten

(1) Bauarten dürfen nur angewendet werden, wenn bei ihrer Anwendung die baulichen Anlagen bei ordnungsgemäßer Instandhaltung während einer dem Zweck entsprechenden angemessenen Zeitdauer die Anforderungen dieses Gesetzes oder auf Grund dieses Gesetzes erfüllen und für ihren Anwendungszweck tauglich sind.

(2) Bauarten, die von Technischen Baubestimmungen nach § 73a Absatz 2 Nummer 2 oder 3 Buchstabe a wesentlich abweichen oder für die es allgemein aner-

| LBO 2023 | § 16b | LBO 2025 |

kannte Regeln der Technik nicht gibt, dürfen bei der Errichtung, Änderung und Instandhaltung baulicher Anlagen nur angewendet werden, wenn für sie
1. eine allgemeine Bauartgenehmigung durch das Deutsche Institut für Bautechnik oder
2. eine vorhabenbezogene Bauartgenehmigung durch die oberste Baurechtsbehörde

erteilt worden ist. § 18 Absatz 2 bis 5 gilt entsprechend.

(3) Anstelle einer allgemeinen Bauartgenehmigung genügt ein allgemeines bauaufsichtliches Prüfzeugnis für Bauarten, wenn die Bauart nach allgemein anerkannten Prüfverfahren beurteilt werden kann. In den Technischen Baubestimmungen nach § 73a werden diese Bauarten mit der Angabe der maßgebenden technischen Regeln bekannt gemacht. § 19 Absatz 2 gilt entsprechend.

(4) Wenn Gefahren im Sinne des § 3 Absatz 1 Satz 1 nicht zu erwarten sind, kann die oberste Baurechtsbehörde im Einzelfall oder für genau begrenzte Fälle allgemein festlegen, dass eine Bauartgenehmigung nicht erforderlich ist.

(5) Bauarten bedürfen einer Bestätigung ihrer Übereinstimmung mit den Technischen Baubestimmungen nach § 73a Absatz 2, den allgemeinen Bauartgenehmigungen, den allgemeinen bauaufsichtlichen Prüfzeugnissen für Bauarten oder den vorhabenbezogenen Bauartgenehmigungen. Als Übereinstimmung gilt auch eine Abweichung, die nicht wesentlich ist. § 21 Absatz 2 gilt für den Anwender der Bauart entsprechend.

(6) Bei Bauarten, deren Anwendung in außergewöhnlichem Maß von der Sachkunde und Erfahrung der damit betrauten Personen oder von einer Ausstattung mit besonderen Vorrichtungen abhängt, kann in der Bauartgenehmigung oder durch Rechtsverordnung der obersten Baurechtsbehörde vorgeschrieben werden, dass der Anwender über solche Fachkräfte und Vorrichtungen verfügt und den Nachweis hierüber gegenüber einer Prüfstelle nach § 24 Satz 1 Nummer 6 zu erbringen hat. In der Rechtsverordnung können Mindestanforderungen an die Ausbildung, die durch Prüfung nachzuweisende Befähigung und die Ausbildungsstätten einschließlich der Anerkennungsvoraussetzungen gestellt werden.

(7) Für Bauarten, die einer außergewöhnlichen Sorgfalt bei Ausführung oder Instandhaltung bedürfen, kann in der Bauartgenehmigung oder durch Rechtsverordnung der obersten Baurechtsbehörde die Überwachung dieser Tätigkeiten durch eine Überwachungsstelle nach § 24 Satz 1 Nummer 5 vorgeschrieben werden.

Vierter Teil Bauprodukte

§ 16b Allgemeine Anforderungen für die Verwendung von Bauprodukten

(1) Bauprodukte dürfen nur verwendet werden, wenn bei ihrer Verwendung die baulichen Anlagen bei ordnungsgemäßer Instandhaltung während einer dem Zweck entsprechenden angemessenen Zeitdauer die Anforderungen dieses Gesetzes oder auf Grund dieses Gesetzes erfüllen und gebrauchstauglich sind.

(2) Bauprodukte, die den in Vorschriften eines anderen Mitgliedstaats der Europäischen Union, eines anderen Vertragsstaats des Abkommens über den Europäischen Wirtschaftsraum oder der Schweiz oder der Türkei genannten technischen Anforderungen entsprechen, dürfen verwendet werden, wenn das geforderte Schutzniveau gemäß § 3 Absatz 1 Satz 1 gleichermaßen dauerhaft erreicht wird.

§ 16c Anforderungen für die Verwendung von CE-gekennzeichneten Bauprodukten

Ein Bauprodukt, das die CE-Kennzeichnung trägt, darf verwendet werden, wenn die erklärten Leistungen den in diesem Gesetz oder auf Grund dieses Gesetzes festgelegten Anforderungen für diese Verwendung entsprechen. Die §§ 17 bis 25 Absatz 1 gelten nicht für Bauprodukte, die die CE-Kennzeichnung auf Grund der Verordnung (EU) Nr. 305/2011 tragen.

§ 17 Verwendbarkeitsnachweise

(1) Ein Verwendbarkeitsnachweis (§§ 18 bis 20) ist für ein Bauprodukt erforderlich, wenn
1. es keine Technische Baubestimmung und keine allgemein anerkannte Regel der Technik gibt,
2. das Bauprodukt von einer Technischen Baubestimmung nach § 73a Absatz 2 Nummer 3 wesentlich abweicht oder
3. eine Verordnung nach § 73 Absatz 7a es vorsieht.

(2) Ein Verwendbarkeitsnachweis ist nicht erforderlich für ein Bauprodukt, das
1. von einer allgemein anerkannten Regel der Technik abweicht oder
2. für die Erfüllung der Anforderungen dieses Gesetzes oder auf Grund dieses Gesetzes nur eine untergeordnete Bedeutung hat.

(3) Die Technischen Baubestimmungen nach § 73a enthalten eine nicht abschließende Liste von Bauprodukten, die keines Verwendbarkeitsnachweises nach Absatz 1 bedürfen.

§ 18 Allgemeine bauaufsichtliche Zulassung

(1) Das Deutsche Institut für Bautechnik erteilt unter den Voraussetzungen des § 17 Absatz 1 eine allgemeine bauaufsichtliche Zulassung für Bauprodukte, wenn deren Verwendbarkeit im Sinne des § 16b Absatz 1 nachgewiesen ist.

(2) Die zur Begründung des Antrags erforderlichen Unterlagen sind beizufügen. Soweit erforderlich, sind Probstücke vom Antragsteller zur Verfügung zu stellen oder durch Sachverständige, die das Deutsche Institut für Bautechnik bestimmen kann, zu entnehmen und Probeausführungen unter Aufsicht der Sachverständigen herzustellen. Der Antrag kann zurückgewiesen werden, wenn die Unterlagen unvollständig sind oder erhebliche Mängel aufweisen.

(3) Das Deutsche Institut für Bautechnik kann für die Durchführung der Prüfung die sachverständige Stelle und für Probeausführungen die Ausführungsstelle und Ausführungszeit vorschreiben.

LBO 2023	LBO 2025
(4) Die allgemeine bauaufsichtliche Zulassung wird widerruflich und für eine bestimmte Frist erteilt, die in der Regel fünf Jahre beträgt. Die Zulassung kann mit Nebenbestimmungen erteilt werden. Sie kann auf *schriftlichen* Antrag in der Regel um fünf Jahre verlängert werden; § 62 Abs. 2 Satz 2 gilt entsprechend.	(4) Die allgemeine bauaufsichtliche Zulassung wird widerruflich und für eine bestimmte Frist erteilt, die in der Regel fünf Jahre beträgt. Die Zulassung kann mit Nebenbestimmungen erteilt werden. Sie kann auf Antrag **in Textform** in der Regel um fünf Jahre verlängert werden; § 62 Abs. 2 Satz 2 gilt entsprechend.

(5) Die Zulassung wird unbeschadet der Rechte Dritter erteilt. Das Deutsche Institut für Bautechnik macht die von ihm erteilten allgemeinen bauaufsichtlichen Zulassungen nach Gegenstand und wesentlichem Inhalt öffentlich bekannt. Allgemeine bauaufsichtliche Zulassungen nach dem Recht anderer Bundesländer gelten auch im Land Baden-Württemberg.

§ 19 Allgemeines bauaufsichtliches Prüfzeugnis

(1) Bauprodukte, die nach allgemein anerkannten Prüfverfahren beurteilt werden, bedürfen anstelle einer allgemeinen bauaufsichtlichen Zulassung nur eines allgemeinen bauaufsichtlichen Prüfzeugnisses. Dies wird mit der Angabe der maßgebenden technischen Regeln in den Technischen Baubestimmungen nach § 73a bekanntgemacht.

(2) Ein allgemeines bauaufsichtliches Prüfzeugnis wird von einer Prüfstelle nach § 24 Satz 1 Nummer 1 für Bauprodukte nach Absatz 1 erteilt, wenn deren Verwendbarkeit im Sinne des § 16b Absatz 1 nachgewiesen ist. § 18 Absatz 2, 4 und 5 gilt entsprechend. Die Anerkennungsbehörde für Stellen nach § 24 Satz 1 Nummer 1 sowie § 73 Absatz 6 Satz 1 Nummer 2 und Satz 2 kann allgemeine bauaufsichtliche Prüfzeugnisse zurücknehmen oder widerrufen; §§ 48 und 49 des Landesverwaltungsverfahrensgesetzes finden Anwendung.

§ 20 Nachweis der Verwendbarkeit von Bauprodukten im Einzelfall

Mit Zustimmung der obersten Baurechtsbehörde dürfen unter den Voraussetzungen des § 17 Absatz 1 im Einzelfall Bauprodukte verwendet werden, wenn ihre Verwendbarkeit im Sinne des § 16b Absatz 1 nachgewiesen ist. Die Zustimmung kann auch für mehrere vergleichbare Fälle erteilt werden. Wenn Gefahren im Sinne des § 3 Absatz 1 Satz 1 nicht zu erwarten sind, kann die oberste Baurechtsbehörde im Einzelfall oder allgemein erklären, dass ihre Zustimmung nicht erforderlich ist.

§ 21 Übereinstimmungsbestätigung

(1) Bauprodukte bedürfen einer Bestätigung ihrer Übereinstimmung mit den Technischen Baubestimmungen nach § 73a Absatz 2, den allgemeinen bauaufsichtlichen Zulassungen, den allgemeinen bauaufsichtlichen Prüfzeugnissen oder den Zustimmungen im Einzelfall; als Übereinstimmung gilt auch eine Abweichung, die nicht wesentlich ist.

(2) Die Bestätigung der Übereinstimmung erfolgt durch Übereinstimmungserklärung des Herstellers (§ 22).

(3) Die Übereinstimmungserklärung hat der Hersteller durch Kennzeichnung der Bauprodukte mit dem Übereinstimmungszeichen (Ü-Zeichen) unter Hinweis auf den Verwendungszweck abzugeben.

(4) Das Ü-Zeichen ist auf dem Bauprodukt, auf einem Beipackzettel oder auf seiner Verpackung oder, wenn dies Schwierigkeiten bereitet, auf dem Lieferschein oder auf einer Anlage zum Lieferschein anzubringen.

(5) Ü-Zeichen aus anderen Bundesländern und aus anderen Staaten gelten auch im Land Baden-Württemberg.

§ 22 Übereinstimmungserklärung des Herstellers

(1) Der Hersteller darf eine Übereinstimmungserklärung nur abgeben, wenn er durch werkseigene Produktionskontrolle sichergestellt hat, dass das von ihm hergestellte Bauprodukt den maßgebenden technischen Regeln, der allgemeinen bauaufsichtlichen Zulassung, dem allgemeinen bauaufsichtlichen Prüfzeugnis oder der Zustimmung im Einzelfall entspricht.

(2) In den Technischen Baubestimmungen nach § 73a, in den allgemeinen bauaufsichtlichen Zulassungen, in den allgemeinen bauaufsichtlichen Prüfzeugnissen oder in den Zustimmungen im Einzelfall kann eine Prüfung der Bauprodukte durch eine Prüfstelle vor Abgabe der Übereinstimmungserklärung vorgeschrieben werden, wenn dies zur Sicherung einer ordnungsgemäßen Herstellung erforderlich ist. In diesen Fällen hat die Prüfstelle das Bauprodukt daraufhin zu überprüfen, ob es den maßgebenden technischen Regeln, der allgemeinen bauaufsichtlichen Zulassung, dem allgemeinen bauaufsichtlichen Prüfzeugnis oder der Zustimmung im Einzelfall entspricht.

(3) In den Technischen Baubestimmungen nach § 73a, in den allgemeinen bauaufsichtlichen Zulassungen oder in den Zustimmungen im Einzelfall kann eine Zertifizierung vor Abgabe der Übereinstimmungserklärung vorgeschrieben werden, wenn dies zum Nachweis einer ordnungsgemäßen Herstellung eines Bauproduktes erforderlich ist. Die oberste Baurechtsbehörde kann im Einzelfall die Verwendung von Bauprodukten ohne Zertifizierung gestatten, wenn nachgewiesen ist, dass diese Bauprodukte den technischen Regeln, Zulassungen, Prüfzeugnissen oder Zustimmungen nach Absatz 1 entsprechen.

(4) Bauprodukte, die nicht in Serie hergestellt werden, bedürfen nur einer Übereinstimmungserklärung nach Absatz 1, sofern nichts anderes bestimmt ist.

§ 23 Zertifizierung

(1) Dem Hersteller ist ein Übereinstimmungszertifikat von einer Zertifizierungsstelle nach § 24 Satz 1 Nummer 3 zu erteilen, wenn das Bauprodukt
1. den Technischen Baubestimmungen nach § 73a Absatz 2, der allgemeinen bauaufsichtlichen Zulassung, dem allgemeinen bauaufsichtlichen Prüfzeugnis oder der Zustimmung im Einzelfall entspricht und
2. einer werkseigenen Produktionskontrolle sowie einer Fremdüberwachung nach Maßgabe des Absatzes 2 unterliegt.

(2) Die Fremdüberwachung ist von Überwachungsstellen nach § 24 Satz 1 Nummer 4 durchzuführen. Die Fremdüberwachung hat regelmäßig zu überprüfen, ob das Bauprodukt den Technischen Baubestimmungen nach § 73a Absatz 2, der allgemeinen bauaufsichtlichen Zulassung, dem allgemeinen bauaufsichtlichen Prüfzeugnis oder der Zustimmung im Einzelfall entspricht.

§ 24 Prüf-, Zertifizierungs- und Überwachungsstellen

Die oberste Baurechtsbehörde kann eine natürliche oder juristische Person als
1. Prüfstelle für die Erteilung allgemeiner bauaufsichtlicher Prüfzeugnisse (§ 19 Absatz 2),
2. Prüfstelle für die Überprüfung von Bauprodukten vor Abgabe der Übereinstimmungserklärung (§ 22 Absatz 2),
3. Zertifizierungsstelle (§ 23 Absatz 1),

4. Überwachungsstelle für die Fremdüberwachung (§ 23 Absatz 2),
5. Überwachungsstelle für die Überwachung nach § 16a Absatz 7 und § 25 Absatz 2 oder
6. Prüfstelle für die Überprüfung nach § 16a Absatz 6 und § 25 Absatz 1

anerkennen, wenn sie oder die bei ihr Beschäftigten nach ihrer Ausbildung, Fachkenntnis, persönlichen Zuverlässigkeit, ihrer Unparteilichkeit und ihren Leistungen die Gewähr dafür bieten, dass diese Aufgaben den öffentlich-rechtlichen Vorschriften entsprechend wahrgenommen werden, und wenn sie über die erforderlichen Vorrichtungen verfügen. Satz 1 ist entsprechend auf Behörden anzuwenden, wenn sie ausreichend mit geeigneten Fachkräften besetzt und mit den erforderlichen Vorrichtungen ausgestattet sind. Die Anerkennung von Prüf-, Zertifizierungs- und Überwachungsstellen anderer Bundesländer gilt auch im Land Baden-Württemberg.

§ 25 Besondere Sachkunde- und Sorgfaltsanforderungen

(1) Bei Bauprodukten, deren Herstellung in außergewöhnlichem Maß von der Sachkunde und Erfahrung der damit betrauten Personen oder von einer Ausstattung mit besonderen Vorrichtungen abhängt, kann in der allgemeinen bauaufsichtlichen Zulassung, in der Zustimmung im Einzelfall oder durch Rechtsverordnung der obersten Baurechtsbehörde bestimmt werden, dass der Hersteller über solche Fachkräfte und Vorrichtungen verfügt und den Nachweis hierüber gegenüber einer Prüfstelle nach § 24 Satz 1 Nummer 6 zu erbringen hat. In der Rechtsverordnung können Mindestanforderungen an die Ausbildung, die durch Prüfung nachzuweisende Befähigung und die Ausbildungsstätten einschließlich der Anerkennungsvoraussetzungen gestellt werden.

(2) Für Bauprodukte, die wegen ihrer besonderen Eigenschaften oder ihres besonderen Verwendungszwecks einer außergewöhnlichen Sorgfalt bei Einbau, Transport, Instandhaltung oder Reinigung bedürfen, kann in der allgemeinen bauaufsichtlichen Zulassung, in der Zustimmung im Einzelfall oder durch Rechtsverordnung der obersten Baurechtsbehörde die Überwachung dieser Tätigkeiten durch eine Überwachungsstelle nach § 24 Satz 1 Nummer 5 vorgeschrieben werden, soweit diese Tätigkeiten nicht bereits durch die Verordnung (EU) Nr. 305/2011 erfasst sind.

Fünfter Teil Der Bau und seine Teile

§ 26 Allgemeine Anforderungen an das Brandverhalten von Baustoffen und Bauteilen

(1) Baustoffe werden nach den Anforderungen an ihr Brandverhalten unterschieden in
1. nichtbrennbare,
2. schwerentflammbare,
3. normalentflammbare.

Baustoffe, die nicht mindestens normalentflammbar sind (leichtentflammbare Baustoffe), dürfen nicht verwendet werden; dies gilt nicht, wenn sie in Verbindung mit anderen Baustoffen nicht leichtentflammbar sind.

LBO 2023	§ 27	LBO 2025

(2) Bauteile werden nach den Anforderungen an ihre Feuerwiderstandsfähigkeit unterschieden in
1. feuerbeständige,
2. hochfeuerhemmende,
3. feuerhemmende;
die Feuerwiderstandsfähigkeit bezieht sich bei tragenden und aussteifenden Bauteilen auf deren Standsicherheit im Brandfall, bei raumabschließenden Bauteilen auf deren Widerstand gegen die Brandausbreitung. Bauteile werden zusätzlich nach dem Brandverhalten ihrer Baustoffe unterschieden in
1. Bauteile aus nichtbrennbaren Baustoffen,
2. Bauteile, deren tragende und aussteifende Teile aus nichtbrennbaren Baustoffen bestehen und die bei raumabschließenden Bauteilen zusätzlich eine in Bauteilebene durchgehende Schicht aus nichtbrennbaren Baustoffen haben,
3. Bauteile, deren tragende und aussteifende Teile aus brennbaren Baustoffen bestehen und die allseitig eine brandschutztechnisch wirksame Bekleidung aus nichtbrennbaren Baustoffen (Brandschutzbekleidung) und Dämmstoffe aus nichtbrennbaren Baustoffen haben,
4. Bauteile aus brennbaren Baustoffen.
Soweit in diesem Gesetz oder in Vorschriften auf Grund dieses Gesetzes nichts anderes bestimmt ist, müssen
1. Bauteile, die feuerbeständig sein müssen, mindestens den Anforderungen des Satzes 2 Nr. 2,
2. Bauteile, die hochfeuerhemmend sein müssen, mindestens den Anforderungen des Satzes 2 Nr. 3
entsprechen.

(3) Abweichend von Absatz 2 Satz 3 sind tragende oder aussteifende sowie raumabschließende Bauteile, die hochfeuerhemmend oder feuerbeständig sein müssen, aus brennbaren Baustoffen zulässig, wenn die hinsichtlich der Standsicherheit und des Raumabschlusses geforderte Feuerwiderstandsfähigkeit nachgewiesen und die Bauteile und ihre Anschlüsse ausreichend lang widerstandsfähig gegen die Brandausbreitung sind.

§ 27 Anforderungen an tragende, aussteifende und raumabschließende Bauteile	§ 27 Tragende Wände und Stützen
(1) Tragende und aussteifende Wände und Stützen müssen im Brandfall ausreichend lang standsicher sein.	(1) Tragende und aussteifende Wände und Stützen müssen im Brandfall ausreichend lang standsicher sein. Sie müssen
(Die neuen Sätze entsprechen dem bisherigen § 4 Absatz 1 LBOAVO.)	1. in Gebäuden der Gebäudeklasse 5 feuerbeständig,
	2. in Gebäuden der Gebäudeklasse 4 hochfeuerhemmend,
	3. in Gebäuden der Gebäudeklassen 2 und 3 feuerhemmend
	sein. Satz 2 gilt
	1. für Geschosse im Dachraum nur, wenn darüber noch Aufenthaltsräume möglich sind oder maßgebliche Lasten eingebaut werden

| LBO 2023 | § 27a | LBO 2025 |

| | sollen; § 27b Absatz 4 bleibt unberührt, |
| | 2. nicht für Balkone, ausgenommen offene Gänge, die als notwendige Flure dienen. |

(Der Absatz entspricht dem bisherigen § 4 Absatz 2 LBOAVO.)

(2) In Kellergeschossen müssen tragende und aussteifende Wände und Stützen
1. in Gebäuden der Gebäudeklassen 3 bis 5 feuerbeständig,
2. in Gebäuden der Gebäudeklassen 1 und 2 feuerhemmend

sein.

§ 27a Außenwände

(2) Außenwände und Außenwandteile wie Brüstungen und Schürzen sind so auszubilden, dass eine Brandausbreitung auf und in diesen Bauteilen ausreichend lang begrenzt ist.

(1) Außenwände und Außenwandteile wie Brüstungen und Schürzen sind so auszubilden, dass eine Brandausbreitung auf und in diesen Bauteilen ausreichend lang begrenzt ist.

(Der Absatz entspricht dem bisherigen § 5 Absatz 1 LBOAVO.)

(2) Nichttragende Außenwände und nichttragende Teile tragender Außenwände müssen aus nichtbrennbaren Baustoffen bestehen; sie sind außer bei Hochhäusern aus brennbaren Baustoffen zulässig, wenn sie als raumabschließende Bauteile feuerhemmend sind. Satz 1 gilt nicht für Fenster, Türen und Fugendichtungen sowie brennbare Dämmstoffe in nichtbrennbaren geschlossenen und linienförmigen Profilen der Außenwandkonstruktion.

(Der Absatz entspricht dem bisherigen § 5 Absatz 2 LBOAVO.)

(3) Oberflächen von Außenwänden sowie Außenwandbekleidungen müssen einschließlich der Dämmstoffe und Unterkonstruktionen schwerentflammbar sein. Konstruktionen aus normalentflammbaren Baustoffen sind zulässig, wenn eine Brandausbreitung auf und in diesen Bauteilen ausreichend lang begrenzt ist. Oberflächen von Außenwänden sowie Außenwandbekleidungen dürfen im Brandfall nicht brennend abtropfen. Balkonbekleidungen, die über die erforderliche Umwehrungshöhe hinaus hochgeführt werden, müssen schwerentflammbar sein.

(Der Absatz entspricht dem bisherigen § 5 Absatz 3 LBOAVO.)

(4) Bei Außenwandkonstruktionen mit geschossübergreifenden Hohl- oder Lufträumen wie hinterlüfteten Außen-

LBO 2023	§ 27b	LBO 2025

	wandbekleidungen sind gegen die Brandausbreitung besondere Vorkehrungen zu treffen. Satz 1 gilt für Doppelfassaden entsprechend.
(Der Satz 1 entspricht dem bisherigen § 5 Absatz 4 LBOAVO, Satz 2 wurde neu angefügt.)	(5) Die Absätze 2, 3 und 4 Satz 1 gelten nicht für Gebäude der Gebäudeklassen 1 bis 3; Absatz 4 Satz 2 gilt nicht für Gebäude der Gebäudeklassen 1 und 2. Abweichend von Absatz 3 sind hinterlüftete Außenwandbekleidungen, die den Technischen Baubestimmungen nach § 73a entsprechen, mit Ausnahme der Dämmstoffe, aus normalentflammbaren Baustoffen zulässig.
	§ 27b Trennwände
(3) Trennwände müssen als raumabschließende Bauteile von Räumen oder Nutzungseinheiten innerhalb von Geschossen ausreichend lang widerstandsfähig gegen die Brandausbreitung sein.	(1) Trennwände müssen als raumabschließende Bauteile von Räumen oder Nutzungseinheiten innerhalb von Geschossen ausreichend lang widerstandsfähig gegen die Brandausbreitung sein.
(Der Absatz entspricht dem bisherigen § 6 Absatz 1 LBOAVO.)	(2) Trennwände sind erforderlich 1. zwischen Nutzungseinheiten sowie zwischen Nutzungseinheiten und anders genutzten Räumen, ausgenommen notwendigen Fluren, 2. zum Abschluss von Räumen mit Explosions- oder erhöhter Brandgefahr, 3. zwischen Aufenthaltsräumen und anders genutzten Räumen im Kellergeschoss.
(Der Absatz entspricht dem bisherigen § 6 Absatz 2 LBOAVO.)	(3) Trennwände nach Absatz 2 Nummern 1 und 3 müssen als raumabschließende Bauteile die Feuerwiderstandsfähigkeit der tragenden und aussteifenden Bauteile des Geschosses haben, jedoch mindestens feuerhemmend sein. Trennwände nach Absatz 2 Nummer 2 müssen als raumabschließende Bauteile feuerbeständig sein.
(Der Absatz entspricht dem bisherigen § 6 Absatz 3 LBOAVO.)	(4) Die Trennwände nach Absatz 2 sind bis zur Rohdecke, im Dachraum bis unter die Dachhaut zu führen. Baustoffe in geschossübergreifenden Fugen müssen nichtbrennbar sein. Werden in Dachräumen Trennwände nur bis zur Rohdecke geführt, ist diese

| LBO 2023 | § 27c | LBO 2025 |

	Decke als raumabschließendes Bauteil einschließlich der sie tragenden und aussteifenden Bauteile feuerhemmend herzustellen.
(Der Absatz entspricht dem bisherigen § 6 Absatz 4 LBOAVO.)	**(5)** Öffnungen in Trennwänden nach Absatz 2 sind nur zulässig, wenn sie auf die für die Nutzung erforderliche Zahl und Größe beschränkt sind. Sie müssen feuerhemmende und selbstschließende Abschlüsse haben.
(Der Absatz entspricht dem bisherigen § 6 Absatz 5 LBOAVO.)	**(6)** Die Absätze 2 bis 5 gelten nicht für Wohngebäude der Gebäudeklassen 1 und 2.

§ 27c Brandwände

(4) Brandwände müssen als raumabschließende Bauteile zum Abschluss von Gebäuden (Gebäudeabschlusswand) oder zur Unterteilung von Gebäuden in Brandabschnitte (innere Brandwand) ausreichend lang die Brandausbreitung auf andere Gebäude oder Brandabschnitte verhindern.

(Absatz 2 entspricht dem bisherigen § 7 Absatz 1 LBOAVO bis auf folgenden abweichenden Wortlaut:
1. *als Gebäudeabschlusswand, wenn diese Abschlusswände an oder mit einem Abstand von weniger als 2,5 m gegenüber der Nachbargrenze oder mit einem Abstand von weniger als 5 m zu bestehenden oder baurechtlich zulässigen Gebäuden auf demselben Grundstück errichtet werden, es sei denn, dass ein Abstand von mindestens 5 m zu bestehenden oder nach den baurechtlichen Vorschriften zulässigen künftigen Gebäuden gesichert ist, ...)*

(1) Brandwände müssen als raumabschließende Bauteile zum Abschluss von Gebäuden (Gebäudeabschlusswand) oder zur Unterteilung von Gebäuden in Brandabschnitte (innere Brandwand) ausreichend lang die Brandausbreitung auf andere Gebäude oder Brandabschnitte verhindern.

(2) Brandwände sind erforderlich
1. als Gebäudeabschlusswand, wenn diese Abschlusswände an oder mit einem Abstand von weniger als 2,5 m gegenüber der Grundstücksgrenze oder mit einem Abstand von weniger als 5 m zu bestehenden Gebäuden auf demselben Grundstück errichtet werden,
2. als innere Brandwand zur Unterteilung ausgedehnter Gebäude in Abständen von nicht mehr als 40 m,
3. als innere Brandwand zur Unterteilung landwirtschaftlich genutzter Gebäude in Brandabschnitte von nicht mehr als 10 000 m^3 Brutto-Rauminhalt, wobei größere Brandabschnitte mit Brandwandabständen bis 60 m möglich sind, wenn die Nutzung des Gebäudes dies erfordert und keine Bedenken wegen des Brandschutzes bestehen,
4. als Gebäudeabschlusswand zwischen Wohngebäuden und angebauten landwirtschaftlich genutzten Gebäuden sowie als innere Brandwand zwischen dem Wohn-

LBO 2023	§ 27c	LBO 2025

(Absatz 3 entspricht dem bisherigen § 7 Absatz 2 LBOAVO bis auf folgenden abweichenden Wortlaut: …	teil und dem landwirtschaftlich genutzten Teil eines Gebäudes. (3) Absatz 2 Nummer 1 gilt nicht für 1. Vorbauten nach § 5 Absatz 6 Nummer 2, soweit ihre seitlichen Wände von dem Nachbargebäude oder der Nachbargrenze einen Abstand einhalten, der ihrer eigenen Ausladung entspricht, mindestens jedoch 1,25 m beträgt, 2. Wände bis 5 m Breite nach § 5 Absatz 7 Satz 2,
3. Gebäude oder Gebäudeteile, die nach § 6 Absatz 1 in den Abstandsflächen sowie ohne eigene Abstandsflächen zulässig sind *und zu Nachbargrenzen Wände ohne Öffnungen haben,* …	3. Gebäude oder Gebäudeteile, die nach § 6 Absatz 1 in den Abstandsflächen sowie ohne eigene Abstandsflächen zulässig sind, 4. Wände, die gemäß § 5 Absatz 6 Satz 2 die Abstände nicht einhalten, soweit die verwendeten Dämmstoffe nichtbrennbar sind, 5. Wände, die gemäß § 6 Absatz 3 Satz 1 Nummer 2 die Abstände nicht einhalten, wenn ohne Brandwand keine Bedenken wegen des Brandschutzes bestehen,
6. Wände, die mit einem Winkel von mehr als 75° zu Nachbargrenzen oder zu bestehenden *oder baurechtlich zulässigen* Gebäuden stehen, soweit Öffnungen in diesen Wänden zu Nachbargrenzen einen Abstand von 1,25 m beziehungsweise zu Öffnungen von bestehenden *oder baurechtlich zulässigen Gebäuden* einen Abstand von 2,5 m einhalten, und *…)*	6. Wände, die mit einem Winkel von mehr als 75° zu Nachbargrenzen oder zu bestehenden Gebäuden stehen, soweit Öffnungen in diesen Wänden zu Nachbargrenzen einen Abstand von 1,25 m beziehungsweise zu Öffnungen von bestehenden Gebäuden einen Abstand von 2,5 m einhalten, und 7. seitliche Wände von grenzständigen oder grenznahen Terrassenüberdachungen, soweit die Terrassenüberdachungen nicht mehr als 3 m vor die Außenwand des anschließenden Geschosses vortreten.
(Der Absatz entspricht dem bisherigen § 7 Absatz 3 LBOAVO.)	(4) Brandwände müssen auch unter zusätzlicher mechanischer Beanspruchung feuerbeständig sein und aus nichtbrennbaren Baustoffen bestehen. Anstelle von Brandwänden nach Satz 1 sind zulässig 1. für Gebäude der Gebäudeklasse 4 Wände, die auch unter zusätzlicher mechanischer Beanspruchung hochfeuerhemmend sind,

LBO 2023	§ 27c	LBO 2025

	2. für Gebäude der Gebäudeklassen 1 bis 3 hochfeuerhemmende Wände,
	3. für Gebäude der Gebäudeklassen 1 bis 3 Gebäudeabschlusswände ohne Öffnungen, die von innen nach außen die Feuerwiderstandsfähigkeit der tragenden und aussteifenden Teile des Gebäudes, mindestens jedoch feuerhemmender Bauteile, und von außen nach innen die Feuerwiderstandsfähigkeit feuerbeständiger Bauteile haben,
	4. in den Fällen des Absatzes 2 Nummer 4 feuerbeständige Wände, wenn der umbaute Raum des landwirtschaftlich genutzten Gebäudes oder Gebäudeteils nicht größer als 2 000 m³ ist.
	In Wänden nach Satz 2 müssen Baustoffe in geschossübergreifenden Fugen nichtbrennbar sein.
(Der Absatz entspricht dem bisherigen § 7 Absatz 4 LBOAVO.)	(5) Brandwände müssen bis zur Bedachung durchgehen und in allen Geschossen übereinander angeordnet sein. Abweichend davon dürfen anstelle innerer Brandwände Wände geschossweise versetzt angeordnet werden, wenn
	1. die Wände im Übrigen Absatz 4 Satz 1 entsprechen,
	2. die Decken, soweit sie die Verbindung zwischen diesen Wänden herstellen, feuerbeständig sind, aus nichtbrennbaren Baustoffen bestehen und keine Öffnungen haben,
	3. die Bauteile, die diese Wände und Decken unterstützen, feuerbeständig sind und aus nichtbrennbaren Baustoffen bestehen,
	4. die Außenwände in der Breite des Versatzes in dem Geschoss oberhalb oder unterhalb des Versatzes feuerbeständig sind und
	5. Öffnungen in den Außenwänden im Bereich des Versatzes so angeordnet oder andere Vorkehrungen so getroffen sind, dass eine Brandausbreitung in andere Brandabschnitte nicht zu befürchten ist.
	Für Wände nach Satz 2 gelten die Absätze 6 bis 10 entsprechend.

LBO 2023	§ 27c	LBO 2025

(Der Absatz entspricht dem bisherigen § 7 Absatz 5 LBOAVO bis auf folgenden abweichenden Wortlaut:

(6) Brandwände sind 0,30 m über die Bedachung zu führen oder *in Höhe der Dachhaut mit einer beiderseits 0,50 m auskragenden Platte aus nicht brennbaren Baustoffen abzuschließen;* darüber dürfen brennbare Teile des Daches nicht hinweggeführt werden. ...*)*

(Der Absatz entspricht dem bisherigen § 7 Absatz 6 LBOAVO.)

(Der Absatz entspricht dem bisherigen § 7 Absatz 7 LBOAVO.)

(Der Absatz entspricht dem bisherigen § 7 Absatz 8 LBOAVO.)

(6) Brandwände sind 0,3 m über die Bedachung zu führen oder die Bedachung ist beiderseits der Wandachse auf einer Breite von 0,5 m von außen nach innen mit einem raumabschließenden Feuerwiderstand auszuführen, der dem feuerbeständiger Bauteile entspricht; darüber dürfen brennbare Teile des Daches nicht hinweggeführt werden. Bei Gebäuden der Gebäudeklassen 1 bis 3 sind Brandwände mindestens bis unter die Dachhaut zu führen. Verbleibende Hohlräume sind vollständig mit nichtbrennbaren Baustoffen auszufüllen.

(7) Müssen Gebäude oder Gebäudeteile, die über Eck zusammenstoßen, durch eine Brandwand getrennt werden, so muss der Abstand dieser Wand von der inneren Ecke mindestens 5 m betragen. Dies gilt nicht, wenn der Winkel der inneren Ecke mehr als 120° beträgt oder mindestens eine Außenwand auf 5 m Länge als öffnungslose feuerbeständige Wand aus nichtbrennbaren Baustoffen ausgebildet ist.

(8) Bauteile mit brennbaren Baustoffen dürfen über Brandwände nicht hinweggeführt werden. Außenwandkonstruktionen, die eine seitliche Brandausbreitung begünstigen können, wie Doppelfassaden oder hinterlüftete Außenwandbekleidungen, dürfen ohne besondere Vorkehrungen über Brandwände nicht hinweggeführt werden. Bauteile dürfen in Brandwände nur soweit eingreifen, dass deren Feuerwiderstandsfähigkeit nicht beeinträchtigt wird; für Leitungen, Leitungsschlitze und Schornsteine gilt dies entsprechend.

(9) Öffnungen in Brandwänden sind unzulässig. Sie sind in inneren Brandwänden nur zulässig, wenn sie auf die für die Nutzung erforderliche Zahl und Größe beschränkt sind; die Öffnungen müssen selbstschließende Abschlüsse in der Feuerwiderstandsfähigkeit der Wand haben.

| LBO 2023 | § 27d | LBO 2025 |

(Der Absatz entspricht dem bisherigen § 7 Absatz 9 LBOAVO.)

(Der Absatz entspricht dem bisherigen § 7 Absatz 10 LBOAVO)

(10) In inneren Brandwänden sind feuerbeständige Verglasungen nur zulässig, wenn sie auf die für die Nutzung erforderliche Zahl und Größe beschränkt sind.

(11) Die Absätze 5 bis 10 gelten entsprechend auch für Wände, die nach Absatz 4 Satz 2 anstelle von Brandwänden zulässig sind.

§ 27d Decken

(5) Decken und ihre Anschlüsse müssen als tragende und raumabschließende Bauteile zwischen Geschossen im Brandfall ausreichend lang standsicher und widerstandsfähig gegen die Brandausbreitung sein.

(1) Decken und ihre Anschlüsse müssen als tragende und raumabschließende Bauteile zwischen Geschossen im Brandfall ausreichend lang standsicher und widerstandsfähig gegen die Brandausbreitung sein.

(Der Absatz entspricht dem bisherigen § 8 Absatz 1 LBOAVO bis auf folgenden abweichenden Wortlaut:)

… Satz 1 gilt
1. *für Geschosse im Dachraum nur, wenn darüber Aufenthaltsräume möglich sind; …)*

(2) Sie müssen
1. in Gebäuden der Gebäudeklasse 5 feuerbeständig,
2. in Gebäuden der Gebäudeklasse 4 hochfeuerhemmend,
3. in Gebäuden der Gebäudeklassen 2 und 3 feuerhemmend
sein. Satz 1 gilt
1. für Geschosse im Dachraum nur, wenn darüber Aufenthaltsräume möglich sind oder maßgebliche Lasten eingebaut werden sollen; § 27b Absatz 4 bleibt unberührt,
2. nicht für Balkone, ausgenommen offene Gänge, die als notwendige Flure dienen.

(Der Absatz entspricht dem bisherigen § 8 Absatz 2 LBOAVO.)

(3) Im Kellergeschoss müssen Decken
1. in Gebäuden der Gebäudeklassen 3 bis 5 feuerbeständig,
2. in Gebäuden der Gebäudeklassen 1 und 2 feuerhemmend
sein. Decken müssen feuerbeständig sein
1. unter und über Räumen mit Explosions- oder erhöhter Brandgefahr, ausgenommen in Wohngebäuden der Gebäudeklassen 1 und 2,
2. zwischen dem landwirtschaftlich genutzten Teil und dem Wohnteil eines Gebäudes.

LBO 2023	§ 27e	LBO 2025

(Der Absatz entspricht dem bisherigen § 8 Absatz 3 LBOAVO.)	**(4)** Öffnungen in Decken, für die eine Feuerwiderstandsfähigkeit vorgeschrieben ist, sind nur zulässig 1. in Gebäuden der Gebäudeklassen 1 und 2, 2. innerhalb derselben Nutzungseinheit mit nicht mehr als insgesamt 400 m² in nicht mehr als zwei Geschossen, im Übrigen, wenn sie auf die für die Nutzung erforderliche Zahl und Größe beschränkt sind und Abschlüsse mit der Feuerwiderstandsfähigkeit der Decke haben.

§ 27e Dächer

(6) Bedachungen müssen gegen eine Brandbeanspruchung von außen durch Flugfeuer und strahlende Wärme ausreichend lang widerstandsfähig sein (harte Bedachung). *(Der Absatz entspricht dem bisherigen § 9 Absatz 1 LBOAVO.)*	**(1)** Bedachungen müssen gegen eine Brandbeanspruchung von außen durch Flugfeuer und strahlende Wärme ausreichend lang widerstandsfähig sein (harte Bedachung). **(2)** Bedachungen, die die Anforderungen nach Absatz 1 nicht erfüllen, sind zulässig bei Gebäuden der Gebäudeklassen 1 bis 3, wenn die Gebäude 1. einen Abstand von der Grundstücksgrenze von mindestens 12 m, 2. von Gebäuden auf demselben Grundstück mit harter Bedachung einen Abstand von mindestens 15 m, 3. von Gebäuden auf demselben Grundstück mit Bedachungen, die die Anforderungen nach Absatz 1 nicht erfüllen, einen Abstand von mindestens 24 m und 4. von Gebäuden auf demselben Grundstück ohne Aufenthaltsräume und ohne Feuerstätten mit nicht mehr als 50 m³ Brutto-Rauminhalt einen Abstand von mindestens 5 m einhalten. Soweit Gebäude nach Satz 1 Abstand halten müssen, genügt bei Wohngebäuden der Gebäudeklassen 1 und 2 in den Fällen 1. von Satz 1 Nummer 1 ein Abstand von mindestens 6 m, 2. von Satz 1 Nummer 2 ein Abstand von mindestens 9 m,

LBO 2023	§ 27e	LBO 2025

	3. von Satz 1 Nummer 3 ein Abstand von mindestens 12 m.
(Der Absatz entspricht dem bisherigen § 9 Absatz 2 LBOAVO.)	(3) Die Absätze 1 und 2 gelten nicht für 1. Gebäude ohne Aufenthaltsräume und ohne Feuerstätten mit nicht mehr als 50 m³ Brutto-Rauminhalt, 2. lichtdurchlässige Bedachungen aus nichtbrennbaren Baustoffen; brennbare Fugendichtungen und brennbare Dämmstoffe in nichtbrennbaren Profilen sind zulässig, 3. Lichtkuppeln und Oberlichte von Wohngebäuden, 4. Eingangsüberdachungen und Vordächer aus nichtbrennbaren Baustoffen, 5. Eingangsüberdachungen aus brennbaren Baustoffen, wenn die Eingänge nur zu Wohnungen führen, 6. Terrassenüberdachungen, soweit diese nicht mehr als 3 m vor die Außenwand des darüberliegenden Geschosses vortreten.
(Der Absatz entspricht dem bisherigen § 9 Absatz 3 LBOAVO.)	(4) Abweichend von Absatz 2 sind 1. lichtdurchlässige Teilflächen aus brennbaren Baustoffen in harten Bedachungen und 2. begrünte Bedachungen zulässig, wenn eine Brandentstehung bei einer Brandbeanspruchung von außen durch Flugfeuer und strahlende Wärme nicht zu befürchten ist oder Vorkehrungen hiergegen getroffen werden.
(Der Absatz entspricht dem bisherigen § 9 Absatz 4 LBOAVO.)	(5) Dachüberstände, Dachgesimse und Dachaufbauten, lichtdurchlässige Bedachungen, Lichtkuppeln und Oberlichte sind so anzuordnen und herzustellen, dass Feuer nicht auf andere Gebäudeteile und Nachbargrundstücke übertragen werden kann. Von Brandwänden und von Wänden, die anstelle von Brandwänden zulässig sind, müssen mindestens 1,25 m entfernt sein 1. Oberlichte, Lichtkuppeln und Öffnungen in der Bedachung, wenn diese Wände nicht mindestens 30 cm über die Bedachung geführt sind, 2. Dachgauben und ähnliche Dachaufbauten aus brennbaren Baustoffen, wenn sie nicht durch diese

LBO 2023	§ 27e	LBO 2025
		Wände gegen Brandübertragung geschützt sind. Anlagen zur photovoltaischen oder thermischen Solarnutzung sind keine ähnlichen Dachaufbauten im Sinne von Satz 2 Nummer 2.
(Der Absatz entspricht dem bisherigen § 9 Absatz 5 LBOAVO.)		(6) Dächer von traufseitig aneinander gebauten Gebäuden müssen als raumabschließende Bauteile für eine Brandbeanspruchung von innen nach außen einschließlich der sie tragenden und aussteifenden Bauteile feuerhemmend sein. Öffnungen in diesen Dachflächen und Fenster in Dachaufbauten müssen waagerecht gemessen mindestens 2 m von der Brandwand oder der Wand, die anstelle der Brandwand zulässig ist, entfernt sein. Bei traufseitig benachbarten Gebäuden müssen Öffnungen in Dachflächen und Fenster in Dachaufbauten 2 m Abstand zur Grenze beziehungsweise 4 m Abstand zu solchen Öffnungen des benachbarten Gebäudes auf demselben Grundstück einhalten.
(Der Absatz entspricht dem bisherigen § 9 Absatz 6 LBOAVO.)		(7) Dächer, die an Außenwände mit höher liegenden Öffnungen oder ohne Feuerwiderstandsfähigkeit anschließen, müssen innerhalb eines Abstands von 5 m von diesen Wänden als raumabschließende Bauteile für eine Brandbeanspruchung von innen nach außen einschließlich der sie tragenden und aussteifenden Bauteile die Feuerwiderstandsfähigkeit der Decken des Gebäudeteils haben, an den sie angebaut werden. Dies gilt nicht für Anbauten an Wohngebäude der Gebäudeklassen 1 bis 3.
(Der Absatz entspricht dem bisherigen § 9 Absatz 7 LBOAVO.)		(8) Dächer an Verkehrsflächen und über Eingängen müssen Vorrichtungen zum Schutz gegen das Herabfallen von Schnee und Eis haben, wenn dies die Verkehrssicherheit erfordert.
(Der Absatz entspricht dem bisherigen § 9 Absatz 8 LBOAVO.)		(9) Für vom Dach aus vorzunehmende Arbeiten sind sicher benutzbare Vorrichtungen anzubringen.

§ 27f Nutzungsänderungen und bauliche Änderungen im Bestand bei tragenden, aussteifenden und raumabschließenden Bauteilen und Dachgeschossausbauten oder Aufstockungen zu Wohnzwecken

(1) Nutzungsänderungen von rechtmäßig bestehenden Gebäuden oder Nutzungseinheiten sowie bauliche Änderungen innerhalb dieser Gebäude führen nicht zu höheren brandschutzbezogenen Anforderungen an tragende, aussteifende und raumabschließende Bauteile, soweit für die neue Nutzung oder bauliche Änderung nicht § 38 gilt und die Anforderungen nach § 3 Absatz 1 Satz 1 eingehalten werden; dies ist insbesondere dann der Fall, wenn die bauzeitlich erforderlichen Brandschutzanforderungen an Gebäude mit Wohnnutzung gewahrt werden und Belange der Standsicherheit ausreichend berücksichtigt werden. § 58 Absatz 6 und § 76 Absatz 2 bleiben unberührt.

(2) Fallen rechtmäßig bestehende Gebäude aufgrund eines Dachgeschossausbaus oder einer Aufstockung zu Wohnzwecken nach § 2 Absatz 4 Satz 1 in die Gebäudeklasse 4, so sind die Anforderungen an den Feuerwiderstand der tragenden und aussteifenden sowie raumabschließenden Bauteile der Gebäudeklasse 3 bei der bestehenden Gebäudekonstruktion ausreichend, wenn
1. Nutzungseinheiten, die nicht zu ebener Erde liegen, Rettungswege nach § 15 Absatz 4 und 5 haben,
2. die Türen vom notwendigen Treppenraum zu Kellergeschossen mindestens feuerhemmend, rauchdicht und selbstschließend sind,
3. der notwendige Treppenraum nach § 28a Absatz 8 entraucht werden kann,
4. Wohnungseingangstüren der neu geschaffenen Wohnungen mindestens feuerhemmend, rauchdicht und selbstschließend sind, sofern im notwendigen Treppenraum die not-

LBO 2023	§ 28	LBO 2025

wendige Treppe oder Wand- und Deckenbekleidungen aus brennbaren Baustoffen bestehen oder die übrigen Türen des notwendigen Treppenraums nicht mindestens dicht- und selbstschließend sind. Beträgt die Aufstockung nicht mehr als ein Geschoss, so sind für dieses Geschoss die Anforderungen an den Feuerwiderstand der tragenden und aussteifenden sowie raumabschließenden Bauteile der Gebäudeklasse 3 ausreichend.

(3) Fallen rechtmäßig bestehende Gebäude aufgrund eines Dachgeschossausbaus oder einer Aufstockung um höchstens 2 Geschosse zu Wohnzwecken nach § 2 Absatz 4 Satz 1 in die Gebäudeklasse 5, gilt Absatz 2 entsprechend, wenn
1. die Höhe von 13 m nach § 2 Absatz 4 Satz 2 nicht überschritten wird und die Bauteile nach Absatz 2 Satz 1 und 2 die Anforderungen an die tragenden und aussteifenden sowie raumabschließenden Bauteile der Gebäudeklasse 3 erfüllen oder
2. die Höhe von 18 m nach § 2 Absatz 4 Satz 2 nicht überschritten wird und die Bauteile nach Absatz 2 Satz 1 und 2 die Anforderung an tragende und aussteifende sowie raumabschließende Bauteile der Gebäudeklasse 4 erfüllen. Weitergehend können bestehende Türen unabhängig von den Anforderungen an die neuen Türen selbstschließend gefordert werden, sofern dies aus Brandschutzgründen erforderlich ist.

§ 28 Anforderungen an Bauteile in Rettungswegen	§ 28 Treppen
(1) Jedes nicht *zu ebener Erde* liegende Geschoss und der benutzbare Dachraum eines Gebäudes müssen über mindestens eine Treppe zugänglich sein (notwendige Treppe). Statt notwendiger Treppen sind Rampen mit flacher Neigung zulässig. Die nutzbare Breite der	(1) Jedes nicht **zur ebenen Erde** liegende Geschoss und der benutzbare Dachraum eines Gebäudes müssen über mindestens eine Treppe zugänglich sein (notwendige Treppe). Statt notwendiger Treppen sind Rampen mit flacher Neigung zulässig. **Einschiebbare Treppen**

LBO 2023	§ 28	LBO 2025

Treppenläufe und Treppenabsätze notwendiger Treppen muss für den größten zu erwartenden Verkehr ausreichen. *(Die neuen Sätze 3 und 4 waren bisher § 10 Absatz 1 LBOAVO.)*	und Rolltreppen sind als notwendige Treppen unzulässig. In Gebäuden der Gebäudeklassen 1 und 2 sind einschiebbare Treppen und Leitern als Zugang zu einem Dachraum ohne Aufenthaltsraum zulässig. Die nutzbare Breite der Treppenläufe und Treppenabsätze notwendiger Treppen muss für den größten zu erwartenden Verkehr ausreichen.
(Der Absatz entspricht dem bisherigen § 10 Absatz 2 LBOAVO.)	**(2)** Notwendige Treppen sind in einem Zuge zu allen angeschlossenen Geschossen zu führen; sie müssen mit den Treppen zum Dachraum unmittelbar verbunden sein. Dies gilt nicht für Treppen 1. in Gebäuden der Gebäudeklassen 1 bis 3, 2. nach § 28a Absatz 1 Satz 4 Nummer 2.
(Der Absatz entspricht dem bisherigen § 10 Absatz 3 LBOAVO; Satz 3 wurde neu angefügt.)	**(3)** Die tragenden Teile notwendiger Treppen müssen 1. in Gebäuden der Gebäudeklasse 5 feuerhemmend und aus nichtbrennbaren Baustoffen, 2. in Gebäuden der Gebäudeklasse 4 aus nichtbrennbaren Baustoffen, 3. in Gebäuden der Gebäudeklasse 3 aus nichtbrennbaren Baustoffen oder feuerhemmend sein. Tragende Teile von Außentreppen nach § 28a Absatz 1 Satz 3 Nummer 3 für Gebäude der Gebäudeklassen 3 bis 5 müssen aus nichtbrennbaren Baustoffen bestehen. Satz 1 gilt nicht für Treppen nach § 28a Absatz 1 Satz 3 Nummer 2.
(Der Absatz entspricht dem bisherigen § 10 Absatz 4 LBOAVO.)	**(4)** Die nutzbare Breite notwendiger Treppen muss mindestens 1 m, bei Treppen in Wohngebäuden der Gebäudeklassen 1 und 2 mindestens 0,8 m betragen. Dies gilt nicht für Treppen in mehrgeschossigen Wohnungen. Für Treppen mit geringer Benutzung können geringere Breiten zugelassen werden.
(Der Absatz entspricht dem bisherigen § 10 Absatz 5 LBOAVO.)	**(5)** Treppen müssen mindestens einen festen und griffsicheren Handlauf haben. Dies gilt nicht für Treppen

LBO 2023	§ 28a	LBO 2025
		1. in mehrgeschossigen Wohnungen,
		2. in Höhe des Geländes oder mit einer Absturzhöhe von nicht mehr als 1 m,
		3. mit nicht mehr als fünf Stufen oder
		4. von Anlagen, die nicht umwehrt werden müssen.
(Der Absatz entspricht dem bisherigen § 10 Absatz 6 LBOAVO.)		**(6)** Treppenstufen dürfen nicht unmittelbar hinter einer Tür beginnen, die in Richtung der Treppe aufschlägt. Zwischen Treppe und Tür ist in diesen Fällen ein Treppenabsatz anzuordnen, der mindestens so tief sein muss, wie die Tür breit ist.

§ 28a Notwendige Treppenräume, Ausgänge

(2) Jede notwendige Treppe muss zur Sicherstellung der Rettungswege aus den Geschossen ins Freie in einem eigenen, durchgehenden Treppenraum liegen (notwendiger Treppenraum). Der Ausgang muss mindestens so breit sein wie die zugehörigen notwendigen Treppen.
Notwendige Treppenräume müssen so angeordnet und ausgebildet sein, dass die Nutzung der notwendigen Treppen im Brandfall ausreichend lang möglich ist. Notwendige Treppen sind ohne eigenen Treppenraum zulässig
1. in Gebäuden der Gebäudeklassen 1 und 2,
2. für die Verbindung von höchstens zwei Geschossen innerhalb derselben Nutzungseinheit von insgesamt nicht mehr als 200 m², wenn in jedem Geschoss ein anderer Rettungsweg erreicht werden kann,
3. als Außentreppe, wenn ihre Nutzung ausreichend sicher ist und im Brandfall nicht gefährdet werden kann.

(Der Absatz entspricht dem bisherigen § 11 Absatz 1 LBOAVO.)

(1) Jede notwendige Treppe muss zur Sicherstellung der Rettungswege aus den Geschossen ins Freie in einem eigenen, durchgehenden Treppenraum liegen (notwendiger Treppenraum). Notwendige Treppenräume müssen so angeordnet und ausgebildet sein, dass die Nutzung der notwendigen Treppen im Brandfall ausreichend lang möglich ist. Notwendige Treppen sind ohne eigenen Treppenraum zulässig
1. in Gebäuden der Gebäudeklassen 1 und 2,
2. für die Verbindung von höchstens zwei Geschossen innerhalb derselben Nutzungseinheit von insgesamt nicht mehr als 200 m², wenn in jedem Geschoss ein anderer Rettungsweg erreicht werden kann,
3. als Außentreppe, wenn ihre Nutzung ausreichend sicher ist und im Brandfall nicht gefährdet werden kann.

(2) Von jeder Stelle eines Aufenthaltsraumes sowie eines Kellergeschosses muss mindestens ein Ausgang in einen notwendigen Treppenraum oder ins Freie in höchstens 35 m Entfernung erreichbar sein. Übereinanderliegende Kellergeschosse müssen jeweils mindestens zwei Ausgänge in notwendige Treppenräume oder ins Freie haben.

LBO 2023	§ 28a	LBO 2025

	Sind mehrere notwendige Treppenräume erforderlich, müssen sie so verteilt sein, dass sie möglichst entgegengesetzt liegen und dass die Rettungswege möglichst kurz sind.
(Der Absatz entspricht dem bisherigen § 11 Absatz 2 LBOAVO; Satz 2 wurde neu eingefügt.)	(3) Jeder notwendige Treppenraum muss an einer Außenwand liegen und einen unmittelbaren Ausgang ins Freie haben. Der Ausgang darf im Bereich der Tür gegenüber der Breite der Treppenläufe eine leicht verminderte Breite aufweisen. Innenliegende notwendige Treppenräume sind zulässig, wenn ihre Nutzung ausreichend lang nicht durch Raucheintritt gefährdet werden kann. Sofern der Ausgang eines notwendigen Treppenraumes nicht unmittelbar ins Freie führt, muss der Raum zwischen dem notwendigen Treppenraum und dem Ausgang ins Freie 1. mindestens so breit sein wie die dazugehörigen Treppenläufe, 2. Wände haben, die die Anforderungen an die Wände des Treppenraumes erfüllen, 3. rauchdichte und selbstschließende Abschlüsse zu notwendigen Fluren haben und 4. ohne Öffnungen zu anderen Räumen, ausgenommen zu notwendigen Fluren, sein.
(Der Absatz entspricht dem bisherigen § 11 Absatz 3 LBOAVO.)	(4) Die Wände notwendiger Treppenräume müssen als raumabschließende Bauteile 1. in Gebäuden der Gebäudeklasse 5 die Bauart von Brandwänden haben, 2. in Gebäuden der Gebäudeklasse 4 auch unter zusätzlicher mechanischer Beanspruchung hochfeuerhemmend sein und 3. in Gebäuden der Gebäudeklasse 3 feuerhemmend sein. Dies ist nicht erforderlich für Außenwände von Treppenräumen, die aus nichtbrennbaren Baustoffen bestehen und durch andere an diese Außenwände anschließende Gebäudeteile im Brandfall nicht gefährdet werden können. Der obere Abschluss notwendiger Treppenräume muss als raumabschließendes Bauteil die Feuerwiderstandsfähigkeit der Decken des

LBO 2023	§ 28a	LBO 2025

	Gebäudes haben; dies gilt nicht, wenn der obere Abschluss das Dach ist und die Treppenraumwände bis unter die Dachhaut reichen.
(Der Absatz entspricht dem bisherigen § 11 Absatz 4 LBOAVO.)	(5) In notwendigen Treppenräumen und in Räumen nach Absatz 3 Satz 4 müssen 1. Bekleidungen, Putze, Dämmstoffe, Unterdecken und Einbauten aus nichtbrennbaren Baustoffen bestehen, 2. Wände und Decken aus brennbaren Baustoffen treppenraumseitig eine Bekleidung aus nichtbrennbaren Baustoffen haben, die über einen Zeitraum von mindestens 30 Minuten eine Brandbeteiligung der brennbaren Baustoffe verhindert, 3. Bodenbeläge, ausgenommen Gleitschutzprofile, aus mindestens schwerentflammbaren Baustoffen bestehen.
(Der Absatz entspricht dem bisherigen § 11 Absatz 5 LBOAVO bis auf folgenden abweichenden Wortlaut:) (4) In notwendigen Treppenräumen *und in Räumen nach Absatz 2 Satz 3 – jetzt Absatz 3 Satz 4 –* müssen Öffnungen ...)	(6) In notwendigen Treppenräumen müssen Öffnungen 1. zu Räumen und Nutzungseinheiten mit einer Fläche von mehr als 200 m², ausgenommen Wohnungen, zu Kellergeschossen, zu nicht ausgebauten Dachräumen, Werkstätten, Läden, Lagerräumen und ähnlichen Räumen mindestens feuerhemmende, rauchdichte und selbstschließende Abschlüsse, 2. zu notwendigen Fluren rauchdichte und selbstschließende Abschlüsse, 3. zu sonstigen Räumen und Nutzungseinheiten, ausgenommen Wohnungen, mindestens dicht- und selbstschließende Abschlüsse und 4. zu Wohnungen mindestens dichtschließende Abschlüsse haben. Die Feuerschutz- und Rauchschutzabschlüsse dürfen lichtdurchlässige Seitenteile und Oberlichte enthalten, wenn der Abschluss insgesamt die Anforderungen nach Satz 1 erfüllt und nicht breiter als 2,5 m ist. An notwendige Treppenräume dürfen in einem Geschoss nicht mehr als vier Wohnungen oder Nutzungseinheiten vergleichbarer Größe unmittelbar angeschlossen sein.

LBO 2023	§ 28a	LBO 2025

(Der Absatz entspricht dem bisherigen § 11 Absatz 6 LBOAVO bis auf folgenden abweichenden Wortlaut:
...
Innenliegende notwendige Treppenräume müssen in Gebäuden mit einer Höhe nach § 2 Absatz 4 Satz 2 von mehr als 13 m eine Sicherheitsbeleuchtung haben.)

(Der Absatz entspricht dem bisherigen § 11 Absatz 7 LBOAVO bis auf folgenden abweichenden Wortlaut:

(7) Notwendige Treppenräume müssen belüftet werden können. ...*)*

(7) Notwendige Treppenräume müssen zu beleuchten sein. Notwendige Treppenräume ohne Fenster müssen in Gebäuden mit einer Höhe nach § 2 Absatz 4 Satz 2 von mehr als 13 m eine Sicherheitsbeleuchtung haben.

(8) Notwendige Treppenräume müssen belüftet und entraucht werden können. Für an der Außenwand liegende notwendige Treppenräume sind dafür in jedem oberirdischen Geschoss unmittelbar ins Freie führende Fenster mit einem freien Querschnitt von mindestens 0,5 m² erforderlich, die geöffnet werden können. Für notwendige Treppenräume ohne Fenster und notwendige Treppenräume in Gebäuden mit einer Höhe nach § 2 Absatz 4 Satz 2 von mehr als 13 m ist an der obersten Stelle eine Öffnung zur Rauchableitung mit einem freien Querschnitt von mindestens 1 m² erforderlich; sie muss vom Erdgeschoss sowie vom obersten Treppenabsatz aus geöffnet werden können.

(Der Absatz entspricht dem bisherigen § 11 Absatz 8 LBOAVO bis auf folgenden abweichenden Wortlaut:

...

2. Die Wände müssen *auch als Raumabschluss* denselben Feuerwiderstand *wie tragende Wände haben und aus nicht brennbaren Baustoffen bestehen.* Öffnungen in diesen Wänden müssen ins Freie führen und dichte Abschlüsse aufweisen.

...

4. die Türen müssen rauchdicht und selbstschließend, bei innenliegenden

(9) Sicherheitstreppenräume nach § 15 Absatz 5 Satz 2 müssen folgenden Anforderungen genügen:
1. sie müssen an einer Außenwand liegen oder vom Gebäude abgesetzt sein und in allen angeschlossenen Geschossen ausschließlich über unmittelbar davorliegende offene Gänge erreichbar sein; diese offenen Gänge müssen im freien Luftstrom liegen;
2. der raumabschließende Feuerwiderstand der Umfassungsbauteile des Sicherheitstreppenraums muss mindestens dem Feuerwiderstand der tragenden Bauteile des jeweiligen Gebäudes entsprechen; Öffnungen in diesen Wänden müssen ins Freie führen und dichte Abschlüsse aufweisen;
3. die Treppen müssen aus nichtbrennbaren Baustoffen bestehen;
4. die Türen müssen dicht und selbstschließend sein;

| LBO 2023 | § 28b | LBO 2025 |

Sicherheitstreppenräumen feuerhemmend und selbstschließend sein.
...)

5. eine Sicherheitsbeleuchtung muss vorhanden sein.
Innenliegende Sicherheitstreppenräume sind zulässig, wenn durch andere Maßnahmen sichergestellt ist, dass sie ebenso sicher sind wie Sicherheitstreppenräume nach Satz 1.

§ 28b Notwendige Flure, offene Gänge

(3) Flure, über die Rettungswege aus Aufenthaltsräumen oder aus Nutzungseinheiten mit Aufenthaltsräumen zu Ausgängen in notwendige Treppenräume oder ins Freie führen (notwendige Flure), müssen so angeordnet und ausgebildet sein, dass die Nutzung im Brandfall ausreichend lang möglich ist.
(Der Absatz entspricht dem bisherigen § 12 Absatz 1 LBOAVO.)

(1) Flure, über die Rettungswege aus Aufenthaltsräumen oder aus Nutzungseinheiten mit Aufenthaltsräumen zu Ausgängen in notwendige Treppenräume oder ins Freie führen (notwendige Flure), müssen so angeordnet und ausgebildet sein, dass die Nutzung im Brandfall ausreichend lang möglich ist.

(2) Notwendige Flure sind nicht erforderlich
1. in Wohngebäuden der Gebäudeklassen 1 und 2,
2. in sonstigen Gebäuden der Gebäudeklassen 1 und 2, ausgenommen in Kellergeschossen,
3. innerhalb von Wohnungen oder innerhalb von Nutzungseinheiten mit nicht mehr als 200 m^2,
4. innerhalb von Nutzungseinheiten, die einer Büro- oder Verwaltungsnutzung dienen, mit nicht mehr als 400 m^2; das gilt auch für Teile größerer Nutzungseinheiten, wenn diese Teile nicht größer als 400 m^2 sind, Trennwände nach § 27b Absatz 2 Nummer 1 haben und jeder Teil unabhängig von anderen Teilen Rettungswege nach § 15 Absatz 3 hat.

(Der Absatz entspricht dem bisherigen § 12 Absatz 2 LBOAVO.)

(3) Notwendige Flure müssen so breit sein, dass sie für den größten zu erwartenden Verkehr ausreichen, mindestens jedoch 1,25 m. In den Fluren ist eine Folge von weniger als drei Stufen unzulässig. Rampen mit einer Neigung bis zu 6 Prozent sind zulässig.

(Der Absatz entspricht dem bisherigen § 12 Absatz 3 LBOAVO.)

(4) Notwendige Flure sind durch nichtabschließbare, rauchdichte und selbstschließende Abschlüsse in Rauch-

| LBO 2023 | § 28b | LBO 2025 |

abschnitte zu unterteilen. Die Rauchabschnitte sollen nicht länger als 30 m sein. Die Abschlüsse sind bis an die Rohdecke zu führen; sie dürfen bis an die Unterdecke der Flure geführt werden, wenn die Unterdecke raumabschließend feuerhemmend ist. Notwendige Flure mit nur einer Fluchtrichtung, die zu einem Sicherheitstreppenraum führen, dürfen nicht länger als 15 m sein. Die Sätze 1 bis 4 gelten nicht für offene Gänge nach Absatz 6.

(Der Absatz entspricht dem bisherigen § 12 Absatz 4 LBOAVO.)

(5) Die Wände notwendiger Flure müssen als raumabschließende Bauteile feuerhemmend, in Kellergeschossen, deren tragende und aussteifende Bauteile feuerbeständig sein müssen, feuerbeständig sein. Die Wände sind bis an die Rohdecke zu führen. Sie dürfen bis an die Unterdecke der Flure geführt werden, wenn die Unterdecke raumabschließend feuerhemmend und ein demjenigen nach Satz 1 vergleichbarer Raumabschluss sichergestellt ist. Türen in diesen Wänden müssen dicht schließen; Öffnungen zu Lagerbereichen im Kellergeschoss müssen feuerhemmende und selbstschließende Abschlüsse haben.

(Der Absatz entspricht dem bisherigen § 12 Absatz 5 LBOAVO, der bisher folgenden abweichenden Wortlaut besaß:

(5) Für Wände und Brüstungen notwendiger Flure mit nur einer Fluchtrichtung, die als offene Gänge vor den Außenwänden angeordnet sind, gilt Absatz 4 – jetzt Absatz 5 – entsprechend. Fenster sind in diesen Außenwänden ab einer Brüstungshöhe von 1,20 m zulässig.)

(6) Für Wände notwendiger Flure mit nur einer Fluchtrichtung, die als offene Gänge vor den Außenwänden angeordnet sind, gilt Absatz 5 entsprechend. Fenster sind in diesen Außenwänden ab einer Brüstungshöhe von 1,2 m zulässig. Sofern Öffnungsabschlüsse in diesen Wänden nicht feuerhemmend und selbstschließend sind, müssen sie eine Breite von maximal 1,5 m und zu anderen Öffnungen mindestens 1 m Abstand aufweisen. An die Umwehrungen des offenen Gangs zum Freien ist keine brandschutztechnische Anforderung zu stellen, wenn es zwei Fluchtrichtungen gibt oder der Boden des Laubengangs über mindestens 1,5 m Tiefe mindestens raumabschließend feuerhemmend ausgebildet ist.

(Der Absatz entspricht dem bisherigen § 12 Absatz 6 LBOAVO.)

(7) In notwendigen Fluren sowie in offenen Gängen nach Absatz 6 müssen

LBO 2023	§ 28c	LBO 2025

1. Bekleidungen, Putze, Unterdecken und Dämmstoffe aus nichtbrennbaren Baustoffen bestehen,
2. Wände und Decken aus brennbaren Baustoffen eine Bekleidung aus nichtbrennbaren Baustoffen in ausreichender Dicke haben und
3. Bodenbeläge aus mindestens schwerentflammbaren Baustoffen bestehen; dies gilt nicht für Gebäude der Gebäudeklasse 3.

Einbauten, Bekleidungen, Unterdecken und Dämmstoffe können aus schwerentflammbaren Baustoffen zugelassen werden, wenn keine Bedenken wegen des Brandschutzes bestehen.

§ 28c Fenster, sonstige Öffnungen

(4) Türen und Fenster, die bei einem Brand der Rettung von Menschen dienen oder der Ausbreitung von Feuer und Rauch entgegenwirken, müssen so beschaffen und angeordnet sein, dass sie den Erfordernissen des Brandschutzes genügen.

(Der Absatz entspricht dem bisherigen § 13 Absatz 3 LBOAVO.)

(1) Jedes Kellergeschoss ohne Fenster muss mindestens eine Öffnung ins Freie haben, um eine Rauchableitung zu ermöglichen. Gemeinsame Kellerlichtschächte für übereinanderliegende Kellergeschosse sind unzulässig.

(Der Absatz entspricht dem bisherigen § 13 Absatz 4 LBOAVO.)

(2) Fenster, die als Rettungswege nach § 15 Absatz 5 Satz 1 dienen, müssen im Lichten mindestens 0,9 m breit und 1,2 m hoch sein und nicht höher als 1,2 m über der Fußbodenoberkante angeordnet sein; eine Unterschreitung dieser Maße bis minimal 0,6 m Breite im Lichten und 0,9 m Höhe im Lichten ist im Benehmen mit der für den Brandschutz zuständigen Dienststelle dann möglich, wenn das Rettungsgerät der Feuerwehr die betreffende Öffnung nicht einschränkt. Sie müssen von innen ohne Hilfsmittel vollständig zu öffnen sein. Liegen diese Fenster in Dachschrägen oder Dachaufbauten, so darf ihre Unterkante oder ein davor liegender Austritt von der Traufkante horizontal gemessen nicht mehr als 1 m entfernt sein.

LBO 2023	§§ 28d, 29	LBO 2025

§ 28d Nutzungsänderungen und bauliche Änderungen im Bestand bei Bauteilen in Rettungswegen

Für die Anforderungen an den Feuerwiderstand der Bauteile in Rettungswegen gilt § 27f entsprechend.

§ 29 Aufzugsanlagen

(1) Aufzugsanlagen müssen betriebssicher und brandsicher sein. Sie sind so zu errichten und anzuordnen, dass die Brandweiterleitung ausreichend lange verhindert wird und bei ihrer Benutzung Gefahren oder unzumutbare Belästigungen nicht entstehen.

(2) Gebäude mit einer Höhe nach § 2 Abs. 4 Satz 2 von mehr als 13 m müssen Aufzüge in ausreichender Zahl haben, von denen einer auch zur Aufnahme von Rollstühlen, Krankentragen und Lasten geeignet sein muss. *Zur Aufnahme von Rollstühlen bestimmte Aufzüge müssen von Menschen mit Behinderung ohne fremde Hilfe zweckentsprechend genutzt werden können.* Satz 1 gilt nicht bei der Aufstockung um bis zu zwei Geschosse, durch die die Höhe von 13 m überschritten wird, wenn die Baugenehmigung oder die Kenntnisgabe für die Errichtung des Gebäudes mindestens fünf Jahre zurückliegt.	(2) Gebäude mit einer Höhe nach § 2 Absatz 4 Satz 2 von mehr als 13 m müssen Aufzüge in ausreichender Zahl haben, von denen einer auch zur Aufnahme von Rollstühlen, Krankentragen und Lasten geeignet sein muss. Satz 1 gilt nicht bei der Aufstockung um bis zu zwei Geschosse, durch die die Höhe von 13 m überschritten wird, wenn die Baugenehmigung oder die Kenntnisgabe für die Errichtung des Gebäudes mindestens fünf Jahre zurückliegt. **Zur Aufnahme von Rollstühlen bestimmte Aufzüge müssen von Menschen mit Behinderung ohne fremde Hilfe zweckentsprechend genutzt werden können.** **Aufzüge nach Satz 3 müssen von allen Nutzungseinheiten in dem Gebäude und von der öffentlichen Verkehrsfläche aus stufenlos erreichbar sein. Haltestellen im obersten Geschoss und in den Kellergeschossen sind nicht erforderlich, wenn sie nur unter besonderen Schwierigkeiten hergestellt werden können.**
(Die neuen Sätze 4 und 5 entsprechen dem bisherigen § 14 Absatz 4 LBOAVO.)	
(Der Absatz entspricht dem bisherigen § 14 Absatz 1 LBOAVO.)	(3) Aufzüge im Innern von Gebäuden müssen eigene Fahrschächte haben, um eine Brandausbreitung in andere Geschosse ausreichend lang zu verhindern. In einem Fahrschacht dürfen bis zu drei Aufzüge liegen. Aufzüge ohne eigene Fahrschächte sind zulässig 1. innerhalb eines notwendigen Treppenraumes, ausgenommen in Hochhäusern,

| LBO 2023 | § 29 | LBO 2025 |

| | 2. innerhalb von Räumen, die Geschosse überbrücken,
3. zur Verbindung von Geschossen, die offen miteinander in Verbindung stehen dürfen,
4. in Gebäuden der Gebäudeklassen 1 und 2.
Sie müssen sicher umkleidet sein. |

(Der Absatz entspricht dem bisherigen § 14 Absatz 2 LBOAVO.)

(4) Die Fahrschachtwände müssen als raumabschließende Bauteile
1. in Gebäuden der Gebäudeklasse 5 feuerbeständig und aus nichtbrennbaren Baustoffen,
2. in Gebäuden der Gebäudeklasse 4 hochfeuerhemmend,
3. in Gebäuden der Gebäudeklasse 3 feuerhemmend
sein; Fahrschachtwände aus brennbaren Baustoffen müssen schachtseitig eine Bekleidung aus nichtbrennbaren Baustoffen in ausreichender Dicke haben. Fahrschachttüren und andere Öffnungen in Fahrschachtwänden mit erforderlicher Feuerwiderstandsfähigkeit sind so herzustellen, dass die Anforderungen nach Absatz 3 Satz 1 nicht beeinträchtigt werden.

(Der Absatz entspricht dem bisherigen § 14 Absatz 3 LBOAVO.)

(5) Fahrschächte müssen zu lüften sein und eine Öffnung zur Rauchableitung mit einem freien Querschnitt von mindestens 2,5 Prozent der Fahrschachtgrundfläche, mindestens jedoch 0,1 m² haben. Die Lage der Rauchaustrittsöffnungen muss so gewählt werden, dass der Rauchaustritt durch Windeinfluss nicht beeinträchtigt wird.

(Der Absatz entspricht dem bisherigen § 14 Absatz 5 LBOAVO.)

(6) Fahrkörbe zur Aufnahme einer Krankentrage müssen eine nutzbare Grundfläche von mindestens 1,1 m Breite und 2,1 m Tiefe, zur Aufnahme eines Rollstuhls von mindestens 1,1 m Breite und 1,4 m Tiefe haben; Türen müssen eine lichte Durchgangsbreite von mindestens 0,9 m haben. In einem Aufzug für Rollstühle und Krankentragen darf der für Rollstühle nicht erforderliche Teil der Fahrkorbgrundfläche durch eine verschließbare Tür abgesperrt werden. Vor den Aufzügen muss eine ausreichende Bewegungsfläche vorhanden sein.

LBO 2023	§ 30	LBO 2025

(Der Absatz entspricht dem bisherigen § 14 Absatz 6 LBOAVO.)

(7) Aufzüge, die Haltepunkte in mehr als einem Rauchabschnitt haben, müssen über eine Brandfallsteuerung mit Brandmeldern an mindestens einem Haltepunkt in jedem Rauchabschnitt verfügen.

(Der Absatz entspricht dem bisherigen § 18 Absatz 1 LBOAVO bis auf folgenden abweichenden Wortlaut:

..., die zuletzt durch Artikel 1 der Verordnung vom 30. April 2019 (BGBl. I S. 554) geändert worden ist, die weder gewerblichen noch wirtschaftlichen Zwecken dienen und in deren Gefahrenbereich auch keine Arbeitnehmer beschäftigt werden, gelten die §§ 2, 5, 6 *Absatz 1 Satz 2,* §§ 8, 9, 15 bis 17, 19 Absätze 1, 2, 4 bis 6 und §§ 22 bis 24 BetrSichV entsprechend.*)*

(8) Für Aufzugsanlagen im Sinne des Anhangs 2 Abschnitt 2 Nummer 2 der Betriebssicherheitsverordnung (BetrSichV) vom 3. Februar 2015 (BGBl. I S. 49), die zuletzt durch Artikel 7 des Gesetzes vom 27. Juli 2021 (BGBl. I S. 3146) geändert worden ist, in der jeweils geltenden Fassung, die weder gewerblichen noch wirtschaftlichen Zwecken dienen und in deren Gefahrenbereich auch keine Arbeitnehmer beschäftigt werden, gelten die §§ 2, 5, 6 Absatz 1 Sätze 1, 3 bis 5, Absätze 2 und 3, §§ 8, 9, 15 bis 17, 19 Absätze 1, 2, 4 bis 6 und §§ 22 bis 24 BetrSichV entsprechend.

(Der Absatz entspricht dem bisherigen § 18 Absatz 2 LBOAVO.)

(9) Soweit durch die in Absatz 8 genannten betriebssicherheitsrechtlichen Vorschriften Zuständigkeitsregelungen berührt sind, entscheiden bei Anlagen im Anwendungsbereich der Landesbauordnung die Baurechtsbehörden im Benehmen mit den Gewerbeaufsichtsbehörden.

§ 30 Lüftungsanlagen

(1) Lüftungsanlagen, raumlufttechnische Anlagen und Warmluftheizungen müssen betriebssicher und brandsicher sein; sie dürfen den ordnungsgemäßen Betrieb von Feuerungsanlagen nicht beeinträchtigen.

(Der Absatz entspricht dem bisherigen § 15 Absatz 1 LBOAVO.)

(2) Lüftungsleitungen sowie deren Bekleidungen und Dämmstoffe müssen aus nichtbrennbaren Baustoffen bestehen; brennbare Baustoffe sind zulässig, wenn ein Beitrag der Lüftungsleitung zur Brandentstehung und Brandweiterleitung nicht zu befürchten ist. Lüftungsleitungen dürfen raumabschließende Bauteile, für die eine Feuerwiderstandsfähigkeit vorgeschrieben ist, nur überbrücken, wenn eine Brandausbreitung ausreichend lang nicht zu befürchten ist oder wenn Vorkehrungen hiergegen getroffen sind.

LBO 2023	§ 31	LBO 2025

(Der Absatz entspricht dem bisherigen § 15 Absatz 2 LBOAVO.)	(3) Lüftungsanlagen sind so herzustellen, dass sie Gerüche und Staub nicht in andere Räume übertragen.
(Der Absatz entspricht dem bisherigen § 15 Absatz 3 LBOAVO.)	(4) Lüftungsanlagen dürfen nicht in Abgasanlagen eingeführt werden; die gemeinsame Nutzung von Lüftungsleitungen zur Lüftung und zur Ableitung der Abgase von Feuerstätten ist zulässig, wenn keine Bedenken wegen der Betriebssicherheit und des Brandschutzes bestehen. Die Abluft ist ins Freie zu führen. Nicht zur Lüftungsanlage gehörende Einrichtungen sind in Lüftungsleitungen unzulässig.
(Der Absatz entspricht dem bisherigen § 15 Absatz 4 LBOAVO.)	(5) Die Absätze 2 und 3 gelten nicht 1. für Gebäude der Gebäudeklassen 1 und 2, 2. innerhalb von Wohnungen, 3. innerhalb derselben Nutzungseinheit mit nicht mehr als insgesamt 400 m² in nicht mehr als zwei Geschossen.
(Der Absatz entspricht dem bisherigen § 15 Absatz 5 LBOAVO.)	(6) Für raumlufttechnische Anlagen und Warmluftheizungen gelten die Absätze 2 bis 5 entsprechend.

§ 31 Leitungsanlagen

(1) Leitungen, Installationsschächte und -kanäle müssen brandsicher sein. Sie sind so zu errichten und anzuordnen, dass die Brandweiterleitung ausreichend lange verhindert wird.

(Der Absatz entspricht dem bisherigen § 16 Absatz 1 LBOAVO.)	(2) Leitungen, Installationsschächte und -kanäle dürfen durch raumabschließende Bauteile, für die eine Feuerwiderstandsfähigkeit vorgeschrieben ist, nur hindurchgeführt werden, wenn eine Brandausbreitung ausreichend lang nicht zu befürchten ist oder Vorkehrungen hiergegen getroffen sind. Dies gilt nicht 1. für Gebäude der Gebäudeklassen 1 und 2, 2. innerhalb von Wohnungen, 3. innerhalb derselben Nutzungseinheit mit nicht mehr als insgesamt 400 m² in nicht mehr als zwei Geschossen.
(Der Absatz entspricht dem bisherigen § 16 Absatz 2 LBOAVO.)	(3) In notwendigen Treppenräumen, in Räumen nach § 28a Absatz 3 Satz 4 und in notwendigen Fluren sind Lei-

| LBO 2023 | §§ 32, 33 | LBO 2025 |

	tungsanlagen nur zulässig, wenn eine Nutzung als Rettungsweg im Brandfall ausreichend lang möglich ist.
(Der Absatz entspricht dem bisherigen § 16 Absatz 3 LBOAVO.)	(4) Für Installationsschächte und -kanäle gilt § 30 Absatz 2 Satz 1 und Absatz 3 entsprechend.

§ 32 Feuerungsanlagen, sonstige Anlagen zur Wärmeerzeugung, *Brennstoffversorgung*	§ 32 Feuerungsanlagen, sonstige Anlagen zur Wärmeerzeugung **und Energiebereitstellung**

(1) Feuerstätten und Abgasanlagen (Feuerungsanlagen) müssen betriebssicher und brandsicher sein.

(2) Feuerstätten dürfen in Räumen nur aufgestellt werden, wenn nach der Art der Feuerstätte und nach Lage, Größe, baulicher Beschaffenheit und Nutzung der Räume Gefahren nicht entstehen.

(3) Abgase von Feuerstätten sind durch Abgasleitungen, Schornsteine und Verbindungsstücke (Abgasanlagen) so abzuführen, dass keine Gefahren oder unzumutbaren Belästigungen entstehen. Abgasanlagen sind in solcher Zahl und Lage und so herzustellen, dass die Feuerstätten des Gebäudes ordnungsgemäß angeschlossen werden können. Sie müssen leicht gereinigt werden können.

(4) Behälter und Rohrleitungen für brennbare Gase und Flüssigkeiten müssen betriebssicher und brandsicher sein. Diese Behälter sowie feste Brennstoffe sind so aufzustellen oder zu lagern, dass keine Gefahren oder unzumutbaren Belästigungen entstehen.

(5) Für *die Aufstellung von* ortsfesten Verbrennungsmotoren, Blockheizkraftwerken, Brennstoffzellen und Verdichtern sowie die Ableitung *ihrer Verbrennungsgase* gelten die Absätze 1 bis 3 entsprechend.	(5) Für ortsfeste Verbrennungsmotoren, Blockheizkraftwerke, Brennstoffzellen, Verdichter **und Wasserstoff-Elektrolyseure** sowie die Ableitung **ihrer Prozessgase** gelten die Absätze 1 bis 3 entsprechend.

§ 33 Wasserversorgungs- und Wasserentsorgungsanlagen, Anlagen für Abfallstoffe und Reststoffe

(1) Bauliche Anlagen dürfen nur errichtet werden, wenn die einwandfreie Beseitigung des Abwassers und des Niederschlagswassers dauernd gesichert ist. Das Abwasser ist entsprechend den §§ 55 und 56 des Wasserhaushaltsgesetzes und § 46 des Wassergesetzes für Baden-Württemberg zu entsorgen.	(1) Bauliche Anlagen dürfen nur errichtet werden, wenn die ordnungsgemäße Beseitigung des Abwassers und des Niederschlagswassers dauernd gesichert ist. Das Abwasser ist entsprechend den §§ 55 und 56 des Wasserhaushaltsgesetzes **vom 31. Juli 2009 (BGBl. I S. 2585), das zuletzt durch Artikel 7 des Gesetzes vom 22. Dezember 2023 (BGBl. 2023 I Nr. 409) geändert worden ist, in der jeweils geltenden Fassung,** und § 46 des Wassergesetzes für Baden-Württemberg **vom 3. Dezember 2013 (GBl. S. 389), das zuletzt durch Artikel 9**

LBO 2023	§ 33	LBO 2025
		des Gesetzes vom 7. Februar 2023 (GBl. S. 26, 43) geändert worden ist, in der jeweils geltenden Fassung, zu entsorgen.

(2) Wasserversorgungsanlagen, Anlagen zur Beseitigung des Abwassers und des Niederschlagswassers sowie Anlagen zur vorübergehenden Aufbewahrung von Abfällen und Reststoffen müssen betriebssicher sein. Sie sind so herzustellen und anzuordnen, dass Gefahren sowie erhebliche Nachteile oder Belästigungen, insbesondere durch Geruch oder Geräusch, nicht entstehen.

(Der Absatz entspricht dem bisherigen § 17 Absatz 1 LBOAVO.)	(3) Kleinkläranlagen und Gruben müssen wasserdicht und ausreichend groß sein. Sie müssen eine dichte und sichere Abdeckung sowie Reinigungs- und Entleerungsöffnungen haben. Diese Öffnungen dürfen nur vom Freien aus zugänglich sein. Die Anlagen sind so zu entlüften, dass Gesundheitsschäden oder unzumutbare Belästigungen nicht entstehen. Die Zuleitungen zu Abwasserentsorgungsanlagen müssen geschlossen, dicht und, soweit erforderlich, zum Reinigen eingerichtet sein. Geschlossene Abwassergruben dürfen nur mit Zustimmung der Wasserbehörde zugelassen werden, wenn keine gesundheitlichen und wasserwirtschaftlichen Bedenken bestehen.
(Der Absatz entspricht dem bisherigen § 17 Absatz 2 LBOAVO.)	(4) Abgänge aus Toiletten ohne Wasserspülung sind in eigene, geschlossene Gruben einzuleiten. In diese Gruben darf kein Abwasser eingeleitet werden.
(Der Absatz entspricht dem bisherigen § 17 Absatz 3 LBOAVO.)	(5) Zur vorübergehenden Aufbewahrung fester Abfall- und Reststoffe sind auf dem Grundstück geeignete Plätze für bewegliche Behälter vorzusehen oder geeignete Einrichtungen herzustellen. Ortsfeste Behälter müssen dicht und aus nichtbrennbaren Baustoffen sein. Sie sind außerhalb der Gebäude aufzustellen. Die Anlagen sind so herzustellen und anzuordnen, dass Gefahren sowie erhebliche Nachteile oder Belästigungen, insbesondere durch Geruch oder Geräusch, nicht entstehen. Feste Abfallstoffe dürfen innerhalb von Gebäuden vorübergehend aufbewahrt werden, in Gebäuden der Gebäudeklassen 3 bis 5 jedoch nur, wenn die dafür bestimmten Räume

| LBO 2023 | §§ 34, 35 | LBO 2025 |

1. Trennwände und Decken als raumabschließende Bauteile mit der Feuerwiderstandsfähigkeit der tragenden Wände aufweisen,
2. Öffnungen vom Gebäudeinnern zum Aufstellraum mit feuerhemmenden und selbstschließenden Abschlüssen haben,
3. unmittelbar vom Freien entleert werden können und
4. eine ständig wirksame Lüftung haben.

Sechster Teil   Einzelne Räume, Wohnungen und besondere Anlagen

§ 34 Aufenthaltsräume

(1) Die lichte Höhe von Aufenthaltsräumen muss mindestens betragen:
1. 2,2 m über mindestens der Hälfte ihrer Grundfläche, wenn die Aufenthaltsräume ganz oder überwiegend im Dachraum liegen; dabei bleiben Raumteile mit einer lichten Höhe bis 1,5 m außer Betracht,
2. 2,3 m in allen anderen Fällen.

(2) Aufenthaltsräume müssen ausreichend belüftet werden können; sie müssen unmittelbar ins Freie führende Fenster von solcher Zahl, Lage, Größe und Beschaffenheit haben, dass die Räume ausreichend mit Tageslicht beleuchtet werden können (notwendige Fenster). Das Rohbaumaß der Fensteröffnungen muss mindestens ein Zehntel der Grundfläche des Raumes betragen; Raumteile mit einer lichten Höhe bis 1,5 m bleiben außer Betracht. Ein geringeres Rohbaumaß ist bei geneigten Fenstern sowie bei Oberlichtern zulässig, wenn die ausreichende Beleuchtung mit Tageslicht gewährleistet bleibt.

(3) Aufenthaltsräume, deren Fußboden unter der Geländeoberfläche liegt, sind zulässig, wenn das Gelände mit einer Neigung von höchstens 45° an die Außenwände vor notwendigen Fenstern anschließt. Die Oberkante der Brüstung notwendiger Fenster muss mindestens 1,3 m unter der Decke liegen.

(4) Verglaste Vorbauten und Loggien sind vor notwendigen Fenstern zulässig, wenn eine ausreichende Beleuchtung mit Tageslicht gewährleistet bleibt.

(5) Bei Aufenthaltsräumen, die nicht dem Wohnen dienen, sind Abweichungen von den Anforderungen der Absätze 2 und 3 zuzulassen, wenn Nachteile nicht zu befürchten sind oder durch besondere Einrichtungen ausgeglichen werden können.

§ 35 Wohnungen

(1) *In Gebäuden mit mehr als zwei Wohnungen müssen die Wohnungen eines Geschosses barrierefrei erreichbar sein; diese Verpflichtung kann auch durch bar-*

(1) **In Gebäuden mit mehr als zwei Wohnungen müssen insgesamt Wohnungen mit einer Brutto-Grundfläche barrierefrei erreichbar sein, die mindestens der**

87

LBO 2023 §§ 36, 37 **LBO 2025**

rierefrei erreichbare Wohnungen in mehreren Geschossen erfüllt werden, wenn die gesamte Grundfläche dieser Wohnungen die Grundfläche der Nutzungseinheiten des Erdgeschosses nicht unterschreitet. In diesen Wohnungen müssen die Wohn- und Schlafräume, eine Toilette, ein Bad und die Küche oder Kochnische barrierefrei nutzbar und mit dem Rollstuhl zugänglich sein. Die Sätze 1 und 2 gelten nicht, soweit die Anforderungen insbesondere wegen schwieriger Geländeverhältnisse, wegen des Einbaus eines sonst nicht erforderlichen Aufzugs oder wegen ungünstiger vorhandener Bebauung nur mit unverhältnismäßigem Mehraufwand erfüllt werden können. Die Sätze 1 bis 3 gelten nicht bei der Teilung von Wohnungen sowie bei Vorhaben zur Schaffung von zusätzlichem Wohnraum durch Ausbau, Anbau, Nutzungsänderung, Aufstockung oder Änderung des Daches, wenn die Baugenehmigung oder Kenntnisgabe für das Gebäude mindestens fünf Jahre zurückliegen.

Brutto-Grundfläche des Erdgeschosses abzüglich der Netto-Grundflächen von notwendigen Treppenräumen und Fluren entspricht. In diesen Wohnungen müssen die Wohn- und Schlafräume, eine Toilette, ein Bad und die Küche oder Kochnische barrierefrei nutzbar und mit dem Rollstuhl zugänglich sein. Die Sätze 1 und 2 gelten nicht, soweit die Anforderungen insbesondere wegen schwieriger Geländeverhältnisse, wegen des Einbaus eines sonst nicht erforderlichen Aufzugs oder wegen ungünstiger vorhandener Bebauung nur mit unverhältnismäßigem Mehraufwand erfüllt werden können. Die Sätze 1 bis 3 gelten nicht bei der Teilung von Wohnungen sowie bei Vorhaben zur Schaffung von zusätzlichem Wohnraum durch Ausbau, Anbau, Nutzungsänderung, Aufstockung oder Änderung des Daches, wenn die Baugenehmigung oder Kenntnisgabe für das Gebäude mindestens fünf Jahre zurückliegen.

(2) Jede Wohnung muss eine Küche oder Kochnische haben. Fensterlose Küchen oder Kochnischen sind zulässig, wenn sie für sich lüftbar sind.

(3) Jede Wohnung muss einen eigenen Wasserzähler haben. Dies gilt nicht bei Nutzungsänderungen, wenn die Anforderung nach Satz 1 nur mit unverhältnismäßigem Aufwand erfüllt werden kann.

(4) In Gebäuden mit mehr als zwei Wohnungen müssen zur gemeinschaftlichen Benutzung möglichst ebenerdig zugängliche oder durch Rampen oder Aufzüge leicht erreichbare Flächen zum Abstellen von Kinderwagen und Gehhilfen zur Verfügung stehen.

(5) Für jede Wohnung muss ein Abstellraum zur Verfügung stehen.

§ 36 Toilettenräume und Bäder

(1) Jede Nutzungseinheit muss mindestens eine Toilette haben.

(2) Toilettenräume und Bäder müssen eine ausreichende Lüftung haben.

§ 37 Stellplätze für Kraftfahrzeuge und Fahrräder, Garagen

(1) Bei der Errichtung von Gebäuden mit Wohnungen ist für jede Wohnung ein geeigneter Stellplatz für Kraftfahrzeuge herzustellen (notwendiger Kfz-Stellplatz). Bei der Errichtung sonstiger baulicher Anlagen und anderer Anlagen, bei denen ein Zu- und Abfahrtsverkehr zu erwarten ist, sind notwendige Kfz-Stellplätze in solcher Zahl herzustellen, dass sie für die ordnungsgemäße Nutzung der Anlagen unter Berücksichtigung des öffentlichen Personennahverkehrs ausreichen. Statt notwendiger

Kfz-Stellplätze ist die Herstellung notwendiger Garagen zulässig; nach Maßgabe des Absatzes 8 können Garagen auch verlangt werden. Bis zu einem Viertel der notwendigen Kfz-Stellplätze nach Satz 2 kann durch die Schaffung von Fahrradstellplätzen ersetzt werden. Dabei sind für einen Kfz-Stellplatz vier Fahrradstellplätze herzustellen; eine Anrechnung der so geschaffenen Fahrradstellplätze auf die Verpflichtung nach Absatz 2 erfolgt nicht.

(2) Bei der Errichtung baulicher Anlagen, bei denen ein Zu- und Abfahrtsverkehr mit Fahrrädern zu erwarten ist, sind Fahrradstellplätze herzustellen. Ihre Zahl und Beschaffenheit richtet sich nach dem nach Art, Größe und Lage der Anlage regelmäßig zu erwartenden Bedarf (notwendige Fahrradstellplätze). Notwendige Fahrradstellplätze müssen von der öffentlichen Verkehrsfläche leicht erreichbar und gut zugänglich sein und eine wirksame Diebstahlsicherung ermöglichen; soweit sie für Wohnungen herzustellen sind müssen sie außerdem wettergeschützt sein.

(3) Bei Änderungen oder Nutzungsänderungen von Anlagen sind Stellplätze oder Garagen in solcher Zahl herzustellen, dass die infolge der Änderung zusätzlich zu erwartenden Kraftfahrzeuge und Fahrräder aufgenommen werden können. Satz 1 gilt nicht bei der Teilung von Wohnungen sowie bei Vorhaben zur Schaffung von zusätzlichem Wohnraum durch Ausbau, Anbau, Nutzungsänderung, Aufstockung oder Änderung des Daches, wenn die Baugenehmigung oder Kenntnisgabe für das Gebäude mindestens fünf Jahre zurückliegen.

(4) Die Baurechtsbehörde kann zulassen, dass notwendige Stellplätze oder Garagen erst innerhalb eines angemessenen Zeitraums nach Fertigstellung der Anlage hergestellt werden. Sie hat die Herstellung auszusetzen, solange und soweit nachweislich ein Bedarf an Stellplätzen oder Garagen nicht besteht und die für die Herstellung erforderlichen Flächen für diesen Zweck durch Baulast gesichert sind.

(5) Die notwendigen Stellplätze oder Garagen sind herzustellen
1. auf dem Baugrundstück,
2. auf einem anderen Grundstück in zumutbarer Entfernung oder
3. mit Zustimmung der Gemeinde auf einem Grundstück in der Gemeinde.

Die Herstellung auf einem anderen als dem Baugrundstück muss für diesen Zweck durch Baulast gesichert sein. Die Baurechtsbehörde kann, wenn Gründe des Verkehrs dies erfordern, mit Zustimmung der Gemeinde bestimmen, ob die Stellplätze oder Garagen auf dem Baugrundstück oder auf einem anderen Grundstück herzustellen sind.

(6) Lassen sich notwendige Kfz-Stellplätze oder Garagen nach Absatz 5 nicht oder nur unter großen Schwierigkeiten herstellen, so kann die Baurechtsbehörde mit Zustimmung der Gemeinde zur Erfüllung der Stellplatzverpflichtung zulassen, dass der Bauherr einen Geldbetrag an die Gemeinde zahlt. Der Geldbetrag muss von der Gemeinde innerhalb eines angemessenen Zeitraums verwendet werden für
1. die Herstellung öffentlicher Parkeinrichtungen, insbesondere an Haltestellen des öffentlichen Personennahverkehrs, oder privater Stellplätze zur Entlastung der öffentlichen Verkehrsflächen,
2. die Modernisierung und Instandhaltung öffentlicher Parkeinrichtungen, einschließlich der Herstellung von Ladestationen für Elektrofahrzeuge,
3. die Herstellung von Parkeinrichtungen für die gemeinschaftliche Nutzung von Kraftfahrzeugen oder
4. bauliche Anlagen, andere Anlagen oder Einrichtungen, die den Bedarf an Parkeinrichtungen verringern, wie Einrichtungen des öffentlichen Personennahverkehrs oder für den Fahrradverkehr.

Die Gemeinde legt die Höhe des Geldbetrages fest.

(7) Absatz 6 gilt nicht für notwendige Kfz-Stellplätze oder Garagen von Wohnungen. Eine Abweichung von der Verpflichtung nach Absatz 1 Satz 1 ist zuzulassen, soweit die Herstellung
1. bei Ausschöpfung aller Möglichkeiten, auch unter Berücksichtigung platzsparender Bauarten der Kfz-Stellplätze oder Garagen, unmöglich oder unzumutbar ist oder
2. auf dem Baugrundstück aufgrund öffentlich-rechtlicher Vorschriften ausgeschlossen ist.

(8) Kfz-Stellplätze und Garagen müssen so angeordnet und hergestellt werden, dass die Anlage von Kinderspielplätzen nach § 9 Abs. 2 nicht gehindert wird. Die Nutzung der Kfz-Stellplätze und Garagen darf die Gesundheit nicht schädigen; sie darf auch das Spielen auf Kinderspielplätzen, das Wohnen und das Arbeiten, die Ruhe und die Erholung in der Umgebung durch Lärm, Abgase oder Gerüche nicht erheblich stören.

(9) Das Abstellen von Wohnwagen und anderen Kraftfahrzeuganhängern in Garagen ist zulässig.

§ 38 Sonderbauten

(1) An Sonderbauten können zur Verwirklichung der allgemeinen Anforderungen nach § 3 Abs. 1 besondere Anforderungen im Einzelfall gestellt werden; Erleichterungen können zugelassen werden, soweit es der Einhaltung von Vorschriften wegen der besonderen Art oder Nutzung baulicher Anlagen oder Räume oder wegen besonderer Anforderungen nicht bedarf. Die besonderen Anforderungen und Erleichterungen können insbesondere betreffen
1. die Abstände von Nachbargrenzen, von anderen baulichen Anlagen auf dem Grundstück, von öffentlichen Verkehrsflächen und von oberirdischen Gewässern,
2. die Anordnung der baulichen Anlagen auf dem Grundstück,
3. die Öffnungen nach öffentlichen Verkehrsflächen und nach angrenzenden Grundstücken,
4. die Bauart und Anordnung aller für die Standsicherheit, Verkehrssicherheit, den Brandschutz, Schallschutz oder Gesundheitsschutz wesentlichen Bauteile und die Verwendung von Baustoffen,
5. die Feuerungsanlagen und Heizräume,
6. die Zahl, Anordnung und Herstellung der Treppen, Treppenräume, Flure, Aufzüge, Ausgänge und Rettungswege,
7. die zulässige Benutzerzahl, Anordnung und Zahl der zulässigen Sitze und Stehplätze bei Versammlungsstätten, Tribünen und Fliegenden Bauten,
8. die Lüftung und Rauchableitung,
9. die Beleuchtung und Energieversorgung,
10. die Wasserversorgung,
11. die Aufbewahrung und Entsorgung von Abwasser sowie von Abfällen zur Beseitigung und zur Verwertung,
12. die Stellplätze und Garagen sowie ihre Zu- und Abfahrten,
13. die Anlage von Fahrradabstellplätzen,
14. die Anlage von Grünstreifen, Baum- und anderen Pflanzungen sowie die Begrünung oder Beseitigung von Halden und Gruben,
15. die Wasserdurchlässigkeit befestigter Flächen,
16. den Betrieb und die Nutzung einschließlich des organisatorischen Brandschutzes und der Bestellung und der Qualifikation eines Brandschutzbeauftragten,

LBO 2023	§ 38	LBO 2025

LBO 2023	LBO 2025
17. Brandschutzanlagen, -einrichtungen und -vorkehrungen einschließlich der Löschwasserrückhaltung,	
18. die Zahl der Toiletten für Besucher.	
(2) Sonderbauten sind Anlagen und Räume besonderer Art oder Nutzung, die insbesondere einen der nachfolgenden Tatbestände erfüllen:	(2) Sonderbauten sind Anlagen und Räume besonderer Art oder Nutzung, die insbesondere einen der nachfolgenden Tatbestände erfüllen:
1. Hochhäuser (Gebäude mit einer Höhe nach § 2 Absatz 4 Satz 2 von mehr als 22 m),	1. Hochhäuser (Gebäude mit einer Höhe nach § 2 Absatz 4 Satz 2 von mehr als 22 m),
2. Verkaufsstätten, deren Verkaufsräume und Ladenstraßen eine Grundfläche von insgesamt mehr als 400 m² haben,	2. Verkaufsstätten, deren Verkaufsräume und Ladenstraßen eine Grundfläche von insgesamt mehr als 400 m² haben,
3. bauliche Anlagen und Räume, die überwiegend für gewerbliche Betriebe bestimmt sind, mit einer Grundfläche von insgesamt mehr als 400 m²,	3. bauliche Anlagen und Räume, die überwiegend für gewerbliche Betriebe bestimmt sind, mit einer Grundfläche von insgesamt mehr als 400 m²,
4. Büro- und Verwaltungsgebäude mit einer Grundfläche von insgesamt mehr als 400 m²,	4. Büro- und Verwaltungsgebäude mit einer Grundfläche von insgesamt mehr als 400 m²,
5. Schulen, Hochschulen und ähnliche Einrichtungen,	5. Schulen, Hochschulen und ähnliche Einrichtungen,
6. Einrichtungen zur Betreuung, Unterbringung oder Pflege von Kindern, Menschen mit Behinderung oder alten Menschen, ausgenommen Tageseinrichtungen für Kinder und Kindertagespflege für nicht mehr als *acht Kinder* und ambulant betreute Wohngemeinschaften für nicht mehr als acht Personen ohne Intensivpflegebedarf,	6. Einrichtungen zur Betreuung, Unterbringung oder Pflege von Kindern, Menschen mit Behinderung oder alten Menschen, ausgenommen Tageseinrichtungen für Kinder und Kindertagespflege für nicht mehr als **zehn Kinder** und ambulant betreute Wohngemeinschaften für nicht mehr als acht Personen ohne Intensivpflegebedarf,
7. Versammlungsstätten und Sportstätten,	7. Versammlungsstätten und Sportstätten,
8. Krankenhäuser und ähnliche Einrichtungen,	8. Krankenhäuser und ähnliche Einrichtungen,
9. bauliche Anlagen mit erhöhter Brand-, Explosions-, Strahlen- oder Verkehrsgefahr,	9. bauliche Anlagen mit erhöhter Brand-, Explosions-, Strahlen- oder Verkehrsgefahr,
10. bauliche Anlagen und Räume, bei denen im Brandfall mit einer Gefährdung der Umwelt gerechnet werden muss,	10. bauliche Anlagen und Räume, bei denen im Brandfall mit einer Gefährdung der Umwelt gerechnet werden muss,
11. Fliegende Bauten,	11. Fliegende Bauten,
12. *Camping-, Wochenend- und Zeltplätze,*	12. **Camping und Wochenendplätze,**
13. Gemeinschaftsunterkünfte und Beherbergungsstätten mit mehr als 12 Betten,	13. Gemeinschaftsunterkünfte und Beherbergungsstätten mit mehr als 12 Betten,
14. Freizeit- und Vergnügungsparks,	14. Freizeit- und Vergnügungsparks,

LBO 2023	§ 39	LBO 2025
15. Gaststätten mit mehr als 40 Gastplätzen, 16. Spielhallen, 17. Justizvollzugsanstalten und bauliche Anlagen für den Maßregelvollzug, 18. Regallager mit einer Oberkante Lagerguthöhe von mehr als 7,50 m, 19. bauliche Anlagen mit einer Höhe von mehr als 30 m, 20. Gebäude mit mehr als 1600 m² Grundfläche des Geschosses mit der größten Ausdehnung, ausgenommen Wohngebäude und Gewächshäuser.		15. Gaststätten mit mehr als 40 Gastplätzen, 16. Spielhallen, 17. Justizvollzugsanstalten und bauliche Anlagen für den Maßregelvollzug, 18. Regallager mit einer Oberkante Lagerguthöhe von mehr als 7,50 m, 19. bauliche Anlagen mit einer Höhe von mehr als 30 m, 20. Gebäude mit mehr als 1600 m² Grundfläche des Geschosses mit der größten Ausdehnung, ausgenommen Wohngebäude und Gewächshäuser.

(3) Als Nachweis dafür, dass diese Anforderungen erfüllt sind, können Bescheinigungen verlangt werden, die bei den Abnahmen vorzulegen sind; ferner können Nachprüfungen und deren Wiederholung in bestimmten Zeitabständen verlangt werden.

§ 39 Barrierefreie Anlagen

(1) Bauliche Anlagen sowie andere Anlagen, die überwiegend von Menschen mit Behinderung oder alten Menschen genutzt werden, wie
1. Einrichtungen zur Frühförderung behinderter Kinder, Sonderschulen, Tages- und Begegnungsstätten, Einrichtungen zur Berufsbildung, Werkstätten, Wohnungen und Heime für Menschen mit Behinderung,
2. Altentagesstätten, Altenbegegnungsstätten, Altenwohnungen, Altenwohnheime, Altenheime und Altenpflegeheime,

sind so herzustellen, dass sie von diesen Personen zweckentsprechend ohne fremde Hilfe genutzt werden können (barrierefreie Anlagen).

(2) Die Anforderungen nach Absatz 1 gelten auch für 1. Gebäude der öffentlichen Verwaltung und Gerichte, 2. Schalter- und Abfertigungsräume der Verkehrs- und Versorgungsbetriebe, der Post- und Telekommunikationsbetriebe sowie der Kreditinstitute, 3. Kirchen und andere Anlagen für den Gottesdienst, 4. Versammlungsstätten, 5. Museen und öffentliche Bibliotheken, 6. Sport-, Spiel- und Erholungsanlagen, Schwimmbäder, 7. *Camping- und Zeltplätze mit mehr als 50 Standplätzen,* 8. Jugend- und Freizeitstätten, 9. Messe-, Kongress- und Ausstellungsbauten,	(2) Die Anforderungen nach Absatz 1 gelten auch für 1. Gebäude der öffentlichen Verwaltung und Gerichte, 2. Schalter- und Abfertigungsräume der Verkehrs- und Versorgungsbetriebe, der Post- und Telekommunikationsbetriebe sowie der Kreditinstitute, 3. Kirchen und andere Anlagen für den Gottesdienst, 4. Versammlungsstätten, 5. Museen und öffentliche Bibliotheken, 6. Sport-, Spiel- und Erholungsanlagen, Schwimmbäder, 7. **Camping- und Wochenendplätze mit mehr als 50 Stand- und Aufstellplätzen,** 8. Jugend- und Freizeitstätten, 9. Messe-, Kongress- und Ausstellungsbauten,

LBO 2023	§§ 40, 41	LBO 2025

10. Krankenhäuser, Kureinrichtungen und Sozialeinrichtungen,	10. Krankenhäuser, Kureinrichtungen und Sozialeinrichtungen,
11. Bildungs- und Ausbildungsstätten aller Art, wie Schulen, Hochschulen, Volkshochschulen,	11. Bildungs- und Ausbildungsstätten aller Art, wie Schulen, Hochschulen, Volkshochschulen,
12. Kindertageseinrichtungen und Kinderheime,	12. Kindertageseinrichtungen und Kinderheime,
13. öffentliche Bedürfnisanstalten,	13. öffentliche Bedürfnisanstalten,
14. Bürogebäude,	14. Bürogebäude,
15. Verkaufsstätten und Ladenpassagen,	15. Verkaufsstätten und Ladenpassagen,
16. Beherbergungsbetriebe,	16. Beherbergungsbetriebe,
17. Gaststätten,	17. Gaststätten,
18. Praxen der Heilberufe und der Heilhilfsberufe,	18. Praxen der Heilberufe und der Heilhilfsberufe,
19. Nutzungseinheiten, die in den Nummern 1 bis 18 nicht aufgeführt sind und nicht Wohnzwecken dienen, soweit sie eine Nutzfläche von mehr als 1200 m^2 haben,	19. Nutzungseinheiten, die in den Nummern 1 bis 18 nicht aufgeführt sind und nicht Wohnzwecken dienen, soweit sie eine Nutzfläche von mehr als 1200 m^2 haben,
20. allgemein zugängliche Großgaragen sowie Stellplätze und Garagen für Anlagen nach Absatz 1 und Absatz 2 Nr. 1 bis 19.	20. allgemein zugängliche Großgaragen sowie Stellplätze und Garagen für Anlagen nach Absatz 1 und Absatz 2 Nr. 1 bis 19.

(3) Bei Anlagen nach Absatz 2 können im Einzelfall Ausnahmen zugelassen werden, soweit die Anforderungen nur mit einem unverhältnismäßigen Mehraufwand erfüllt werden können. Bei Schulen und Kindertageseinrichtungen dürfen Ausnahmen nach Satz 1 nur bei Nutzungsänderungen und baulichen Änderungen zugelassen werden.

§ 40 Gemeinschaftsanlagen

(1) Die Herstellung, die Instandhaltung und die Verwaltung von Gemeinschaftsanlagen, für die in einem Bebauungsplan Flächen festgesetzt sind, obliegen den Eigentümern oder Erbbauberechtigten der Grundstücke, für die diese Anlagen bestimmt sind, sowie den Bauherrn.

(2) Die Gemeinschaftsanlage muss hergestellt werden, sobald und soweit dies erforderlich ist. Die Baurechtsbehörde kann durch *schriftliche* Anordnung den Zeitpunkt für die Herstellung bestimmen.	(2) Die Gemeinschaftsanlage muss hergestellt werden, sobald und soweit dies erforderlich ist. Die Baurechtsbehörde kann durch Anordnung **in Textform** den Zeitpunkt für die Herstellung bestimmen.

Siebenter Teil   Am Bau Beteiligte, Baurechtsbehörden

§ 41   Grundsatz

Bei der Errichtung oder dem Abbruch einer baulichen Anlage sind der Bauherr und im Rahmen ihres Wirkungskreises die anderen nach den §§ 43 bis 45 am Bau Beteiligten dafür verantwortlich, dass die öffentlich-rechtlichen Vorschriften und die auf Grund dieser Vorschriften erlassenen Anordnungen eingehalten werden.

§ 42 Bauherr

(1) Der Bauherr hat zur Vorbereitung, Überwachung und Ausführung eines genehmigungspflichtigen oder kenntnisgabepflichtigen Bauvorhabens einen geeigneten Entwurfsverfasser, geeignete Unternehmer und nach Maßgabe des Absatzes 3 einen geeigneten Bauleiter zu bestellen. Dem Bauherrn obliegen die nach den öffentlich-rechtlichen Vorschriften erforderlichen Anzeigen an die Baurechtsbehörde. Er hat die zur Erfüllung der Anforderungen dieses Gesetzes oder auf Grund dieses Gesetzes erforderlichen Nachweise und Unterlagen zu den verwendeten Bauprodukten und den angewandten Bauarten bereitzuhalten. Werden Bauprodukte verwendet, die die CE-Kennzeichnung nach der Verordnung (EU) Nr. 305/2011 tragen, ist die Leistungserklärung bereitzuhalten.

(2) Bei Bauarbeiten, die unter Einhaltung des Gesetzes zur Bekämpfung der Schwarzarbeit in Selbst-, Nachbarschafts- oder Gefälligkeitshilfe ausgeführt werden, ist die Bestellung von Unternehmern nicht erforderlich, wenn genügend Fachkräfte mit der nötigen Sachkunde, Erfahrung und Zuverlässigkeit mitwirken. §§ 43 und 45 bleiben unberührt. Kenntnisgabepflichtige Abbrucharbeiten dürfen nicht in Selbst-, Nachbarschafts- oder Gefälligkeitshilfe ausgeführt werden.

(3) Bei der Errichtung von Gebäuden mit Aufenthaltsräumen und bei Bauvorhaben, die technisch besonders schwierig oder besonders umfangreich sind, kann die Baurechtsbehörde die Bestellung eines Bauleiters verlangen.

(4) Genügt eine vom Bauherrn bestellte Person nicht den Anforderungen der §§ 43 bis 45, so kann die Baurechtsbehörde vor und während der Bauausführung verlangen, dass sie durch eine geeignete Person ersetzt wird oder dass geeignete Sachverständige herangezogen werden. Die Baurechtsbehörde kann die Bauarbeiten einstellen, bis geeignete Personen oder Sachverständige bestellt sind.

(5) Die Baurechtsbehörde kann verlangen, dass ihr für bestimmte Arbeiten die Unternehmer benannt werden.

(6) Wechselt der Bauherr, so hat der neue Bauherr dies der Baurechtsbehörde unverzüglich mitzuteilen.

(7) Treten bei einem Vorhaben mehrere Personen als Bauherr auf, so müssen sie auf Verlangen der Baurechtsbehörde einen Vertreter bestellen, der ihr gegenüber die dem Bauherrn nach den öffentlich-rechtlichen Vorschriften obliegenden Verpflichtungen zu erfüllen hat. § 18 Abs. 1 Sätze 2 und 3 und Abs. 2 des Landesverwaltungsverfahrensgesetzes findet Anwendung.

§ 43 Entwurfsverfasser

(1) Der Entwurfsverfasser ist dafür verantwortlich, dass sein Entwurf den öffentlich-rechtlichen Vorschriften entspricht. Zum Entwurf gehören die Bauvorlagen und die Ausführungsplanung; der Bauherr kann mit der Ausführungsplanung einen anderen Entwurfsverfasser beauftragen.

(2) Hat der Entwurfsverfasser auf einzelnen Fachgebieten nicht die erforderliche Sachkunde und Erfahrung, so hat er den Bauherrn zu veranlassen, geeignete Fachplaner zu bestellen. Diese sind für ihre Beiträge verantwortlich. Der Entwurfsverfas-

| LBO 2023 | § 43 | LBO 2025 |

ser bleibt dafür verantwortlich, dass die Beiträge der Fachplaner entsprechend den öffentlich-rechtlichen Vorschriften aufeinander abgestimmt werden.

(3) Für die Errichtung von Gebäuden, die der Baugenehmigung oder der Kenntnisgabe bedürfen, darf als Entwurfsverfasser für die Bauvorlagen nur bestellt werden, wer 1. die Berufsbezeichnung „Architektin" oder „Architekt" führen darf, 2. die Berufsbezeichnung „Innenarchitektin" oder „Innenarchitekt" führen darf, jedoch nur für die Gestaltung von Innenräumen und die damit verbunden baulichen Änderungen von Gebäuden, 3. in die von der Ingenieurkammer Baden-Württemberg geführte Liste der Entwurfsverfasser der Fachrichtung Bauingenieurwesen eingetragen ist; Eintragungen anderer Länder gelten auch im Land Baden-Württemberg.	**(Anstelle der bisherigen Absätze 3 bis 9 gelten die Regelungen der §§ 63 bis 63d)**

(4) Für die Errichtung von
1. Wohngebäuden mit einem Vollgeschoß bis zu 150 m² Grundfläche,
2. eingeschossigen gewerblichen Gebäuden bis zu 250 m² Grundfläche und bis zu 5 m Wandhöhe, gemessen von der Geländeoberfläche bis zum Schnittpunkt von Außenwand und Dachhaut,
3. land- oder forstwirtschaftlich genutzten Gebäuden bis zu zwei Vollgeschossen und bis zu 250 m² Grundfläche

dürfen auch Angehörige der Fachrichtung Architektur, Innenarchitektur, Hochbau oder Bauingenieurwesen, die an einer Hochschule, Fachhochschule oder gleichrangigen Bildungseinrichtung das Studium erfolgreich abgeschlossen haben, staatlich geprüfte Technikerinnen oder Techniker der Fachrichtung Bautechnik sowie Personen, die in einem anderen Mitgliedstaat der Europäischen Union oder einem nach dem Recht der Europäischen Gemeinschaften gleichgestellten Staat eine gleichwertige Ausbildung abgeschlossen haben, als Entwurfsverfasser bestellt werden. Das Gleiche gilt für Personen, die die Meisterprüfung des Maurer-, Betonbauer-, Stahlbetonbauer- oder Zimmererhandwerks abgelegt haben und für

Personen, die diesen, mit Ausnahme von § 7 b der Handwerksordnung, handwerksrechtlich gleichgestellt sind.

(5) Die Absätze 3 und 4 gelten nicht für
1. Vorhaben, die nur aufgrund örtlicher Bauvorschriften kenntnisgabepflichtig sind,
2. Vorhaben, die von Beschäftigten im öffentlichen Dienst für ihren Dienstherrn geplant werden,
   wenn die Beschäftigten
   a) eine Berufsausbildung nach § 4 des Architektengesetzes haben oder
   b) die Eintragungsvoraussetzungen nach Absatz 6 erfüllen,
3. Garagen bis zu 100 m² Nutzfläche,
4. Behelfsbauten und untergeordnete Gebäude.

(6) In die Liste der Entwurfsverfasser ist auf Antrag von der Ingenieurkammer Baden-Württemberg einzutragen, wer
1. einen berufsqualifizierenden Hochschulabschluss eines Studiums der Fachrichtung Hochbau (Artikel 49 Abs. 1 der Richtlinie 2005/36/EG des Europäischen Parlaments und des Rates vom 7. September 2005 über die Anerkennung von Berufsqualifikationen, ABl. L 255 vom 30. September 2005, S. 22) oder des Bauingenieurwesens nachweist und
2. danach mindestens zwei Jahre auf dem Gebiet der Entwurfsplanung von Gebäuden praktisch tätig gewesen ist.

Dem Antrag sind die zur Beurteilung erforderlichen Unterlagen beizufügen. Die Ingenieurkammer bestätigt unverzüglich den Eingang der Unterlagen und teilt gegebenen falls mit, welche Unterlagen fehlen. Die Eingangsbestätigung muss folgende Angaben enthalten:
1. die in Satz 5 genannte Frist,
2. die verfügbaren Rechtsbehelfe,
3. die Erklärung, dass der Antrag als genehmigt gilt, wenn über ihn nicht rechtzeitig entschieden wird und
4. im Fall der Nachforderung von Unterlagen die Mitteilung, dass die Frist nach Satz 5 erst beginnt, wenn die Unterlagen vollständig sind.

Über den Antrag ist innerhalb von drei Monaten nach Vorlage der vollständigen Unterlagen zu entscheiden; die Ingenieurkammer kann die Frist gegenüber dem Antragsteller einmal um bis zu zwei Monate verlängern. Die Fristverlängerung und deren Ende sind ausreichend zu begründen und dem Antragsteller vor Ablauf der ursprünglichen Frist mitzuteilen. Der Antrag gilt als genehmigt, wenn über ihn nicht innerhalb der nach Satz 5 maßgeblichen Frist entschieden worden ist.

(7) Personen, die in einem anderen Mitgliedstaat der Europäischen Union oder einem nach dem Recht der Europäischen Gemeinschaften gleichgestellten Staat als Bauvorlageberechtigte niedergelassen sind, sind ohne Eintragung in die Liste nach Absatz 3 Nr. 3 bauvorlageberechtigt, wenn sie
1. eine vergleichbare Berechtigung besitzen und
2. dafür dem Absatz 6 Satz 1 vergleichbare Anforderungen erfüllen mussten.

Sie haben das erstmalige Tätigwerden als Bauvorlageberechtigter vorher der Ingenieurkammer Baden-Württemberg anzuzeigen und dabei
1. eine Bescheinigung darüber, dass sie in einem Mitgliedstaat der Europäischen Union oder einem nach dem Recht der Europäischen Gemeinschaften gleichgestellten Staat rechtmäßig als Bauvorlageberechtigte niedergelassen sind und ihnen die Ausübung dieser Tätigkeiten zum Zeitpunkt der Vorlage der Bescheinigung nicht, auch nicht vorübergehend, untersagt ist, und
2. einen Nachweis darüber, dass sie im Staat ihrer Niederlassung für die Tätigkeit als Bauvorlageberechtigter mindestens die Voraussetzungen des Absatzes 6 Satz 1 erfüllen mussten,

vorzulegen; sie sind in einem Verzeichnis zu führen.

Die Ingenieurkammer hat auf Antrag zu bestätigen, dass die Anzeige nach Satz 2 erfolgt ist; sie kann das Tätigwerden als Bauvorlageberechtigter untersagen und die Eintragung in dem Verzeichnis nach

LBO 2023	§ 44	LBO 2025

Satz 2 löschen, wenn die Voraussetzungen des Satzes 1 nicht erfüllt sind._(8) Personen, die in einem anderen Mitgliedstaat der Europäischen Union oder einem nach dem Recht der Europäischen Gemeinschaften gleichgestellten Staat als Bauvorlageberechtigte niedergelassen sind, ohne im Sinne des Absatzes 7 Satz 1 Nr. 2 vergleichbar zu sein, sind bauvorlageberechtigt, wenn ihnen die Ingenieurkammer bescheinigt hat, dass sie die Anforderungen des Absatzes 6 Satz 1 Nr. 1 und 2 erfüllen; sie sind in einem Verzeichnis zu führen. Die Bescheinigung wird auf Antrag erteilt. Absatz 6 Satz 2 bis 7 ist entsprechend anzuwenden._(9) Anzeigen und Bescheinigungen nach den Absätzen 7 und 8 sind nicht erforderlich, wenn bereits in einem anderen Land eine Anzeige erfolgt ist oder eine Bescheinigung erteilt wurde; eine weitere Eintragung in die von der Ingenieurkammer geführten Verzeichnisse erfolgt nicht. Verfahren nach den Absätzen 6 bis 8 können über einen Einheitlichen Ansprechpartner im Sinne des Gesetzes über Einheitliche Ansprechpartner für das Land Baden-Württemberg abgewickelt werden; §§ 71a bis 71e des Landesverwaltungsverfahrensgesetzes in der jeweils geltenden Fassung finden Anwendung._(10) Die oberste Baurechtsbehörde kann Entwurfsverfassern und Fachplanern nach Absatz 2 das Verfassen von Bauvorlagen ganz oder teilweise untersagen, wenn diese wiederholt und unter grober Verletzung ihrer Pflichten nach Absatz 1 und 2 bei der Erstellung von Bauvorlagen bauplanungsrechtliche oder bauordnungsrechtliche Vorschriften nicht beachtet haben.	(3) Die oberste Baurechtsbehörde kann Entwurfsverfassern und Fachplanern nach Absatz 2 das Verfassen von Bauvorlagen ganz oder teilweise untersagen, wenn diese wiederholt und unter grober Verletzung ihrer Pflichten nach Absatz 1 und 2 bei der Erstellung von Bauvorlagen bauplanungsrechtliche oder bauordnungsrechtliche Vorschriften nicht beachtet haben.

§ 44 Unternehmer

(1) Jeder Unternehmer ist dafür verantwortlich, dass seine Arbeiten den öffentlich-rechtlichen Vorschriften entsprechend ausgeführt und insoweit auf die Arbeiten anderer Unternehmer abgestimmt werden. Er hat insoweit für die ordnungsgemäße Einrichtung und den sicheren Betrieb der Baustelle, insbesondere die Tauglichkeit und Betriebssicherheit der Gerüste, Geräte und der anderen Baustelleneinrichtun-

gen sowie die Einhaltung der Arbeitsschutzbestimmungen zu sorgen. Er hat die zur Erfüllung der Anforderungen dieses Gesetzes oder auf Grund dieses Gesetzes erforderlichen Nachweise und Unterlagen zu den verwendeten Bauprodukten und den angewandten Bauarten zu erbringen und auf der Baustelle bereitzuhalten. Bei Bauprodukten, die die CE-Kennzeichnung nach der Verordnung (EU) Nr. 305/2011 tragen, ist die Leistungserklärung bereitzuhalten.

(2) Hat der Unternehmer für einzelne Arbeiten nicht die erforderliche Sachkunde und Erfahrung, so hat er den Bauherrn zu veranlassen, geeignete Fachkräfte zu bestellen. Diese sind für ihre Arbeiten verantwortlich. Der Unternehmer bleibt dafür verantwortlich, dass die Arbeiten der Fachkräfte entsprechend den öffentlich-rechtlichen Vorschriften aufeinander abgestimmt werden.

(3) Der Unternehmer und die Fachkräfte nach Absatz 2 haben auf Verlangen der Baurechtsbehörde für Bauarbeiten, bei denen die Sicherheit der baulichen Anlagen in außergewöhnlichem Maße von einer besonderen Sachkenntnis und Erfahrung oder von einer Ausstattung mit besonderen Einrichtungen abhängt, nachzuweisen, dass sie für diese Bauarbeiten geeignet sind und über die erforderlichen Einrichtungen verfügen.

§ 45 Bauleiter

(1) Der Bauleiter hat darüber zu wachen, dass die Bauausführung den öffentlich-rechtlichen Vorschriften und den Entwürfen des Entwurfsverfassers entspricht. Er hat im Rahmen dieser Aufgabe auf den sicheren bautechnischen Betrieb der Baustelle, insbesondere auf das gefahrlose Ineinandergreifen der Arbeiten der Unternehmer zu achten; die Verantwortlichkeit der Unternehmer bleibt unberührt. Verstöße, denen nicht abgeholfen wird, hat er unverzüglich der Baurechtsbehörde mitzuteilen.

(2) Hat der Bauleiter nicht für alle ihm obliegenden Aufgaben die erforderliche Sachkunde und Erfahrung, hat er den Bauherrn zu veranlassen, geeignete Fachbauleiter zu bestellen. Diese treten insoweit an die Stelle des Bauleiters. Der Bauleiter bleibt für das ordnungsgemäße Ineinandergreifen seiner Tätigkeiten mit denen der Fachbauleiter verantwortlich.

§ 46 Aufbau und Besetzung der Baurechtsbehörden

(1) Baurechtsbehörden sind
1. das Ministerium für Landesentwicklung und Wohnen als oberste Baurechtsbehörde,
2. die Regierungspräsidien als höhere Baurechtsbehörden,
3. die unteren Verwaltungsbehörden und die in den Absatz 2 genannten Gemeinden und Verwaltungsgemeinschaften als untere Baurechtsbehörden.

(2) Untere Baurechtsbehörden *sind* 1. Gemeinden und 2. Verwaltungsgemeinschaften, wenn sie die Voraussetzungen des Absatzes 4 erfüllen und die *höhere* Baurechtsbehörde auf Antrag die Erfüllung dieser Voraussetzungen feststellt. Die Zuständigkeit und der Zeitpunkt des Auf-	(2) Untere Baurechtsbehörden **können** 1. Gemeinden und 2. Verwaltungsgemeinschaften, **werden**, wenn sie die Voraussetzungen des Absatzes 4 erfüllen und die **oberste** Baurechtsbehörde auf Antrag die Erfüllung dieser Voraussetzungen feststellt. Die Zuständigkeit und der Zeitpunkt des

LBO 2023	§ 47	LBO 2025

gabenübergangs sind im Gesetzblatt bekanntzumachen.	Aufgabenübergangs sind im Gesetzblatt bekanntzumachen.
(3) Die Zuständigkeit erlischt im Falle des Absatzes 2 durch Erklärung der Gemeinde oder der Verwaltungsgemeinschaft gegenüber der *höheren* Baurechtsbehörde. Sie erlischt ferner, wenn die in Absatz 2 Satz 1 genannten Voraussetzungen nicht mehr erfüllt sind und die *höhere* Baurechtsbehörde dies feststellt. Das Erlöschen und sein Zeitpunkt sind im Gesetzblatt bekanntzumachen.	(3) Die Zuständigkeit erlischt im Falle des Absatzes 2 durch Erklärung der Gemeinde oder der Verwaltungsgemeinschaft gegenüber der **obersten** Baurechtsbehörde. Sie erlischt ferner, wenn die in Absatz 2 Satz 1 genannten Voraussetzungen nicht mehr erfüllt sind und die **oberste** Baurechtsbehörde dies feststellt. Das Erlöschen und sein Zeitpunkt sind im Gesetzblatt bekanntzumachen.

(4) Die Baurechtsbehörden sind für ihre Aufgaben ausreichend mit geeigneten Fachkräften zu besetzen. Jeder unteren Baurechtsbehörde muss mindestens ein Bauverständiger angehören, der das Studium der Fachrichtung Architektur oder Bauingenieurwesen an einer deutschen Universität oder Fachhochschule oder eine gleichwertige Ausbildung an einer ausländischen Hochschule oder gleichrangigen Lehreinrichtung erfolgreich abgeschlossen hat; die höhere Baurechtsbehörde kann von der Anforderung an die Ausbildung Ausnahmen zulassen. Die Fachkräfte zur Beratung und Unterstützung der Landratsämter als Baurechtsbehörden sind vom Landkreis zu stellen.

§ 47 Aufgaben und Befugnisse der Baurechtsbehörden

(1) Die Baurechtsbehörden haben darauf zu achten, dass die baurechtlichen Vorschriften sowie die anderen öffentlich-rechtlichen Vorschriften über die Errichtung und den Abbruch von Anlagen und Einrichtungen im Sinne des § 1 eingehalten und die auf Grund dieser Vorschriften erlassenen Anordnungen befolgt werden. Sie haben zur Wahrnehmung dieser Aufgaben diejenigen Maßnahmen zu treffen, die nach pflichtgemäßem Ermessen erforderlich sind.

(2) Die Baurechtsbehörden können zur Erfüllung ihrer Aufgaben Sachverständige heranziehen.

(3) Die mit dem Vollzug dieses Gesetzes beauftragten Personen sind berechtigt, in Ausübung ihres Amtes Grundstücke und bauliche Anlagen einschließlich der Wohnungen zu betreten. Das Grundrecht der Unverletzlichkeit der Wohnung (Artikel 13 des Grundgesetzes) wird insoweit eingeschränkt.

(4) Die den Gemeinden und den Verwaltungsgemeinschaften nach § 46 Abs. 2 übertragenen Aufgaben der unteren Baurechtsbehörden sind Pflichtaufgaben nach Weisung. Für die Erhebung von Gebühren und Auslagen gilt das Kommunalabgabengesetz. Abweichend hiervon gelten für die Erhebung von Gebühren und Auslagen für bautechnische Prüfungen die für die staatlichen Behörden maßgebenden Vorschriften.

(5) Die für die Fachaufsicht zuständigen Behörden können den nachgeordneten Baurechtsbehörden unbeschränkt Weisungen erteilen. Leistet eine Baurechtsbehörde einer ihr erteilten Weisung innerhalb der gesetzten Frist keine Folge, so kann an ihrer Stelle jede Fachaufsichtsbehörde die erforderlichen Maßnahmen auf Kosten des Kostenträgers der Baurechtsbehörde treffen. § 129 Abs. 5 der Gemeindeordnung gilt entsprechend.

§ 48 Sachliche Zuständigkeit

(1) Sachlich zuständig ist die untere Baurechtsbehörde, soweit nichts anderes bestimmt ist.

(2) Anstelle einer Gemeinde als Baurechtsbehörde ist die nächsthöhere Baurechtsbehörde, bei den in § 46 Abs. 2 genannten Gemeinden die untere Verwaltungsbehörde zuständig, wenn es sich um ein Vorhaben der Gemeinde selbst handelt, gegen das Einwendungen erhoben werden, sowie bei einem Vorhaben, gegen das die Gemeinde als Beteiligte Einwendungen erhoben hat; an Stelle einer Verwaltungsgemeinschaft als Baurechtsbehörde ist in diesen Fällen bei Vorhaben sowie bei Einwendungen der Verwaltungsgemeinschaft oder einer Gemeinde, die der Verwaltungsgemeinschaft angehört, die in § 28 Abs. 2 Nr. 1 oder 2 des Gesetzes über kommunale Zusammenarbeit genannte Behörde zuständig. Für die Behandlung des Bauantrags, die Bauüberwachung und die Bauabnahme gilt Absatz 1.

LBO 2023	LBO 2025
(3) Die Erlaubnis nach den auf Grund des § 34 des *Produktsicherheitsgesetzes* erlassenen Vorschriften schließt eine Genehmigung oder Zustimmung nach diesem Gesetz ein. Die für die Erlaubnis zuständige Behörde entscheidet im Benehmen mit der Baurechtsbehörde der gleichen Verwaltungsstufe; die Bauüberwachung nach § 66 und die Bauabnahmen nach § 67 obliegen der Baurechtsbehörde.	(3) Die Erlaubnis nach den auf Grund des **§ 31 des Gesetzes über überwachungsbedürftige Anlagen vom 27. Juli 2021 (BGBl. I S. 3146, 3162), in der jeweils geltenden Fassung,** erlassenen Vorschriften schließt eine Genehmigung oder Zustimmung nach diesem Gesetz ein. Die für die Erlaubnis zuständige Behörde entscheidet im Benehmen mit der Baurechtsbehörde der gleichen Verwaltungsstufe; die Bauüberwachung nach § 66 und die Bauabnahmen nach § 67 obliegen der Baurechtsbehörde.

(4) Bei Anlagen nach § 7 des Atomgesetzes schließt die atomrechtliche Genehmigung eine Genehmigung oder Zustimmung nach diesem Gesetz ein. Im Übrigen ist die oberste Baurechtsbehörde sachlich zuständig für alle baulichen Anlagen auf dem Betriebsgelände, soweit sie nicht im Einzelfall die Zuständigkeit einer nachgeordneten Baurechtsbehörde überträgt.

Achter Teil Verwaltungsverfahren, Baulasten

§ 49 Genehmigungspflichtige Vorhaben

Die Errichtung und der Abbruch baulicher Anlagen sowie der in § 50 aufgeführten anderen Anlagen und Einrichtungen bedürfen der Baugenehmigung, soweit in §§ 50, 51, 69 oder 70 nichts anderes bestimmt ist.

§ 50 Verfahrensfreie Vorhaben

(1) Die Errichtung der Anlagen und Einrichtungen, die im Anhang aufgeführt sind, ist verfahrensfrei.

LBO 2023	LBO 2025
(2) Die Nutzungsänderung ist verfahrensfrei, wenn	(2) Die Nutzungsänderung ist verfahrensfrei, wenn

LBO 2023	LBO 2025
1. für die neue Nutzung keine anderen oder weitergehenden Anforderungen gelten als für die bisherige Nutzung oder	1. für die neue Nutzung keine anderen oder weitergehenden Anforderungen gelten als für die bisherige Nutzung oder
2. durch die neue Nutzung *zusätzlicher Wohnraum in Wohngebäuden nach Gebäudeklasse 1 bis 3* im Innenbereich geschaffen wird.	2. durch die neue Nutzung **Wohnraum** im Innenbereich geschaffen wird.

(3) Der Abbruch ist verfahrensfrei bei
1. Anlagen nach Absatz 1,
2. freistehenden Gebäuden der Gebäudeklassen 1 und 3,
3. sonstigen Anlagen, die keine Gebäude sind, mit einer Höhe bis zu 10 m.

(4) Instandhaltungsarbeiten sind verfahrensfrei.

(5) Verfahrensfreie Vorhaben müssen ebenso wie genehmigungspflichtige Vorhaben den öffentlich-rechtlichen Vorschriften entsprechen. § 57 findet entsprechende Anwendung.

§ 51 Kenntnisgabeverfahren

(1) Das Kenntnisgabeverfahren kann durchgeführt werden bei der Errichtung von
1. Wohngebäuden,
2. sonstigen Gebäuden der Gebäudeklassen 1 bis 3, ausgenommen Gaststätten,
3. sonstigen baulichen Anlagen, die keine Gebäude sind,
4. Nebengebäuden und Nebenanlagen zu Bauvorhaben nach den Nummern 1 bis 3,

ausgenommen Sonderbauten, soweit die Vorhaben nicht bereits nach § 50 verfahrensfrei sind und die Voraussetzungen des Absatzes 2 vorliegen; bei von baulichen Anlagen unabhängigen Anlagen zur photovoltaischen oder thermischen Solarnutzung gilt die Ausnahme für Sonderbauten nicht. Satz 1 gilt nicht für die Errichtung von
1. einem oder mehreren Gebäuden, wenn die Größe der dem Wohnen dienenden Nutzungseinheiten insgesamt mehr als 5.000 m² Brutto-Grundfläche beträgt, und
2. baulichen Anlagen, die öffentlich zugänglich sind, wenn dadurch erstmals oder zusätzlich die gleichzeitige Nutzung durch mehr als 100 Personen zu erwarten ist,

wenn sie innerhalb des angemessenen Sicherheitsabstands gemäß § 3 Absatz 5c des Bundes-Immissionsschutzgesetzes(BImSchG) eines Betriebsbereichs im Sinne von § 3 Absatz 5a BImSchG liegen und dem Gebot, einen angemessenen Sicherheitsabstand zu wahren, nicht bereits auf der Ebene der Bauleitplanung Rechnung getragen wurde.

(2) Die Vorhaben nach Absatz 1 müssen liegen
1. innerhalb des Geltungsbereichs eines Bebauungsplans im Sinne des § 30 Abs. 1 BauGB, der nach dem 29. Juni 1961 rechtsverbindlich geworden ist, oder im Geltungsbereich eines Bebauungsplans im Sinne der §§ 12, 30 Abs. 2 BauGB und
2. außerhalb des Geltungsbereichs einer Veränderungssperre im Sinne des § 14 BauGB.

Sie dürfen den Festsetzungen des Bebauungsplans nicht widersprechen.

LBO 2023	§§ 52, 53	LBO 2025

(3) Beim Abbruch von Anlagen und Einrichtungen wird das Kenntnisgabeverfahren durchgeführt, soweit die Vorhaben nicht bereits nach § 50 Abs. 3 verfahrensfrei sind.

(4) Kenntnisgabepflichtige Vorhaben müssen ebenso wie genehmigungspflichtige Vorhaben den öffentlich-rechtlichen Vorschriften entsprechen.

(5) Der Bauherr kann beantragen, dass bei Vorhaben, die Absatz 1 oder 3 entsprechen, ein Baugenehmigungsverfahren durchgeführt wird; bei Wohngebäuden der Gebäudeklassen 1 bis 3 sowie deren Nebengebäuden und Nebenanlagen ist als weiteres Verfahren nur das vereinfachte Baugenehmigungsverfahren nach § 52 eröffnet.

§ 52 Vereinfachtes Baugenehmigungsverfahren

(1) Das vereinfachte Baugenehmigungsverfahren kann bei Bauvorhaben nach § 51 Absatz 1 Satz 1 durchgeführt werden.

(1) **Neben dem Kenntnisgabeverfahren kann der Bauherr beantragen, dass ein Baugenehmigungsverfahren durchzuführen ist. Bei Bauvorhaben, mit Ausnahme der Sonderbauten, kann ein vereinfachtes Baugenehmigungsverfahren durchgeführt werden. Bei Wohngebäuden der Gebäudeklasse 1 bis 4 sowie deren Nebengebäude und Nebenanlagen ist neben dem Kenntnisgabeverfahren nur das vereinfachte Baugenehmigungsverfahren eröffnet.**

(2) Im vereinfachten Baugenehmigungsverfahren prüft die Baurechtsbehörde
1. die Übereinstimmung mit den Vorschriften über die Zulässigkeit der baulichen Anlagen nach den §§ 14 und 29 bis 38 BauGB,
2. die Übereinstimmung mit den §§ 5 bis 7,
3. andere öffentlich-rechtliche Vorschriften außerhalb dieses Gesetzes und außerhalb von Vorschriften auf Grund dieses Gesetzes,
    a) soweit in diesen Anforderungen an eine Baugenehmigung gestellt werden oder
    b) soweit es sich um Vorhaben im Außenbereich handelt, im Umfang des § 58 Abs. 1 Satz 2.

(3) Auch soweit Absatz 2 keine Prüfung vorsieht, müssen Bauvorhaben im vereinfachten Verfahren den öffentlich-rechtlichen Vorschriften entsprechen.

(4) Über Abweichungen, Ausnahmen und Befreiungen von Vorschriften nach diesem Gesetz oder auf Grund dieses Gesetzes, die nach Absatz 2 nicht geprüft werden, entscheidet die Baurechtsbehörde auf besonderen Antrag im Rahmen des vereinfachten Baugenehmigungsverfahrens.

§ 53 Bauvorlagen und Bauantrag

(1) Alle für die Durchführung des Baugenehmigungsverfahrens oder des Kenntnisgabeverfahrens erforderlichen Unterlagen (Bauvorlagen) und Anträge auf Abwei-

chungen, Ausnahmen und Befreiungen sind bei der Baurechtsbehörde einzureichen. Bei genehmigungspflichtigen Vorhaben ist zusammen mit den Bauvorlagen der Antrag auf Baugenehmigung (Bauantrag) einzureichen. Abweichungen, Ausnahmen und Befreiungen sind gesondert zu beantragen. Die Baurechtsbehörde stellt die nach Satz 1 bis 3 eingereichten Anträge und Bauvorlagen unverzüglich der betroffenen Gemeinde bereit.

(2) Der Bauantrag und die Bauvorlagen sind elektronisch in Textform nach § 126b des Bürgerlichen Gesetzbuchs einzureichen.

(3) Zum Bauantrag wird die Gemeinde gehört, wenn sie nicht selbst Baurechtsbehörde ist.

(4) Soweit es für die Feststellung notwendig ist, ob dem Vorhaben von der Baurechtsbehörde zu prüfende öffentlich-rechtliche Vorschriften im Sinne des § 58 Absatz 1 Satz 1 entgegenstehen, sollen die Stellen gehört werden, deren Aufgabenbereich berührt wird. Ist die Beteiligung einer Stelle nur erforderlich, um das Vorliegen von fachtechnischen Voraussetzungen in öffentlich-rechtlichen Vorschriften zu prüfen, kann die Baurechtsbehörde mit Einverständnis des Bauherrn und auf dessen Kosten dies durch Sachverständige prüfen lassen. Sie kann vom Bauherrn die Bestätigung eines Sachverständigen verlangen, dass die fachtechnischen Voraussetzungen vorliegen.

(5) Im Kenntnisgabeverfahren hat die Baurechtsbehörde innerhalb von fünf Arbeitstagen dem Bauherrn den Zeitpunkt des Eingangs der vollständigen Bauvorlagen elektronisch in Textform zu bestätigen.

(6) Absatz 5 gilt nicht, wenn die Baurechtsbehörde feststellt, dass
1. die Bauvorlagen unvollständig sind,
2. die Erschließung des Vorhabens nicht gesichert ist,
3. eine hindernde Baulast besteht oder
4. das Vorhaben in einem förmlich festgelegten Sanierungsgebiet im Sinne des § 142 BauGB, in einem förmlich festgelegten städtebaulichen Entwicklungsbereich im Sinne des § 165 BauGB oder in einem förmlich festgelegten Gebiet im Sinne des § 171 d oder des § 172 BauGB liegt und die hierfür erforderlichen Genehmigungen nicht beantragt worden sind.

Die Baurechtsbehörde hat dies dem Bauherrn innerhalb von fünf Arbeitstagen mitzuteilen. Die Gemeinde teilt der Baurechtsbehörde unverzüglich mit, ob ein Grund nach Satz 1 Nummer 2 bis 4 vorliegt.

§ 54 Fristen im Genehmigungsverfahren, gemeindliches Einvernehmen

(1) Die Baurechtsbehörde hat innerhalb von zehn Arbeitstagen nach Eingang den Bauantrag und die Bauvorlagen auf Vollständigkeit zu überprüfen. Sind sie unvollständig oder entsprechen sie nicht den Formanforderungen, hat die Baurechtsbehörde dem Bauherrn unverzüglich mitzuteilen, welche Ergänzungen erforderlich sind und dass ohne Behebung der Mängel innerhalb der dem Bauherrn gesetzten, angemessenen Frist der Bauantrag zurückgewiesen werden kann. Stellt sich heraus, dass der Bauantrag gemäß den eingereichten Bauvorlagen nicht genehmigungsfähig ist, aber die notwendigen Änderungen oder Ergänzungen keinen neuen Bauantrag erfordern, soll dem Bauherrn die Gelegenheit zur Nachbesserung gegeben werden; bis zum Eingang der nachgebesserten Bauvorlagen bei der Baurechtsbehörde sind alle Fristabläufe gehemmt.

LBO 2023	§ 55	LBO 2025

(2) Sobald der Bauantrag und die Bauvorlagen vollständig sind, hat die Baurechtsbehörde unverzüglich
1. dem Bauherrn ihren Eingang und den nach Absatz 5 ermittelten Zeitpunkt der Entscheidung, jeweils mit Datumsangabe, elektronisch in Textform mitzuteilen,
2. die Gemeinde und die berührten Stellen nach § 53 Absätze 3 und 4 zu hören.

(3) Für die Abgabe der Stellungnahmen setzt die Baurechtsbehörde der Gemeinde und den berührten Stellen eine angemessene Frist; sie darf höchstens einen Monat betragen. Äußern sich die Gemeinde oder die berührten Stellen nicht fristgemäß, kann die Baurechtsbehörde davon ausgehen, dass keine Bedenken bestehen. Bedarf nach Landesrecht die Erteilung der Baugenehmigung des Einvernehmens oder der Zustimmung einer anderen Stelle, so gilt diese als erteilt, wenn sie nicht innerhalb eines Monats nach Eingang des Ersuchens unter Angabe der Gründe verweigert wird.

(4) Hat eine Gemeinde ihr nach § 14 Abs. 2 Satz 2, § 22 Abs. 5 Satz 1, § 36 Abs. 1 Satz 1 und 2 BauGB erforderliches Einvernehmen rechtswidrig versagt, hat die zuständige Genehmigungsbehörde das fehlende Einvernehmen nach Maßgabe der Sätze 2 bis 7 zu ersetzen. § 121 der Gemeindeordnung findet keine Anwendung. Die Genehmigung gilt zugleich als Ersatzvornahme. Sie ist insoweit zu begründen. Widerspruch und Anfechtungsklage haben auch insoweit keine aufschiebende Wirkung, als die Genehmigung als Ersatzvornahme gilt. Die Gemeinde ist vor der Erteilung der Genehmigung anzuhören. Dabei ist ihr Gelegenheit zu geben, binnen angemessener Frist erneut über das gemeindliche Einvernehmen zu entscheiden.

(5) Die Baurechtsbehörde hat über den Bauantrag innerhalb von zwei Monaten, im vereinfachten Baugenehmigungsverfahren und in den Fällen des § 56 Abs. 6 sowie des § 57 Abs. 1 innerhalb eines Monats zu entscheiden. Die Frist nach Satz 1 beginnt, sobald die vollständigen Bauvorlagen und alle für die Entscheidung notwendigen Stellungnahmen und Mitwirkungen vorliegen, spätestens jedoch nach Ablauf der Fristen nach Absatz 3 und nach § 36 Abs. 2 Satz 2 BauGB sowie nach § 12 Absatz 2 Sätze 2 und 3 des Luftverkehrsgesetzes.

(6) Die Fristen nach Absatz 3 dürfen nur ausnahmsweise bis zu einem Monat verlängert werden, im vereinfachten Baugenehmigungsverfahren jedoch nur, wenn das Einvernehmen der Gemeinde nach § 36 Absatz 1 Sätze 1 und 2 BauGB erforderlich ist.

§ 55 Benachrichtigung der Nachbarn und Beteiligung der Öffentlichkeit

(1) Soll eine Abweichung, Ausnahme oder Befreiung von Vorschriften des öffentlichen Baurechts, die auch dem Schutz des Nachbarn dienen, erteilt werden, benachrichtigt die Gemeinde auf Veranlassung und nach Maßgabe der Baurechtsbehörde die Eigentümer angrenzender Grundstücke (Angrenzer) innerhalb von fünf Arbeitstagen ab dem Eingang der vollständigen Bauvorlagen über das Bauvorhaben. Die Benachrichtigung ist nicht erforderlich bei Angrenzern, die
1. eine Zustimmungserklärung in Textform abgegeben oder die Bauvorlagen unterschrieben haben oder
2. durch das Vorhaben offensichtlich nicht berührt werden.
Bei Eigentümergemeinschaften nach dem Wohnungseigentumsgesetz genügt die Benachrichtigung des Verwalters.

(2) Einwendungen sind innerhalb von *vier* Wochen nach Zustellung oder sonstiger Bekanntgabe der Benachrichtigung bei	(2) Einwendungen sind innerhalb von **zwei** Wochen nach Zustellung oder sonstiger Bekanntgabe der Benachrichtigung bei

| LBO 2023 | § 56 | LBO 2025 |

der Gemeinde elektronisch in Textform oder zur Niederschrift vorzubringen; für die Benachrichtigung gilt § 9 Absatz 1 des Onlinezugangsgesetzes vom 14. August 2017 (BGBl. I S. 3122, 3138), das zuletzt durch Artikel 16 des Gesetzes vom 28. Juni 2021 (BGBl. I S. 2250, 2261) geändert worden ist, in der jeweils geltenden Fassung, entsprechend. Die vom Bauantrag benachrichtigten Angrenzer werden mit allen Einwendungen ausgeschlossen, die im Rahmen der Beteiligung nicht fristgemäß geltend gemacht worden sind und sich auf von der Baurechtsbehörde zu prüfende öffentlich-rechtliche Vorschriften beziehen (materielle Präklusion). Auf diese Rechtsfolge ist in der Benachrichtigung hinzuweisen. Die Gemeinde leitet die bei ihr eingegangenen Einwendungen zusammen mit ihrer Stellungnahme innerhalb der Frist des § 54 Abs. 3 an die Baurechtsbehörde weiter.

(3) Bei der Errichtung von
1. einem oder mehreren Gebäuden, wenn die Größe der dem Wohnen dienenden Nutzungseinheiten insgesamt mehr als 5.000 m² Brutto-Grundfläche beträgt,
2. baulichen Anlagen, die öffentlich zugänglich sind, wenn dadurch erstmals oder zusätzlich die gleichzeitige Nutzung durch mehr als 100 Personen zu erwarten ist, und
3. Sonderbauten nach § 38 Absatz 2 Nummer 5, 6, 8, 12, 14 und 17

ist eine Öffentlichkeitsbeteiligung nach § 23b Absatz 2 BImSchG durchzuführen, wenn die Bauvorhaben innerhalb des angemessenen Sicherheitsabstands gemäß § 3 Absatz 5c BImSchG eines Betriebsbereichs im Sinne von § 3 Absatz 5a BImSchG liegen und dem Gebot, einen angemessenen Sicherheitsabstand zu wahren, nicht bereits auf der Ebene der Bauleitplanung in einem öffentlichen Verfahren Rechnung getragen wurde.

§ 56 Abweichungen, Ausnahmen und Befreiungen

(1) Abweichungen von technischen Bauvorschriften sind zuzulassen, wenn auf andere Weise dem Zweck dieser Vorschriften nachweislich entsprochen wird.

(2) Ferner sind Abweichungen von den Vorschriften in den §§ 4 bis 37 dieses Gesetzes oder aufgrund dieses Gesetzes zuzulassen
1. zur Modernisierung von Wohnungen und Wohngebäuden, Teilung von Wohnungen oder Schaffung *von zusätzlichem Wohnraum* durch Ausbau, Anbau, Nutzungsänderung, Aufstockung oder Änderung des Daches, wenn die Baugenehmigung oder die Kenntnis-

(2) Ferner sind Abweichungen von den Vorschriften in den §§ 4 bis 37 dieses Gesetzes oder aufgrund dieses Gesetzes zuzulassen
1. zur Modernisierung von Wohnungen und Wohngebäuden, Teilung von Wohnungen oder Schaffung **von Wohnraum** durch Ausbau, Anbau, Nutzungsänderung, Aufstockung oder Änderung des Daches, wenn die Baugenehmigung oder die Kenntnisgabe

LBO 2023	LBO 2025
gabe für die Errichtung des Gebäudes mindestens fünf Jahre zurückliegt,	für die Errichtung des Gebäudes mindestens fünf Jahre zurückliegt,
2. zur Erhaltung und weiteren Nutzung von Kulturdenkmalen,	2. zur Erhaltung und weiteren Nutzung von Kulturdenkmalen,
3. zur Verwirklichung von Vorhaben zur Energieeinsparung und zur Nutzung erneuerbarer Energien,	3. zur Verwirklichung von Vorhaben zur Energieeinsparung und zur Nutzung erneuerbarer Energien,
4. zur praktischen Erprobung neuer Bau- und Wohnformen im Wohnungsbau, wenn die Abweichungen mit den öffentlichen Belangen vereinbar sind.	4. zur praktischen Erprobung neuer Bau- und Wohnformen im Wohnungsbau,
	5. **zur Ersetzung eines rechtmäßig errichteten Gebäudes an gleicher Stelle durch ein Gebäude höchstens gleicher Abmessung in Bezug auf Abweichungen von den Anforderungen des § 5,** wenn die Abweichungen mit den öffentlichen Belangen vereinbar sind.

(3) Ausnahmen, die in diesem Gesetz oder in Vorschriften auf Grund dieses Gesetzes vorgesehen sind, können zugelassen werden, wenn sie mit den öffentlichen Belangen vereinbar sind und die für die Ausnahmen festgelegten Voraussetzungen vorliegen.

(4) Ferner können Ausnahmen von den Vorschriften in den §§ 4 bis 37 dieses Gesetzes oder auf Grund dieses Gesetzes zugelassen werden
1. bei Gemeinschaftsunterkünften, die der vorübergehenden Unterbringung oder dem vorübergehenden Wohnen dienen,
2. bei baulichen Anlagen, die nach der Art ihrer Ausführung für eine dauernde Nutzung nicht geeignet sind und die für eine begrenzte Zeit aufgestellt werden (Behelfsbauten),
3. bei kleinen, Nebenzwecken dienenden Gebäuden ohne Feuerstätten, wie Geschirrhütten,
4. bei freistehenden anderen Gebäuden, die allenfalls für einen zeitlich begrenzten Aufenthalt bestimmt sind, wie Gartenhäuser, Wochenendhäuser oder Schutzhütten.

(5) Von den Vorschriften in den §§ 4 bis 39 dieses Gesetzes oder auf Grund dieses Gesetzes kann Befreiung erteilt werden, wenn
1. Gründe des allgemeinen Wohls die Abweichung erfordern oder
2. die Einhaltung der Vorschrift im Einzelfall zu einer offenbar nicht beabsichtigten Härte führen würde

und die Abweichung auch unter Würdigung nachbarlicher Interessen mit den öffentlichen Belangen vereinbar ist. Gründe des allgemeinen Wohls liegen auch bei Vorhaben zur Deckung dringenden Wohnbedarfs vor. Bei diesen Vorhaben kann auch in mehreren vergleichbaren Fällen eine Befreiung erteilt werden.

LBO 2023	LBO 2025
(6) Ist für verfahrensfreie Vorhaben eine Abweichung, Ausnahme oder Befreiung erforderlich, so ist diese elektronisch in Textform besonders zu beantragen. *§ 54 Abs. 4 findet entsprechende Anwendung.*	(6) Ist für verfahrensfreie Vorhaben eine Abweichung, Ausnahme oder Befreiung erforderlich, so ist diese elektronisch in Textform besonders zu beantragen. **§ 54 Absatz 4, § 55 Absatz 1 und 2, § 58 Absatz 1, 2 und 3, § 62 Absatz 1 und 2 gelten entsprechend.**

§ 57 Bauvorbescheid

(1) Vor Einreichen des Bauantrags kann der Bauherr elektronisch in Textform beantragen, dass ein Bescheid zu einzelnen Fragen des Vorhabens elektronisch in Textform erteilt wird (Bauvorbescheid). Der Bauvorbescheid gilt drei Jahre.

(2) § 53 Abs. 1 bis 4, §§ 54, 55 Abs. 1 und 2, § 58 Abs. 1 bis 3 sowie § 62 Abs. 2 gelten entsprechend.

(2) § 53 Absatz 1 bis 4, § 54, § 55 Absatz 1 und 2, **§ 58 Absatz 1, 2 und 3** sowie **§ 62 Absatz 1 und 2** gelten entsprechend.

§ 58 Baugenehmigung

(1) Die Baugenehmigung ist zu erteilen, wenn dem genehmigungspflichtigen Vorhaben keine von der Baurechtsbehörde zu prüfenden öffentlich-rechtlichen Vorschriften entgegenstehen. Soweit nicht § 52 Anwendung findet, sind alle öffentlich-rechtlichen Vorschriften zu prüfen, die Anforderungen an das Bauvorhaben enthalten und über deren Einhaltung nicht eine andere Behörde in einem gesonderten Verfahren durch Verwaltungsakt entscheidet. Die Baugenehmigung wird in Schriftform oder elektronisch in Textform nach § 126b des Bürgerlichen Gesetzbuchs erteilt. Erleichterungen, Abweichungen, Ausnahmen und Befreiungen sind ausdrücklich auszusprechen. Die Baugenehmigung ist nur insoweit zu begründen, als sie Abweichungen, Ausnahmen oder Befreiungen von nachbarschützenden Vorschriften enthält und der *Nachbar* Einwendungen erhoben hat. Die mit Genehmigungsvermerk versehenen Bauvorlagen sind dem Antragsteller mit der Baugenehmigung zuzustellen oder nach Maßgabe des § 9 Absatz 1 des Onlinezugangsgesetzes bekanntzugeben. Die Baugenehmigung ist auch Angrenzern *oder sonstigen Nachbarn* zuzustellen oder nach Maßgabe des § 9 Absatz 2 des Onlinezugangsgesetzes bekanntzugeben, deren Einwendungen gegen das Vorhaben nicht entsprochen wird oder deren öffentlich-rechtlich geschützte nachbarliche Belange durch das Vorhaben berührt sein können; *auszunehmen sind solche Angaben, die wegen berechtigter Interessen der Beteiligten geheimzuhalten sind.*

(1) Die Baugenehmigung ist zu erteilen, wenn dem genehmigungspflichtigen Vorhaben keine von der Baurechtsbehörde zu prüfenden öffentlich-rechtlichen Vorschriften entgegenstehen. Soweit nicht § 52 Anwendung findet, sind alle öffentlich-rechtlichen Vorschriften zu prüfen, die Anforderungen an das Bauvorhaben enthalten und über deren Einhaltung nicht eine andere Behörde in einem gesonderten Verfahren durch Verwaltungsakt entscheidet. Die Baugenehmigung wird in Schriftform oder elektronisch in Textform nach § 126b des Bürgerlichen Gesetzbuchs erteilt. Erleichterungen, Abweichungen, Ausnahmen und Befreiungen sind ausdrücklich auszusprechen. Die Baugenehmigung ist nur insoweit zu begründen, als sie Abweichungen, Ausnahmen oder Befreiungen von nachbarschützenden Vorschriften enthält und der **Angrenzer** Einwendungen erhoben hat. Die mit Genehmigungsvermerk versehenen Bauvorlagen sind dem Antragsteller mit der Baugenehmigung zuzustellen oder nach Maßgabe des § 9 Absatz 1 des Onlinezugangsgesetzes bekanntzugeben. Die Baugenehmigung ist auch Angrenzern zuzustellen oder nach Maßgabe des § 9 Absatz 1 des Onlinezugangsgesetzes bekanntzugeben, deren Einwendungen gegen das Vorhaben nicht entsprochen wird oder deren öffentlich-rechtlich geschützte nachbarliche Belange durch das Vorhaben berührt sein können; **die Baugenehmigung soll sonstigen Nachbarn zugestellt oder nach Maßgabe des § 9 Absatz 1 des Onlinezugangsgesetzes bekanntge-**

geben werden, wenn deren öffentlich-rechtlich geschützte nachbarliche Belange durch das Vorhaben berührt sein können. Bei Eigentümergemeinschaften nach dem Wohnungseigentumsgesetz genügt die Zustellung oder Bekanntgabe an den Verwalter, soweit es sich um Gemeinschaftseigentum handelt. Auszunehmen sind solche Angaben, die wegen berechtigter Interessen der Beteiligten geheimzuhalten sind.

(1a) Betrifft ein Bauantrag ein Vorhaben im Verfahren nach § 52 oder die Errichtung oder Änderung einer Antennenanlage gilt die Genehmigungsfiktion nach § 42a des Landesverwaltungsverfahrensgesetzes mit folgenden Maßgaben entsprechend:
1. Für die Vollständigkeit des Bauantrags und der Bauvorlagen sowie für den Beginn der Entscheidungsfrist nach § 42a Absatz 2 Satz 1 des Landesverwaltungsverfahrensgesetzes ist § 54 maßgebend; eine Verlängerungsmöglichkeit der Entscheidungsfrist nach § 42a Absatz 2 Satz 3 des Landesverwaltungsverfahrensgesetzes besteht nicht,
2. Abweichungen, Ausnahmen und Befreiungen unterliegen der Genehmigungsfiktion nur, soweit diese beantragt wurden,
3. ein gegebenenfalls versagtes gemeindliches Einvernehmen wurde vor Ablauf der Entscheidungsfrist ordnungsgemäß ersetzt,
4. die Bescheinigung nach § 42a Absatz 3 des Landesverwaltungsverfahrensgesetzes ist unverzüglich schriftlich oder elektronisch in Textform nach Maßgabe des Absatzes 1 Satz 6 bis 9 zuzustellen oder bekanntzugeben; sie hat den Inhalt der Genehmigung wiederzugeben und eine Rechtsbehelfsbelehrung nach § 58 der Verwaltungsgerichtsordnung zu enthalten.

Satz 1 findet keine Anwendung, wenn der Antragsteller vor Ablauf der Entscheidungsfrist gegenüber der Baurechtsbehörde elektronisch in Textform

LBO 2023	§ 59	LBO 2025

auf den Eintritt der Genehmigungsfiktion verzichtet hat. Im Fall des Satzes 1 finden Absatz 1 Satz 1, 2, 4 und 5 keine Anwendung.

(2) Die Baugenehmigung gilt auch für und gegen den Rechtsnachfolger des Bauherrn.

(3) Die Baugenehmigung wird unbeschadet privater Rechte Dritter erteilt.

(4) Behelfsbauten dürfen nur befristet oder widerruflich genehmigt werden. Nach Ablauf der gesetzten Frist oder nach Widerruf ist die Anlage ohne Entschädigung zu beseitigen und ein ordnungsgemäßer Zustand herzustellen.

(5) Die Gemeinde ist, wenn sie nicht Baurechtsbehörde ist, von jeder Baugenehmigung durch Bekanntgabe des Bescheides und der Pläne zu unterrichten.

(6) Auch nach Erteilung der Baugenehmigung können weitere Anforderungen gestellt werden, um Gefahren für Leben oder Gesundheit oder bei der Genehmigung nicht voraussehbare Gefahren oder erhebliche Nachteile oder Belästigungen von der Allgemeinheit oder den Benutzern der baulichen Anlagen abzuwenden. Bei Gefahr im Verzug kann bis zur Erfüllung dieser Anforderungen die Benutzung der baulichen Anlage eingeschränkt oder untersagt werden.

§ 59 Baubeginn

(1) Mit der Ausführung genehmigungspflichtiger Vorhaben darf erst nach Erteilung des Baufreigabescheins begonnen werden. Der Baufreigabeschein ist zu erteilen, wenn die in der Baugenehmigung für den Baubeginn enthaltenen Auflagen und Bedingungen erfüllt sind. Enthält die Baugenehmigung keine solchen Auflagen oder Bedingungen, so ist der Baufreigabeschein mit der Baugenehmigung zu erteilen. Der Baufreigabeschein muss die Bezeichnung des Bauvorhabens und die Namen und Anschriften des Entwurfsverfassers und des Bauleiters enthalten und ist dem Bauherrn bekanntzugeben.

(2) Der Bauherr hat den Baubeginn genehmigungspflichtiger Vorhaben und die Wiederaufnahme der Bauarbeiten nach einer Unterbrechung von mehr als sechs Monaten vorher der Baurechtsbehörde elektronisch in Textform mitzuteilen.

(3) Vor Baubeginn müssen bei genehmigungspflichtigen Vorhaben Grundriss und Höhenlage der baulichen Anlage auf dem Baugrundstück festgelegt sein. Die Baurechtsbehörde kann verlangen, dass diese Festlegungen durch einen Sachverständigen vorgenommen werden.

(4) Bei Vorhaben im Kenntnisgabeverfahren darf mit der Ausführung *begonnen werden*
1. bei Vorhaben, denen die Angrenzer zugestimmt haben, zwei Wochen,
2. bei sonstigen Vorhaben ein Monat
nach Eingang der vollständigen Bauvorlagen bei der Baurechtsbehörde, es sei denn, der Bauherr erhält eine Mitteilung nach § 53 Abs. 6 oder der Baubeginn wird nach § 47 Abs. 1 oder vorläufig auf Grund von § 15 Abs. 1 Satz 2 BauGB untersagt.

(4) Bei Vorhaben im Kenntnisgabeverfahren darf mit der Ausführung **zwei Wochen nach Eingang der vollständigen Bauvorlagen bei der Baurechtsbehörde begonnen werden**, es sei denn, der Bauherr erhält eine Mitteilung nach § 53 Absatz 6 oder der Baubeginn wird nach § 47 Absatz 1 oder vorläufig aufgrund von § 15 Absatz 1 Satz 2 BauGB untersagt.

(5) Bei Vorhaben im Kenntnisgabeverfahren hat der Bauherr vor Baubeginn
1. die bautechnischen Nachweise von einem Sachverständigen prüfen zu lassen, soweit nichts anderes bestimmt ist; die Prüfung muss vor Baubeginn, spätestens jedoch vor Ausführung der jeweiligen Bauabschnitte abgeschlossen sein,
2. Grundriss und Höhenlage von Gebäuden auf dem Baugrundstück durch einen Sachverständigen festlegen zu lassen, soweit nichts anderes bestimmt ist,
3. dem bevollmächtigten Bezirksschornsteinfeger technische Angaben über Feuerungsanlagen sowie über ortsfeste Blockheizkraftwerke und Verbrennungsmotoren in Gebäuden vorzulegen.

(6) Bei Vorhaben im Kenntnisgabeverfahren innerhalb eines förmlich festgelegten Sanierungsgebietes im Sinne des § 142 BauGB, eines förmlich festgelegten städtebaulichen Entwicklungsbereiches im Sinne des § 165 BauGB oder eines förmlich festgelegten Gebiets im Sinne des § 171d oder § 172 BauGB müssen vor Baubeginn die hierfür erforderlichen Genehmigungen vorliegen.

§ 60 Sicherheitsleistung

(1) Die Baurechtsbehörde kann die Leistung einer Sicherheit verlangen, soweit sie erforderlich ist, um die Erfüllung von Auflagen oder sonstigen Verpflichtungen zu sichern.

(2) Auf Sicherheitsleistungen sind die §§ 232, 234 bis 240 des Bürgerlichen Gesetzbuchs anzuwenden.

§ 61 Teilbaugenehmigung

(1) Ist ein Bauantrag eingereicht, so kann der Beginn der Bauarbeiten für die Baugrube und für einzelne Bauteile oder Bauabschnitte auf elektronisch in Textform gestellten Antrag schon vor Erteilung der Baugenehmigung schriftlich oder elektronisch in Textform zugelassen werden, wenn nach dem Stand der Prüfung des Bauantrags gegen die Teilausführung keine Bedenken bestehen (Teilbaugenehmigung). §§ 54, 58 Abs. 1 bis 5 sowie § 59 Abs. 1 bis 3 gelten entsprechend.

(2) In der Baugenehmigung können für die bereits genehmigten Teile des Vorhabens, auch wenn sie schon ausgeführt sind, zusätzliche Anforderungen gestellt werden, wenn sich bei der weiteren Prüfung der Bauvorlagen ergibt, dass die zusätzlichen Anforderungen nach § 3 Abs. 1 Satz 1 erforderlich sind.

§ 62 Geltungsdauer der Baugenehmigung

(1) Die Baugenehmigung und die Teilbaugenehmigung erlöschen, wenn nicht innerhalb von drei Jahren nach Erteilung der Genehmigung mit der Bauausführung begonnen oder wenn sie nach diesem Zeitraum ein Jahr unterbrochen worden ist.

(2) Die Frist nach Absatz 1 kann auf elektronisch in Textform gestellten Antrag jeweils bis zu drei Jahre schriftlich oder elektronisch in Textform verlängert werden. Die Frist kann auch rückwirkend verlängert werden, wenn der Antrag vor Fristablauf bei der Baurechtsbehörde eingegangen ist.

LBO 2023	LBO 2025
(3) Wird die Nutzung einer Tierhaltungsanlage *im Sinne der Geruchsimmissions-Richtlinie* innerhalb eines im Zusammenhang bebauten Ortsteils während eines	(3) Wird die Nutzung einer Tierhaltungsanlage **im Sinne des Anhangs 7 der Technischen Anleitung zur Reinhaltung der Luft** innerhalb eines im Zusam-

LBO 2023	§ 63	LBO 2025

Zeitraums von mehr als sechs Jahren durchgehend unterbrochen, erlischt die Baugenehmigung für die unterbrochene Nutzung. *Die Frist kann auf elektronisch in Textform gestellten Antrag bis zu zwei Jahre verlängert werden. Darüber hinaus kann sie bis auf insgesamt zehn Jahre verlängert werden, wenn ein berechtigtes Interesse an der Fortsetzung der Nutzungsunterbrechung besteht. Die Frist kann auch rückwirkend verlängert werden, wenn der Antrag vor Fristablauf bei der Baurechtsbehörde eingegangen ist.* Wer ein berechtigtes Interesse an der Feststellung hat, kann beantragen, dass die Baurechtsbehörde das Erlöschen oder das Fortbestehen der Baugenehmigung feststellt.

menhang bebauten Ortsteils während eines Zeitraums von mehr als sechs Jahren durchgehend unterbrochen, erlischt die Baugenehmigung für die unterbrochene Nutzung. Wer ein berechtigtes Interesse an der Feststellung hat, kann beantragen, dass die Baurechtsbehörde das Erlöschen der Baugenehmigung feststellt.

§ 63 Verbot unrechtmäßig gekennzeichneter Bauprodukte

Sind Bauprodukte entgegen § 21 mit dem Ü-Zeichen gekennzeichnet, so kann die Baurechtsbehörde die Verwendung dieser Bauprodukte untersagen und deren Kennzeichnung entwerten oder beseitigen lassen.

(Die Regelung ist neuer § 66 Absatz 6.)

§ 63 Bauvorlageberechtigung

(1) Bauvorlagen für die nicht verfahrensfreie Errichtung und Änderung von Gebäuden müssen von einem Entwurfsverfasser erstellt sein, der bauvorlageberechtigt ist. Dies gilt nicht für
1. Garagen bis zu 100 m² Nutzfläche, Behelfsbauten, untergeordnete Gebäude und sonstige geringfügige oder technisch einfache Bauvorhaben,
2. Vorhaben, die nur aufgrund örtlicher Bauvorschriften kenntnisgabepflichtig sind.

(2) Bauvorlageberechtigt ist, wer
1. die Berufsbezeichnung „Architekt" führen darf,
2. in die von der Ingenieurkammer Baden-Württemberg geführte Liste der Bauvorlageberechtigten eingetragen

ist oder, ohne eine solche Listeneintragung, gemäß § 63d bauvorlageberechtigt ist.

(3) Bauvorlageberechtigt sind ferner,

1. Berufsangehörige, welche über die in § 63a genannten Hochschulabschlüsse verfügen, Berufsangehörige der Fachrichtung Architektur und Innenarchitektur, die an einer Hochschule, Fachhochschule oder gleichrangigen Bildungseinrichtung das Studium erfolgreich abgeschlossen haben, staatlich geprüfte Technikerinnen oder Techniker der Fachrichtung Bautechnik, Personen, die die Meisterprüfung des Maurer-, Betonbauer-, Stahlbetonbauer- oder Zimmererhandwerks abgelegt haben und Personen, die diesen, mit Ausnahme von § 7b der Handwerksordnung, handwerksrechtlich gleichgestellt sind, sowie Personen, die in einem anderen Mitgliedstaat der Europäischen Union oder einem nach dem Recht der Europäischen Union gleichgestellten Staat eine gleichwertige Ausbildung abgeschlossen haben, für:

a) freistehende oder nur einseitig angebaute oder anbaubare Wohngebäude der Gebäudeklassen 1 bis 3 mit nicht mehr als drei Wohnungen,

b) eingeschossige gewerblich genutzte Gebäude, die keine Sonderbauten sind,

c) land- und forstwirtschaftlich genutzte Gebäude, die keine Sonderbauten sind,

2. Berufsangehörige, welche die Berufsbezeichnung „Innenarchitekt" führen dürfen, für die mit der Berufsaufgabe des Innenarchitekten verbundenen baulichen Änderungen von Gebäuden sowie

3. Berufsangehörige, welche einen berufsqualifizierenden Hochschulabschluss eines Studiums der Fachrichtung Bauingenieurwesen gemäß den in Anhang 2 geregelten Leitlinien oder der Fachrichtung Architektur nachweisen können, danach

LBO 2023	§ 63a	LBO 2025
		mindestens zwei Jahre auf dem Gebiet der Entwurfsplanung von Gebäuden praktisch tätig gewesen und Bedienstete einer juristischen Person des öffentlichen Rechts sind, für die dienstliche Tätigkeit.

§ 63a Voraussetzung für die Eintragung in die Liste nach § 63 Absatz 2 Nummer 2

(1) In die Liste der Bauvorlageberechtigten ist auf Antrag von der Ingenieurkammer Baden-Württemberg einzutragen, wer
1. einen berufsqualifizierenden Hochschulabschluss eines Studiums der Fachrichtung Bauingenieurwesen gemäß den in Anhang 2 geregelten Leitlinien an einer deutschen Hochschule nachweist und
2. danach mindestens zwei Jahre auf dem Gebiet der Entwurfsplanung von Gebäuden praktisch tätig gewesen ist.

(2) Auf Antrag ist in die Liste der Bauvorlageberechtigten einzutragen, wer über einen auswärtigen Hochschulabschluss verfügt, der den in Absatz 1 Nummer 1 genannten Anforderungen gleichwertig ist, und die Anforderung des Absatzes 1 Nummer 2 erfüllt.

(3) Ein Antragsteller wird in die Liste nach Absatz 1 auch eingetragen, wenn
1. er in Bezug auf die Studienanforderungen einen Ausbildungsnachweis nach Artikel 11 der Richtlinie 2005/36/EG des Europäischen Parlaments und des Rates vom 7. September 2005 über die Anerkennung von Berufsqualifikationen (ABl. L 255 vom 30.9.2005, S. 22, zuletzt ber. ABl. L 095 vom 9.4.2016, S. 20), die zuletzt durch delegierten Beschluss (EU) 2024/1395 der Kommission (ABl. L 2024/1395, 31.5.2024) geändert worden ist, in der jeweils geltenden Fassung besitzt, soweit dieser in einem Mitgliedstaat der Europäischen Union oder einem diesem durch Ab-

kommen gleichgestellten Staat erforderlich ist, um in dessen Hoheitsgebiet die Erlaubnis zur Aufnahme und Ausübung dieses Berufes zu erhalten,
2. der Ausbildungsnachweis den Anforderungen nach Artikel 13 Absatz 2 Satz 2 der Richtlinie (EG) 2005/36 genügt und
3. die berufspraktische Tätigkeit mit den Anforderungen nach Absatz 1 Nummer 2 vergleichbar ist.

Satz 1 gilt auch für einen Antragsteller, der nachweist, dass er
1. diesen Beruf ein Jahr lang vollzeitbeschäftigt oder während einer entsprechenden Gesamtdauer in Teilzeit während der vorhergehenden zehn Jahre in Mitgliedstaaten der Europäischen Union oder einem gleichgestellten Staat ausgeübt hat, sofern der Beruf im Niederlassungsmitgliedstaat nicht reglementiert ist,
2. im Besitz eines Befähigungs- oder Ausbildungsnachweises ist, der den Anforderungen nach Artikel 13 Absatz 2 Satz 2 der Richtlinie (EG) 2005/36 genügt und
3. keine wesentlichen Unterschiede in Bezug auf die Studienanforderungen nach Absatz 1 Nummer 1 bestehen.

(4) Dem Antrag nach Absatz 1 oder 2 sind die zur Beurteilung erforderlichen Unterlagen beizulegen. Die Ingenieurkammer Baden-Württemberg bestätigt unverzüglich den Eingang der Unterlagen und teilt gegebenenfalls mit, welche Unterlagen fehlen. § 42a des Landesverwaltungsverfahrensgesetzes gilt entsprechend mit der Maßgabe, dass die Frist nur einmalig um bis zu einem Monat verlängert werden kann.

(5) Einer Eintragung nach Absatz 1 oder 2 bedarf es nicht, wenn der Antragsteller aufgrund einer Regelung eines anderen Landes bauvorlageberechtigt ist.

(6) § 16 des Berufsqualifikationsfeststellungsgesetzes Baden-Württem-

berg (BQFG-BW) vom 19. Dezember 2013 (GBl. 2014, S. 1), das zuletzt durch Artikel 1 des Gesetzes vom 17. Dezember 2020 (GBl. S. 1250, ber. 2021 S. 246) geändert worden ist, in der jeweils geltenden Fassung gilt entsprechend.

§ 63b Eintragungsverfahren für Antragstellende nach § 63a Absatz 3

(1) Antragsteller haben Unterlagen nach Artikel 50 Absatz 1 der Richtlinie (EG) 2005/36 in Verbindung mit deren Anhang VII Nummer 1 Buchstabe a und b Satz 1 sowie auf Anforderung nach Anhang VII Nummer 1 Buchstabe b Satz 2 der Richtlinie (EG) 2005/36 vorzulegen. Gibt der Antragsteller an, hierzu nicht in der Lage zu sein, wendet sich die Ingenieurkammer Baden-Württemberg zur Beschaffung der erforderlichen Unterlagen an das Beratungszentrum nach Artikel 57b der Richtlinie (EG) 2005/36, die zuständige Behörde oder eine Ausbildungsstelle des Herkunftsstaates. Bei Ausbildungsnachweisen gemäß Artikel 50 Absatz 3 der Richtlinie (EG) 2005/36 kann die Ingenieurkammer Baden-Württemberg bei berechtigten Zweifeln von der zuständigen Stelle des Ausstellungsstaates die Überprüfung der Kriterien gemäß Artikel 50 Absatz 3 Buchstaben a bis c der Richtlinie (EG) 2005/36 verlangen. War der Antragsteller bereits in einem anderen Mitgliedstaat der Europäischen Union oder einem gleichgestellten Staat tätig, kann die Ingenieurkammer Baden-Württemberg im Fall berechtigter Zweifel von der im Herkunftsstaat zuständigen Behörde eine Bestätigung der Tatsache verlangen, dass die Ausübung dieses Berufes durch den Antragsteller nicht aufgrund schwerwiegenden standeswidrigen Verhaltens oder einer Verurteilung wegen strafbarer Handlungen untersagt worden ist. Im Übrigen finden die Vorschriften des Artikels 50 Absatz 1 der Richtlinie (EG) 2005/36 in

Verbindung mit deren Anhang VII Nummer 1 Buchstaben d bis g Anwendung. Die auf Verlangen übermittelten Unterlagen und Bescheinigungen dürfen bei ihrer Vorlage nicht älter als drei Monate sein. Der Informationsaustausch erfolgt über das Binnenmarkt-Informationssystem (IMI).

(2) Im Übrigen gelten für die Form des Antrags auf Eintragung, die einzureichenden Unterlagen sowie das diesbezügliche Verfahren die §§ 12 und 13 BQFG-BW entsprechend.

(3) Über die Eintragung in die Liste nach § 63a Absatz 1 ist eine Bescheinigung auszustellen. Die Liste enthält folgende Angaben:
1. Zeitpunkt der Eintragung,
2. Familienname, Geburtsname und Vornamen,
3. Geburtsdatum, Geburtsort und Geschlecht,
4. akademische Grade und Titel,
5. ladungsfähige Adresse.

Die Liste enthält darüber hinaus Angaben über die Staatsangehörigkeit des Antragstellers und den Staat, in dem er seine Berufsqualifikation erworben hat. Wesentliche Änderungen gegenüber der nach Satz 2 bescheinigten Situation hat der Antragsteller der Ingenieurkammer Baden-Württemberg unverzüglich mitzuteilen. Die für die Löschung aus Listen geltenden Regelungen der Ingenieurkammer Baden-Württemberg gelten auch für diese Liste.

(4) Kann eine Eintragung in die Liste nicht erfolgen, weil der Antragsteller die Voraussetzungen des § 63a Absatz 3 nicht erfüllt, ist dies durch Bescheid nach § 10 BQFG-BW festzustellen.

§ 63c Ausgleichsmaßnahmen

(1) Antragsteller, die nicht in die Liste nach § 63a Absatz 2 und 3 eingetragen werden können, weil sie aufgrund von wesentlichen Unterschieden nicht über eine gleichwertige Berufsqualifikation verfügen und die über einen Ausbil-

dungsnachweis verfügen, der dem Berufsqualifikationsniveau nach Artikel 11 Buchstaben b, c, d oder e der Richtlinie (EG) 2005/36 entspricht, können einen höchstens dreijährigen Anpassungslehrgang absolvieren oder eine Eignungsprüfung ablegen. Beantragt ein Inhaber einer Berufsqualifikation gemäß Artikel 11 Buchstabe a der Richtlinie (EG) 2005/36 die Anerkennung seiner Berufsqualifikationen und ist die erforderliche Berufsqualifikation unter Artikel 11 Buchstabe d der Richtlinie (EG) 2005/36 eingestuft, so kann die Ingenieurkammer Baden-Württemberg sowohl einen Anpassungslehrgang als auch eine Eignungsprüfung vorschreiben.

(2) Die Einzelheiten zur Durchführung von Ausgleichsmaßnahmen werden durch Satzung der Ingenieurkammer Baden-Württemberg festgelegt. Die Satzung bedarf der Genehmigung durch die oberste Baurechtsbehörde.

(3) Die Ingenieurkammer Baden-Württemberg kann mit anderen zuständigen Stellen innerhalb der Bundesrepublik Deutschland landesübergreifende Vereinbarungen zur Durchführung von Ausgleichsmaßnahmen schließen. Die Vereinbarung bedarf der Genehmigung durch die oberste Baurechtsbehörde.

§ 63d Vorübergehende und gelegentliche Dienstleistungserbringung von bauvorlageberechtigten Ingenieuren, Anzeigeverfahren

(1) Dienstleister, die zur vorübergehenden und gelegentlichen Erstellung von Bauvorlagen berechtigt sind, sind in ein entsprechendes Verzeichnis bei der Ingenieurkammer Baden-Württemberg einzutragen.

(2) Ein Dienstleister nach Absatz 1 hat das erstmalige Erbringen von Dienstleistungen zuvor der Ingenieurkammer Baden-Württemberg in Textform anzuzeigen. Einer Anzeige nach Satz 1 be-

darf es nicht, wenn der Dienstleister bereits aufgrund einer Regelung eines anderen Landes zur Dienstleistungserbringung berechtigt ist. Zusammen mit der Anzeige sind folgende Unterlagen vorzulegen:
1. ein Identitätsnachweis,
2. eine Bescheinigung, dass er in einem Mitgliedstaat der Europäischen Union oder einem diesem durch Abkommen gleichgestellten Staat rechtmäßig zur Ausübung der betreffenden Tätigkeit niedergelassen ist und ihm die Ausübung dieser Tätigkeit zum Zeitpunkt der Vorlage der Bescheinigung nicht, auch nicht vorübergehend, untersagt ist,
3. ein Berufsqualifikationsnachweis,
4. in den in § 63a Absatz 3 Satz 2 genannten Fällen ein Nachweis in beliebiger Form darüber, dass der Dienstleister die betreffende Tätigkeit mindestens ein Jahr während der vorhergehenden zehn Jahre ausgeübt hat, sofern der Beruf im Niederlassungsmitgliedstaat nicht reglementiert ist,
5. ein Nachweis über den Versicherungsschutz.

Die §§ 12 und 13 BQFG-BW gelten entsprechend.

(3) Die Vorlage der Meldung nach Absatz 2 berechtigt den Dienstleister zur Erstellung von Bauvorlagen. Der Ingenieurkammer Baden-Württemberg steht es frei, die Unterlagen nach Absatz 2 Satz 3 nachzuprüfen. Die Erstellung von Bauvorlagen ist dem Dienstleister zu untersagen, wenn der Dienstleister nicht zur Ausübung desselben Berufs rechtmäßig in einem Mitgliedstaat niedergelassen ist, ihm die Ausübung dieser Tätigkeit nach der Anzeige untersagt wird oder er die Voraussetzungen des § 63a Absatz 3 Satz 2 nicht erfüllt. In diesem Fall ist dem Dienstleister die Möglichkeit einzuräumen, fehlende Kenntnisse, Fähigkeiten und Kompetenzen durch einen Anpassungslehrgang zu erwerben oder durch eine Eignungsprüfung nachzuweisen. Ist der Dienstleister zur Ausübung desselben

LBO 2023	§ 64	LBO 2025

Berufs rechtmäßig in einem Mitgliedstaat niedergelassen oder erfüllt er die Voraussetzungen des § 63a Absatz 3 Satz 2, so darf ihm die Erstellung von Bauvorlagen nicht aufgrund seiner Berufsqualifikation beschränkt werden. Für die Bestimmung desselben Berufs im Sinne dieses Absatzes gilt das gestufte System des § 63.

(4) Das Recht zur Führung der Berufsbezeichnung des Niederlassungsstaats nach Artikel 7 Absatz 3 der Richtlinie (EG) 2005/36 bleibt unberührt. Die Berufsbezeichnung ist dann so zu führen, dass keine Verwechslung mit einer inländischen Berufsbezeichnung möglich ist.

(5) Auswärtige bauvorlageberechtigte Ingenieure haben die Berufspflichten zu beachten. Sie sind hierfür wie Mitglieder der Ingenieurkammer Baden-Württemberg zu behandeln. Die Ingenieurkammer stellt über die Eintragung in das Verzeichnis nach Absatz 1 Satz 1 eine auf fünf Jahre befristete Bescheinigung aus, die auf Antrag in Textform verlängert werden kann.

(6) § 16 BQFG-BW gilt entsprechend.

§ 64 Einstellung von Arbeiten

(1) Werden Anlagen im Widerspruch zu öffentlich-rechtlichen Vorschriften errichtet oder abgebrochen, so kann die Baurechtsbehörde die Einstellung der Arbeiten anordnen. Dies gilt insbesondere, wenn
1. die Ausführung eines Vorhabens entgegen § 59 begonnen wurde,
2. das Vorhaben ohne die erforderlichen Bauabnahmen (§ 67) oder Nachweise (§ 66 Abs. 2 und 4) oder über die Teilbaugenehmigung (§ 61) hinaus fortgesetzt wurde,
3. bei der Ausführung eines Vorhabens
    a) von der erteilten Baugenehmigung oder Zustimmung,
    b) im Kenntnisgabeverfahren von den eingereichten Bauvorlagen
   abgewichen wird, es sei denn die Abweichung ist nach § 50 verfahrensfrei,
4. Bauprodukte verwendet werden, die entgegen der Verordnung (EU) Nr. 305/2011 keine CE-Kennzeichnung oder entgegen § 21 kein Ü-Zeichen tragen oder unberechtigt damit gekennzeichnet sind.

Widerspruch und Anfechtungsklage gegen die Anordnung der Einstellung der Arbeiten haben keine aufschiebende Wirkung.

(2) Werden Arbeiten trotz schriftlich oder mündlich verfügter Einstellung fortgesetzt, so kann die Baurechtsbehörde die Baustelle versiegeln und die an der Baustelle vorhandenen Baustoffe, Bauteile, Baugeräte, Baumaschinen und Bauhilfsmittel in amtlichen Gewahrsam nehmen.

| LBO 2023 | §§ 65–67 | LBO 2025 |

§ 65 Abbruchsanordnung und Nutzungsuntersagung

(1) Der teilweise oder vollständige Abbruch einer Anlage, die im Widerspruch zu öffentlich-rechtlichen Vorschriften errichtet wurde, kann angeordnet werden, wenn nicht auf andere Weise rechtmäßige Zustände hergestellt werden können. Werden Anlagen im Widerspruch zu öffentlich-rechtlichen Vorschriften genutzt, so kann diese Nutzung untersagt werden.

(2) Soweit bauliche Anlagen nicht genutzt werden und im Verfall begriffen sind, kann die Baurechtsbehörde die Grundstückseigentümer und Erbbauberechtigten verpflichten, die Anlage abzubrechen oder zu beseitigen; die Bestimmungen des Denkmalschutzgesetzes bleiben unberührt.

§ 66 Bauüberwachung

(1) Die Baurechtsbehörde kann die Ordnungsmäßigkeit der Bauausführung und die ordnungsgemäße Erfüllung der Pflichten der am Bau Beteiligten nach den §§ 42 bis 45 überprüfen. Sie kann verlangen, dass Beginn und Beendigung bestimmter Bauarbeiten angezeigt werden.

(2) Die Ordnungsmäßigkeit der Bauausführung umfasst auch die Tauglichkeit der Gerüste und Absteifungen sowie die Bestimmungen zum Schutze der allgemeinen Sicherheit. Die Baurechtsbehörde und die von ihr Beauftragten können Proben von Bauprodukten, soweit erforderlich auch aus fertigen Bauteilen, entnehmen und prüfen oder prüfen lassen.

(3) Den mit der Überwachung beauftragten Personen ist jederzeit Zutritt zu Baustellen und Betriebsstätten sowie Einblick in Genehmigungen und Zulassungen, Prüfzeugnisse, Übereinstimmungserklärungen, Übereinstimmungszertifikate, Überwachungsnachweise, Zeugnisse und Aufzeichnungen über die Prüfung von Bauprodukten, in die CE-Kennzeichnungen und Leistungserklärungen nach der Verordnung (EU) Nr. 305/2011, in die Bautagebücher und andere vorgeschriebene Aufzeichnungen zu gewähren. Der Bauherr hat die für die Überwachung erforderlichen Arbeitskräfte und Geräte zur Verfügung zu stellen.

(4) Die Baurechtsbehörde kann einen Nachweis darüber verlangen, dass die Grundflächen, Abstände und Höhenlagen der Gebäude eingehalten sind.

(5) Die Baurechtsbehörde soll, soweit sie im Rahmen der Bauüberwachung Erkenntnisse über systematische Rechtsverstöße gegen die Verordnung (EU) Nr. 305/2011 erlangt, diese der für die Marktüberwachung zuständigen Stelle mitteilen.

(Die Regelung war bisher § 63.)   **(6) Sind Bauprodukte entgegen § 21 mit dem Ü-Kennzeichen gekennzeichnet, so kann die Baurechtsbehörde die Verwendung dieser Bauprodukte untersagen und deren Kennzeichnung entwerten oder beseitigen lassen.**

§ 67 Bauabnahmen, Inbetriebnahme der Feuerungsanlagen

(1) Soweit es bei genehmigungspflichtigen Vorhaben zur Wirksamkeit der Bauüberwachung erforderlich ist, kann in der Baugenehmigung oder der Teilbaugenehmigung, aber auch noch während der Bauausführung die Abnahme

| LBO 2023 | § 68 | LBO 2025 |

1. bestimmter Bauteile oder Bauarbeiten und
2. der baulichen Anlage nach ihrer Fertigstellung vorgeschrieben werden.

(2) Schreibt die Baurechtsbehörde eine Abnahme vor, hat der Bauherr rechtzeitig elektronisch in Textform mitzuteilen, wann die Voraussetzungen für die Abnahme gegeben sind. Der Bauherr oder die Unternehmer haben auf Verlangen die für die Abnahmen erforderlichen Arbeitskräfte und Geräte zur Verfügung zu stellen.

(3) Bei Beanstandungen kann die Abnahme abgelehnt werden. Über die Abnahme stellt die Baurechtsbehörde auf Verlangen des Bauherrn eine Bescheinigung aus (Abnahmeschein).

(4) Die Baurechtsbehörde kann verlangen, dass bestimmte Bauarbeiten erst nach einer Abnahme durchgeführt oder fortgesetzt werden. Sie kann aus den Gründen des § 3 Abs. 1 auch verlangen, dass eine bauliche Anlage erst nach einer Abnahme in Gebrauch genommen wird.

(5) Bei genehmigungspflichtigen und bei kenntnisgabepflichtigen Vorhaben dürfen die Feuerungsanlagen erst in Betrieb genommen werden, wenn der bevollmächtigte Bezirksschornsteinfeger die Brandsicherheit und die sichere Abführung der Verbrennungsgase bescheinigt hat. Satz 1 gilt für ortsfeste Blockheizkraftwerke und Verbrennungsmotoren in Gebäuden entsprechend.

§ 68 Typenprüfung	§ 68 Typengenehmigung, Typenprüfung
(1) Für bauliche Anlagen oder Teile baulicher Anlagen, die in derselben Ausführung an mehreren Stellen errichtet oder verwendet werden sollen, können die Nachweise der Standsicherheit, des Schallschutzes oder der Feuerwiderstandsdauer der Bauteile allgemein geprüft werden (Typenprüfung). Eine Typenprüfung kann auch erteilt werden für bauliche Anlagen, die in unterschiedlicher Ausführung, aber nach einem bestimmten System und aus bestimmten Bauteilen an mehreren Stellen errichtet werden sollen; in der Typenprüfung ist die zulässige Veränderbarkeit festzulegen.	**(1)** Für bauliche Anlagen oder Teile von baulichen Anlagen, die in derselben Ausführung an mehreren Stellen errichtet werden sollen, wird auf Antrag durch die höhere Baurechtsbehörde eine Typengenehmigung erteilt, wenn die baulichen Anlagen oder Teile von baulichen Anlagen den Anforderungen nach diesem Gesetz oder aufgrund dieses Gesetzes erlassenen Vorschriften entsprechen. Eine Typengenehmigung kann auch für bauliche Anlagen erteilt werden, die in unterschiedlicher Ausführung, aber nach einem bestimmten System und aus bestimmten Bauteilen an mehreren Stellen errichtet werden sollen; in der Typengenehmigung ist die zulässige Veränderbarkeit festzulegen. Für Fliegende Bauten wird eine Typengenehmigung nicht erteilt.
(2) Die Typenprüfung wird auf elektronisch in Textform gestellten Antrag von einem Prüfamt für Baustatik durchgeführt. Soweit die Typenprüfung ergibt, dass die Ausführung den öffentlich-rechtlichen Vorschriften entspricht, ist dies durch Bescheid festzustellen. Die	**(2)** Die höhere Baurechtsbehörde kann die Prüfung der Nachweise der Standsicherheit, des Schallschutzes oder der Feuerwiderstandsdauer der Bauteile (bautechnische Prüfung) ganz oder teilweise einem Prüfamt für Baustatik übertragen.

| LBO 2023 | § 69 | LBO 2025 |

Typenprüfung darf nur widerruflich und für eine Frist von bis zu fünf Jahren erteilt oder verlängert werden. § 62 Abs. 2 Satz 2 gilt entsprechend.

(3) Die in der Typenprüfung entschiedenen Fragen werden von der Baurechtsbehörde nicht mehr geprüft.

(3) Auf Antrag bei einem Prüfamt für Baustatik kann dieses durch Bescheid feststellen, dass die Nachweise im Umfang der bautechnischen Prüfung nach Absatz 2 den öffentlich-rechtlichen Vorschriften entsprechen (Typenprüfung). Die Typenprüfung darf nur widerruflich erteilt oder verlängert werden; die Absätze 4 bis 6 gelten insoweit entsprechend.

(4) Die Typengenehmigung gilt fünf Jahre. Die Frist kann auf Antrag jeweils bis zu fünf Jahre verlängert werden; § 62 Absatz 2 Satz 2 gilt entsprechend.

(4) Typenprüfungen anderer Bundesländer gelten auch in Baden-Württemberg.

(5) Typengenehmigungen anderer Bundesländer gelten auch in Baden-Württemberg.

(6) Eine Typengenehmigung entbindet nicht von der Verpflichtung, ein bauaufsichtliches Verfahren durchzuführen. Die in der Typengenehmigung entschiedenen Fragen sind von der Baurechtsbehörde nicht mehr zu prüfen.

§ 69 Fliegende Bauten

(1) Fliegende Bauten sind bauliche Anlagen, die geeignet und bestimmt sind, an verschiedenen Orten wiederholt aufgestellt und abgebaut zu werden. Baustelleneinrichtungen und Baugerüste gelten nicht als Fliegende Bauten.

(2) Fliegende Bauten bedürfen, bevor sie erstmals aufgestellt und in Gebrauch genommen werden, einer Ausführungsgenehmigung. Dies gilt nicht für unbedeutende Fliegende Bauten, an die besondere Sicherheitsanforderungen nicht gestellt werden, sowie für Fliegende Bauten, die der Landesverteidigung dienen.

(3) Zuständig für die Erteilung der Ausführungsgenehmigung ist die von der obersten Baurechtsbehörde in einer Rechtsverordnung nach § 73 Absatz 8 Nummer 1 bestimmte Stelle.

(4) Die Ausführungsgenehmigung wird für eine bestimmte Frist erteilt, die fünf Jahre nicht überschreiten soll. Sie kann auf elektronisch in Textform gestellten Antrag jeweils bis zu fünf Jahren verlängert werden. § 62 Abs. 2 Satz 2 gilt entsprechend. Die Ausführungsgenehmigung und deren Verlängerung werden in ein Prüfbuch eingetragen, dem eine Ausfertigung der mit Genehmigungsvermerk versehenen Bauvorlagen beizufügen ist.

(5) Der Inhaber der Ausführungsgenehmigung hat den Wechsel seines Wohn-

(5) Der Inhaber der Ausführungsgenehmigung hat den Wechsel seines Wohn-

LBO 2023	LBO 2025
sitzes oder seiner gewerblichen Niederlassung oder die Übertragung eines Fliegenden Baues an Dritte der *Behörde, die die Ausführungsgenehmigung erteilt hat,* anzuzeigen. Diese hat die Änderungen in das Prüfbuch einzutragen und sie, wenn mit den Änderungen ein Wechsel der Zuständigkeit verbunden ist, der nunmehr zuständigen Behörde mitzuteilen.	sitzes oder seiner gewerblichen Niederlassung oder die Übertragung eines Fliegenden Baues an Dritte der **zuletzt für die Ausführungsgenehmigung zuständigen Behörde unverzüglich** anzuzeigen. Diese hat die Änderungen in das Prüfbuch einzutragen und sie, wenn mit den Änderungen ein Wechsel der Zuständigkeit verbunden ist, der nunmehr zuständigen Behörde mitzuteilen.
(6) Fliegende Bauten, die nach Absatz 2 einer Ausführungsgenehmigung bedürfen, dürfen unbeschadet anderer Vorschriften nur in Gebrauch genommen werden, wenn ihre Aufstellung der Baurechtsbehörde des Aufstellungsortes unter Vorlage des Prüfbuches angezeigt ist. Die Baurechtsbehörde kann die Inbetriebnahme von einer Gebrauchsabnahme abhängig machen. Das Ergebnis der *Abnahme* ist in das Prüfbuch einzutragen. *Wenn eine Gefährdung im Sinne des § 3 Abs. 1 nicht zu erwarten ist, kann in der Ausführungsgenehmigung bestimmt werden, dass Anzeigen nach Satz 1 nicht erforderlich sind.*	(6) Fliegende Bauten, die nach Absatz 2 einer Ausführungsgenehmigung bedürfen, dürfen unbeschadet anderer Vorschriften nur in Gebrauch genommen werden, wenn ihre Aufstellung der Baurechtsbehörde des Aufstellungsortes **rechtzeitig** unter Vorlage des Prüfbuches **oder unter Angabe der wesentlichen Daten des Fliegenden Baus, insbesondere Angaben zu der Art des Fliegenden Baus, den Größenabmessungen (Grundfläche, Höhe), der Geltungsdauer der Ausführungsgenehmigung und den Nebenbestimmungen, der geplanten Betriebszeit und dem Betreiber, in Textform** angezeigt ist. Die Baurechtsbehörde kann die Inbetriebnahme von einer Gebrauchsabnahme abhängig machen. Das Ergebnis der **Gebrauchsabnahme oder der Verzicht darauf** ist in das Prüfbuch einzutragen.

(7) Die für die Gebrauchsabnahme zuständige Baurechtsbehörde kann Auflagen machen oder die Aufstellung oder den Gebrauch Fliegender Bauten untersagen, soweit dies nach den örtlichen Verhältnissen oder zur Abwehr von Gefahren erforderlich ist, insbesondere weil
1. die Betriebs- oder Standsicherheit nicht gewährleistet ist,
2. von der Ausführungsgenehmigung abgewichen wird oder
3. die Ausführungsgenehmigung abgelaufen ist.
Wird die Aufstellung oder der Gebrauch wegen Mängeln am Fliegenden Bau untersagt, so ist dies in das Prüfbuch einzutragen; ist die Beseitigung der Mängel innerhalb angemessener Frist nicht zu erwarten, so ist das Prüfbuch einzuziehen und der für die Erteilung der Ausführungsgenehmigung zuständigen Behörde zuzuleiten.

(8) Bei Fliegenden Bauten, die längere Zeit an einem Aufstellungsort betrieben werden, kann die für die Gebrauchsabnahme zuständige Baurechtsbehörde Nachabnahmen durchführen. Das Ergebnis der Nachabnahmen ist in das Prüfbuch einzutragen.

(9) § 47 Abs. 2, § 53 Absätze 1 bis 4 sowie § 54 Abs. 1 gelten entsprechend.

(10) Ausführungsgenehmigungen anderer Bundesländer gelten auch in Baden-Württemberg.

LBO 2023	LBO 2025

§ 70 Zustimmungsverfahren, Vorhaben der Landesverteidigung

(1) An die Stelle der Baugenehmigung tritt die Zustimmung, wenn
1. der Bund, ein Land, eine andere Gebietskörperschaft des öffentlichen Rechts oder eine Kirche Bauherr ist und
2. der Bauherr die Leitung der Entwurfsarbeiten und die Bauüberwachung geeigneten Fachkräften seiner Baubehörde übertragen hat.

Dies gilt entsprechend für Vorhaben Dritter, die in Erfüllung einer staatlichen Baupflicht vom Land durchgeführt werden.

LBO 2023	LBO 2025
(2) Der Antrag auf Zustimmung ist bei der unteren Baurechtsbehörde einzureichen. Hinsichtlich des Prüfungsumfangs gilt § 52 Abs. 2, § 52 Abs. 3, § 53 Absätze 1 bis 4, § 54 Abs. 1 und 4, § 55 Absatz 1, 2 und 4, §§ 56, 58, 59 Abs. 1 bis 3, §§ 61, 62, 64, 65 sowie § 67 Abs. 5 gelten entsprechend. Die Fachkräfte nach Absatz 1 Satz 1 Nr. 2 sind der Baurechtsbehörde zu benennen. Die bautechnische Prüfung sowie Bauüberwachung und Bauabnahmen finden nicht statt.	(2) Der Antrag auf Zustimmung ist bei der unteren Baurechtsbehörde einzureichen. Hinsichtlich des Prüfungsumfangs gilt § 52 **Absatz** 2, § 52 **Absatz** 3, § 53 **Absatz** 1 bis 4, § 54 Absatz 1 und 4, § 55 Absatz 1, 2 und 4, **§ 56, § 58, § 59 Absatz** 1 bis 3, **§ 61, § 62, § 64, § 65** sowie § 67 **Absatz** 5 gelten entsprechend. Die Fachkräfte nach Absatz 1 Satz 1 Nummer 2 sind der Baurechtsbehörde zu benennen. Die bautechnische Prüfung sowie Bauüberwachung und Bauabnahmen finden nicht statt.

(3) Vorhaben, die der Landesverteidigung dienen, bedürfen weder einer Baugenehmigung noch einer Kenntnisgabe nach § 51 noch einer Zustimmung nach Absatz 1. Sie sind statt dessen der höheren Baurechtsbehörde vor Baubeginn in geeigneter Weise zur Kenntnis zu bringen.

(4) Der Bauherr ist dafür verantwortlich, dass Entwurf und Ausführung von Vorhaben nach den Absätzen 1 und 3 den öffentlich-rechtlichen Vorschriften entsprechen.

§ 71 Übernahme von Baulasten

(1) Durch Erklärung gegenüber der Baurechtsbehörde können Grundstückseigentümer öffentlich-rechtliche Verpflichtungen zu einem ihre Grundstücke betreffenden Tun, Dulden oder Unterlassen übernehmen, die sich nicht schon aus öffentlich-rechtlichen Vorschriften ergeben (Baulasten). Sie sind auch gegenüber dem Rechtsnachfolger wirksam.

(2) Die Erklärung nach Absatz 1 muss vor der Baurechtsbehörde oder vor der Gemeindebehörde abgegeben oder anerkannt werden; sie kann auch in öffentlich beglaubigter Form einer dieser Behörden vorgelegt werden.

LBO 2023	LBO 2025
(3) Die Baulast erlischt durch *schriftlichen* Verzicht der Baurechtsbehörde. Der Verzicht ist zu erklären, wenn ein öffentliches Interesse an der Baulast nicht mehr besteht. Vor dem Verzicht sollen der Verpflichtete und die durch die Baulast Begünstigten gehört werden.	(3) Die Baulast erlischt durch **in Textform erklärten** Verzicht der Baurechtsbehörde. Der Verzicht ist zu erklären, wenn ein öffentliches Interesse an der Baulast nicht mehr besteht. Vor dem Verzicht sollen der Verpflichtete und die durch die Baulast Begünstigten gehört werden.

§ 72 Baulastenverzeichnis

(1) Die Baulasten sind auf Anordnung der Baurechtsbehörde in ein Verzeichnis einzutragen (Baulastenverzeichnis).

(2) In das Baulastenverzeichnis sind auch einzutragen, soweit ein öffentliches Interesse an der Eintragung besteht,
1. andere baurechtliche, altlastenrechtliche oder bodenschutzrechtliche Verpflichtungen des Grundstückseigentümers zu einem sein Grundstück betreffenden Tun, Dulden oder Unterlassen,
2. Bedingungen, Befristungen und Widerrufsvorbehalte.

(3) Das Baulastenverzeichnis wird von der Gemeinde geführt.

(4) Wer ein berechtigtes Interesse darlegt, kann in das Baulastenverzeichnis Einsicht nehmen und sich Abschriften erteilen lassen.

Neunter Teil Rechtsvorschriften, Ordnungswidrigkeiten, Übergangs- und Schlussvorschriften

§ 73 Rechtsverordnungen

(1) Zur Verwirklichung der in § 3 Absatz 1 Satz 1, § 16a Absatz 1 und § 16b Absatz 1 bezeichneten Anforderungen wird die oberste Baurechtsbehörde ermächtigt, durch Rechtsverordnung Vorschriften zu erlassen über
1. die nähere Bestimmung allgemeiner Anforderungen in den §§ 4 bis 37,
2. besondere Anforderungen oder Erleichterungen, die sich aus der besonderen Art oder Nutzung der baulichen Anlagen und Räume nach § 38 für ihre Errichtung, Unterhaltung und Nutzung ergeben, sowie über die Anwendung solcher Anforderungen auf bestehende bauliche Anlagen dieser Art,
3. eine von Zeit zu Zeit zu wiederholende Nachprüfung von Anlagen, die zur Verhütung erheblicher Gefahren oder Nachteile ständig ordnungsgemäß unterhalten werden müssen, und die Erstreckung dieser Nachprüfungspflicht auf bestehende Anlagen,
4. die Anwesenheit fachkundiger Personen beim Betrieb technisch schwieriger baulicher Anlagen und Einrichtungen, wie Bühnenbetriebe und technisch schwierige Fliegende Bauten,
5. den Nachweis der Befähigung der in Nummer 4 genannten Personen,
6. die Förderung der Elektromobilität.

(2) Die oberste Baurechtsbehörde wird ermächtigt, zum baurechtlichen Verfahren durch Rechtsverordnung Vorschriften zu erlassen über
1. Art, Inhalt, Beschaffenheit und Zahl der Bauvorlagen, dabei kann festgelegt werden, dass bestimmte Bauvorlagen von Sachverständigen oder sachverständigen Stellen zu verfassen sind,
2. die erforderlichen Anträge, Anzeigen, Nachweise und Bescheinigungen,
3. das Verfahren im Einzelnen.
Sie kann dabei für verschiedene Arten von Bauvorhaben unterschiedliche Anforderungen und Verfahren festlegen.

(3) Die oberste Baurechtsbehörde wird ermächtigt, durch Rechtsverordnung vorzuschreiben, dass die am Bau Beteiligten (§§ 42 bis 45) zum Nachweis der ordnungsgemäßen Bauausführung Bescheinigungen, Bestätigungen oder Nachweise des Entwurfsverfassers, der Unternehmer, des Bauleiters, von Sachverständigen, Fachplanern oder Behörden über die Einhaltung baurechtlicher Anforderungen vorzulegen haben.

(4) Die Landesregierung wird ermächtigt, zur Vereinfachung, Erleichterung oder Beschleunigung der baurechtlichen Verfahren oder zur Entlastung der Baurechtsbehörde durch Rechtsverordnung Vorschriften zu erlassen über
1. den vollständigen oder teilweisen Wegfall der Prüfung öffentlich-rechtlicher Vorschriften über die technische Beschaffenheit bei bestimmten Arten von Bauvorhaben,
2. die Heranziehung von Sachverständigen oder sachverständigen Stellen,
3. die Übertragung von Prüfaufgaben im Rahmen des baurechtlichen Verfahrens einschließlich der Bauüberwachung und Bauabnahmen sowie die Übertragung sonstiger, der Vorbereitung baurechtlicher Entscheidungen dienenden Aufgaben und Befugnisse der Baurechtsbehörde auf Sachverständige oder sachverständige Stellen.

Sie kann dafür bestimmte Voraussetzungen festlegen, die die Verantwortlichen nach § 43 zu erfüllen haben.

(5) Die oberste Baurechtsbehörde kann durch Rechtsverordnung für Sachverständige, die nach diesem Gesetz oder nach Vorschriften auf Grund dieses Gesetzes tätig werden,
1. eine bestimmte Ausbildung, Sachkunde oder Erfahrung vorschreiben,
2. die Befugnisse und Pflichten bestimmen,
3. eine besondere Anerkennung vorschreiben,
4. die Zuständigkeit, das Verfahren und die Voraussetzungen für die Anerkennung, ihren Widerruf, ihre Rücknahme und ihr Erlöschen sowie die Vergütung der Sachverständigen regeln.

(6) Die oberste Baurechtsbehörde wird ermächtigt, durch Rechtsverordnung die Befugnisse auf andere als in diesen Vorschriften aufgeführte Behörden zu übertragen für
1. die Zuständigkeit für die vorhabenbezogene Bauartgenehmigung nach § 16a Absatz 2 Satz 1 Nummer 2 und den Verzicht darauf im Einzelfall nach § 16a Absatz 4 sowie die Entscheidungen über Zustimmungen im Einzelfall (§ 20),
2. die Anerkennung von Prüf-, Zertifizierungs- und Überwachungsstellen (§ 24).

Die Befugnis nach Nummer 2 kann auch auf eine Behörde eines anderen Landes übertragen werden, die der Aufsicht einer obersten Baurechtsbehörde untersteht oder an deren Willensbildung die oberste Baurechtsbehörde mitwirkt.

(7) Die oberste Baurechtsbehörde kann durch Rechtsverordnung
1. das Ü-Zeichen festlegen und zu diesem Zeichen zusätzliche Angaben verlangen,
2. das Anerkennungsverfahren nach § 24, die Voraussetzungen für die Anerkennung, ihren Widerruf und ihr Erlöschen regeln, insbesondere auch Altersgrenzen festlegen, sowie eine ausreichende Haftpflichtversicherung fordern.

(7a) Die oberste Baurechtsbehörde kann durch Rechtsverordnung vorschreiben, dass für bestimmte Bauprodukte und Bauarten, auch soweit sie Anforderungen nach anderen Rechtsvorschriften unterliegen, hinsichtlich dieser Anforderungen § 16a Absatz 2 und §§ 17 bis 25 ganz oder teilweise anwendbar sind, wenn die anderen Rechtsvorschriften dies verlangen oder zulassen.

(8) Die oberste Baurechtsbehörde wird ermächtigt, durch Rechtsverordnung zu bestimmen, dass
1. Ausführungsgenehmigungen für Fliegende Bauten nur durch bestimmte Behörden oder durch von ihr bestimmte Stellen erteilt und die in § 69 Abs. 6 bis 8 genannten Aufgaben der Baurechtsbehörde durch andere Behörden oder Stellen wahrgenommen werden; dabei kann die Vergütung dieser Stellen geregelt werden,

2. die Anforderungen der auf Grund des § 34 des Produktsicherheitsgesetzes und des § 49 Abs. 4 des Energiewirtschaftgesetzes erlassenen Rechtsverordnungen entsprechend für Anlagen gelten, die nicht gewerblichen Zwecken dienen und nicht im Rahmen wirtschaftlicher Unternehmungen Verwendung finden; sie kann auch die Verfahrensvorschriften dieser Verordnungen für anwendbar erklären oder selbst das Verfahren bestimmen sowie Zuständigkeiten und Gebühren regeln; dabei kann sie auch vorschreiben, dass danach zu erteilende Erlaubnisse die Baugenehmigung oder die Zustimmung nach § 70 einschließlich der zugehörigen Abweichungen, Ausnahmen und Befreiungen einschließen, sowie dass § 35 Absatz 2 des Produktsicherheitsgesetzes insoweit Anwendung findet.

§ 73a Technische Baubestimmungen

(1) Die Anforderungen nach § 3 Absatz 1 Satz 1 können durch Technische Baubestimmungen konkretisiert werden. Die Technischen Baubestimmungen sind zu beachten. Von den in den Technischen Baubestimmungen enthaltenen Planungs-, Bemessungs- und Ausführungsregelungen kann abgewichen werden, wenn mit einer anderen Lösung in gleichem Maße die Anforderungen erfüllt werden und in der Technischen Baubestimmung eine Abweichung nicht ausgeschlossen ist; § 16a Absatz 2 und § 17 Absatz 1 bleiben unberührt.

(2) Die Konkretisierungen können durch Bezugnahmen auf technische Regeln und deren Fundstellen oder auf andere Weise erfolgen, insbesondere in Bezug auf:
1. bestimmte bauliche Anlagen oder ihre Teile,
2. die Planung, Bemessung und Ausführung baulicher Anlagen und ihrer Teile,
3. die Leistung von Bauprodukten in bestimmten baulichen Anlagen oder ihren Teilen, insbesondere
   a) Planung, Bemessung und Ausführung baulicher Anlagen bei Einbau eines Bauprodukts,
   b) Merkmale von Bauprodukten, die sich für einen Verwendungszweck auf die Erfüllung der Anforderungen nach § 3 Absatz 1 Satz 1 auswirken,
   c) Verfahren für die Feststellung der Leistung eines Bauproduktes im Hinblick auf Merkmale, die sich für einen Verwendungszweck auf die Erfüllung der Anforderungen nach § 3 Absatz 1 Satz 1 auswirken,
   d) zulässige oder unzulässige besondere Verwendungszwecke,
   e) die Festlegung von Klassen und Stufen in Bezug auf bestimmte Verwendungszwecke,
   f) die für einen bestimmten Verwendungszweck anzugebende oder erforderliche und anzugebende Leistung in Bezug auf ein Merkmal, das sich für einen Verwendungszweck auf die Erfüllung der Anforderungen nach § 3 Absatz 1 Satz 1 auswirkt, soweit vorgesehen in Klassen und Stufen,
4. die Bauarten und die Bauprodukte, die nur eines allgemeinen bauaufsichtlichen Prüfzeugnisses nach § 16a Absatz 3 oder § 19 Absatz 1 bedürfen,
5. Voraussetzungen zur Abgabe der Übereinstimmungserklärung für ein Bauprodukt nach § 22,
6. die Art, den Inhalt und die Form technischer Dokumentation.

(3) Die Technischen Baubestimmungen sollen nach den Grundanforderungen gemäß Anhang I der Verordnung (EU) Nr. 305/2011 gegliedert sein.

(4) Die Technischen Baubestimmungen enthalten die in § 17 Absatz 3 genannte Liste.

(5) Die oberste Baurechtsbehörde macht nach Anhörung der beteiligten Kreise zur Durchführung dieses Gesetzes und der auf Grund dieses Gesetzes erlassenen

LBO 2023	§ 74	LBO 2025

Rechtsverordnungen die Technischen Baubestimmungen nach Absatz 1 als Verwaltungsvorschrift bekannt. Soweit diese Technischen Baubestimmungen einem vom Deutschen Institut für Bautechnik im Einvernehmen mit den obersten Bauaufsichtsbehörden der Länder veröffentlichten Muster einer Verwaltungsvorschrift über Technische Baubestimmungen entsprechen und zu diesem Muster bereits eine Anhörung der beteiligten Kreise durch das Deutsche Institut für Bautechnik erfolgt ist, ist eine Anhörung nach Satz 1 entbehrlich.

§ 74 Örtliche Bauvorschriften

(1) Zur Durchführung baugestalterischer Absichten, zur Erhaltung schützenswerter Bauteile, zum Schutz bestimmter Bauten, Straßen, Plätze oder Ortsteile von geschichtlicher, künstlerischer oder städtebaulicher Bedeutung sowie zum Schutz von Kultur- und Naturdenkmalen können die Gemeinden im Rahmen dieses Gesetzes in bestimmten bebauten oder unbebauten Teilen des Gemeindegebiets durch Satzung örtliche Bauvorschriften erlassen über
1. Anforderungen an die äußere Gestaltung baulicher Anlagen einschließlich Regelungen über Gebäudehöhen und -tiefen sowie über die Begrünung,
2. Anforderungen an Werbeanlagen und Automaten; dabei können sich die Vorschriften auch auf deren Art, Größe, Farbe und Anbringungsort sowie auf den Ausschluss bestimmter Werbeanlagen und Automaten beziehen,
3. Anforderungen an die Gestaltung, Bepflanzung und Nutzung der unbebauten Flächen der bebauten Grundstücke und an die Gestaltung der Plätze für bewegliche Abfallbehälter sowie über Notwendigkeit oder Zulässigkeit und über Art, Gestaltung und Höhe von Einfriedungen,
4. die Beschränkung oder den Ausschluss der Verwendung von Außenantennen,
5. die Unzulässigkeit von Niederspannungsfreileitungen in neuen Baugebieten und Sanierungsgebieten,
6. das Erfordernis einer Kenntnisgabe für Vorhaben, die nach § 50 verfahrensfrei sind,

(1) Zur Durchführung baugestalterischer Absichten, zur Erhaltung schützenswerter Bauteile, zum Schutz bestimmter Bauten, Straßen, Plätze oder Ortsteile von geschichtlicher, künstlerischer oder städtebaulicher Bedeutung sowie zum Schutz von Kultur- und Naturdenkmalen können die Gemeinden im Rahmen dieses Gesetzes in bestimmten bebauten oder unbebauten Teilen des Gemeindegebiets durch Satzung örtliche Bauvorschriften erlassen über
1. Anforderungen an die äußere Gestaltung baulicher Anlagen einschließlich Regelungen über Gebäudehöhen und -tiefen sowie über die Begrünung,
2. Anforderungen an Werbeanlagen und Automaten; dabei können sich die Vorschriften auch auf deren Art, Größe, Farbe und Anbringungsort sowie auf den Ausschluss bestimmter Werbeanlagen und Automaten beziehen,
3. Anforderungen an die Gestaltung, Bepflanzung und Nutzung der unbebauten Flächen der bebauten Grundstücke und an die Gestaltung der Plätze für bewegliche Abfallbehälter sowie über Notwendigkeit oder Zulässigkeit und über Art, Gestaltung und Höhe von Einfriedungen,
4. die Beschränkung oder den Ausschluss der Verwendung von Außenantennen,
5. die Unzulässigkeit von Niederspannungsfreileitungen in neuen Baugebieten und Sanierungsgebieten,
6. das Erfordernis einer Kenntnisgabe für Vorhaben, die nach § 50 verfahrensfrei sind,

LBO 2023	§ 74	LBO 2025
7. andere als die in § 5 Abs. 7 vorgeschriebenen Maße. Die Gemeinden können solche Vorschriften auch erlassen, soweit dies zur Verwirklichung der Festsetzungen einer städtebaulichen Satzung erforderlich ist und eine ausreichende Belichtung gewährleistet ist. Sie können zudem regeln, dass § 5 Abs. 7 keine Anwendung findet, wenn durch die Festsetzungen einer städtebaulichen Satzung Außenwände zugelassen oder vorgeschrieben werden, vor denen Abstandsflächen größerer oder geringerer Tiefe als nach diesen Vorschriften liegen müssten. Anforderungen nach Satz 1 *Nummer 1* sind *grundsätzlich* nur zulässig, wenn sie gleichzeitig die Nutzung erneuerbarer Energien zulassen.		7. andere als die in § 5 Abs. 7 vorgeschriebenen Maße. Die Gemeinden können solche Vorschriften auch erlassen, soweit dies zur Verwirklichung der Festsetzungen einer städtebaulichen Satzung erforderlich ist und eine ausreichende Belichtung gewährleistet ist. Sie können zudem regeln, dass § 5 Abs. 7 keine Anwendung findet, wenn durch die Festsetzungen einer städtebaulichen Satzung Außenwände zugelassen oder vorgeschrieben werden, vor denen Abstandsflächen größerer oder geringerer Tiefe als nach diesen Vorschriften liegen müssten. Anforderungen nach Satz 1 **Nummer 1 und 3** sind nur zulässig, wenn sie gleichzeitig die Nutzung erneuerbarer Energien zulassen. **Anforderungen in bereits bestehenden Satzungen, die dem Satz 2 widersprechende Anforderungen enthalten, werden unwirksam.**

(2) Soweit Gründe des Verkehrs oder städtebauliche Gründe oder Gründe sparsamer Flächennutzung dies rechtfertigen, können die Gemeinden für das Gemeindegebiet oder für genau abgegrenzte Teile des Gemeindegebiets durch Satzung bestimmen, dass
1. die Stellplatzverpflichtung (§ 37 Abs. 1) eingeschränkt wird,
2. die Stellplatzverpflichtung für Wohnungen (§ 37 Abs. 1) auf bis zu zwei Stellplätze erhöht wird; für diese Stellplätze gilt § 37 entsprechend,
3. die Herstellung von Stellplätzen und Garagen eingeschränkt oder untersagt wird,
4. Stellplätze und Garagen auf anderen Grundstücken als dem Baugrundstück herzustellen sind,
5. Stellplätze und Garagen nur in einer platzsparenden Bauart hergestellt werden dürfen, zum Beispiel mehrgeschossig, als kraftbetriebene Hebebühnen oder als automatische Garagen,
6. Abstellplätze für Fahrräder in ausreichender Zahl und geeigneter Beschaffenheit herzustellen sind.

(3) Die Gemeinden können durch Satzung für das Gemeindegebiet oder genau abgegrenzte Teile des Gemeindegebiets bestimmen, dass
1. zur Vermeidung von überschüssigem Bodenaushub die Höhenlage der Grundstücke erhalten oder verändert wird,
2. Anlagen zum Sammeln, Verwenden oder Versickern von Niederschlagswasser oder zum Verwenden von Brauchwasser herzustellen sind, um die Abwasseranlagen zu entlasten, Überschwemmungsgefahren zu vermeiden und den Wasserhaushalt zu schonen, soweit gesundheitliche oder wasserwirtschaftliche Belange nicht beeinträchtigt werden.

(4) Durch Satzung können die Gemeinden für das Gemeindegebiet oder genau abgegrenzte Teile des Gemeindegebiets bestimmen, dass
1. für bestehende Gebäude Kinderspielplätze nach § 9 Absatz 2 Satz 1 anzulegen sind, wenn hierfür geeignete nichtüberbaute Flächen auf dem Grundstück vor-

| LBO 2023 | § 75 | LBO 2025 |

handen sind oder ohne wesentliche Änderung oder Abbruch baulicher Anlagen geschaffen werden können,
2. eine von § 9 Absatz 2 Satz 1 abweichende Wohnungszahl gilt.

(5) Anforderungen nach den Absätzen 1 bis 3 können in den örtlichen Bauvorschriften auch in Form zeichnerischer Darstellungen gestellt werden.

(6) Die örtlichen Bauvorschriften werden nach den entsprechend geltenden Vorschriften des § 1 Abs. 3 Satz 2 und Abs. 8, § 3 Abs. 2, des § 4 Abs. 2, des § 9 Abs. 7 und des § 13 BauGB erlassen. § 10 Abs. 3 BauGB gilt entsprechend mit der Maßgabe, dass die Gemeinde in der Satzung auch einen späteren Zeitpunkt für das Inkrafttreten bestimmen kann.

(7) Werden örtliche Bauvorschriften zusammen mit einem Bebauungsplan oder einer anderen städtebaulichen Satzung nach dem Baugesetzbuch beschlossen, richtet sich das Verfahren für ihren Erlass in vollem Umfang nach den für den Bebauungsplan oder die sonstige städtebauliche Satzung geltenden Vorschriften. Dies gilt für die Änderung, Ergänzung und Aufhebung entsprechend.

§ 75 Ordnungswidrigkeiten

LBO 2023	LBO 2025
(1) Ordnungswidrig handelt, wer vorsätzlich oder fahrlässig 1. entgegen § 8 Absatz 2 Satz 1 die geplante Teilung eines Grundstücks nicht anzeigt, *(Die neue Nummer 2 entspricht dem bisherigen § 19 LBOAVO.)*	(1) Ordnungswidrig handelt, wer vorsätzlich oder fahrlässig 1. entgegen § 8 Absatz 2 Satz 1 die geplante Teilung eines Grundstücks nicht anzeigt, 2. **entgegen § 15 Absatz 6 Satz 3, 4, 8 oder 9 Zu- oder Durchgänge oder Zu- oder Durchfahrten für die Feuerwehr durch Einbauten einengt oder entgegen § 15 Absatz 7 die Zu- oder Durchfahrten, Aufstellflächen oder Bewegungsflächen für die Feuerwehr nicht freihält,**
2. Bauprodukte entgegen § 21 Absatz 3 ohne das Ü-Zeichen verwendet, 3. Bauarten entgegen § 16a ohne Bauartgenehmigung oder allgemeines bauaufsichtliches Prüfzeugnis für Bauarten anwendet, 4. Bauprodukte mit dem Ü-Zeichen kennzeichnet, ohne dass dafür die Voraussetzungen nach § 21 Absatz 3 vorliegen, 5. als Bauherr entgegen § 42 Absatz 1 Satz 3 die erforderlichen Nachweise und Unterlagen zu den verwendeten Bauprodukten und den angewandten Bauarten nicht bereithält oder entgegen § 42 Abs. 2 Satz 3 kenntnisgabepflichtige Abbrucharbeiten ausführt oder ausführen lässt,	3. Bauprodukte entgegen § 21 Absatz 3 ohne das Ü-Zeichen verwendet, 4. Bauarten entgegen § 16a ohne Bauartgenehmigung oder allgemeines bauaufsichtliches Prüfzeugnis für Bauarten anwendet, 5. Bauprodukte mit dem Ü-Zeichen kennzeichnet, ohne dass dafür die Voraussetzungen nach § 21 Absatz 3 vorliegen, 6. als Bauherr entgegen § 42 Absatz 1 Satz 3 die erforderlichen Nachweise und Unterlagen zu den verwendeten Bauprodukten und den angewandten Bauarten nicht bereithält oder entgegen § 42 **Absatz** 2 Satz 3 kenntnisgabepflichtige Abbrucharbeiten ausführt oder ausführen lässt,

LBO 2023	§ 75	LBO 2025

6. als Entwurfsverfasser entgegen § 43 *Abs.* 2 den Bauherrn nicht veranlasst, geeignete Fachplaner zu bestellen,	7. als Entwurfsverfasser entgegen § 43 **Absatz** 2 den Bauherrn nicht veranlasst, geeignete Fachplaner zu bestellen,
7. als Unternehmer entgegen § 44 Absatz 1 Satz 2 nicht für die ordnungsgemäße Einrichtung und den sicheren Betrieb der Baustellen sorgt oder entgegen § 44 Absatz 1 Satz 3 die erforderlichen Nachweise und Unterlagen zu den verwendeten Bauprodukten und den angewandten Bauarten nicht erbringt oder nicht bereithält,	8. als Unternehmer entgegen § 44 Absatz 1 Satz 2 nicht für die ordnungsgemäße Einrichtung und den sicheren Betrieb der Baustellen sorgt oder entgegen § 44 Absatz 1 Satz 3 die erforderlichen Nachweise und Unterlagen zu den verwendeten Bauprodukten und den angewandten Bauarten nicht erbringt oder nicht bereithält,
8. als Bauleiter entgegen § 45 *Abs.* 1 nicht auf das gefahrlose Ineinandergreifen der Arbeiten der Unternehmer achtet,	9. als Bauleiter entgegen § 45 **Absatz** 1 nicht auf das gefahrlose Ineinandergreifen der Arbeiten der Unternehmer achtet,
9. als Bauherr, Unternehmer oder Bauleiter eine nach § 49 genehmigungspflichtige Anlage oder Einrichtung ohne Genehmigung errichtet, benutzt oder von der erteilten Genehmigung abweicht, obwohl er dazu einer Genehmigung bedurft hätte,	10. als Bauherr, Unternehmer oder Bauleiter eine nach § 49 genehmigungspflichtige Anlage oder Einrichtung ohne Genehmigung errichtet, benutzt oder von der erteilten Genehmigung abweicht, obwohl er dazu einer Genehmigung bedurft hätte,
10. als Bauherr oder Bauleiter von den im Kenntnisgabeverfahren eingereichten Bauvorlagen abweicht, es sei denn, die Abweichung ist nach § 50 verfahrensfrei,	11. als Bauherr oder Bauleiter von den im Kenntnisgabeverfahren eingereichten Bauvorlagen abweicht, es sei denn, die Abweichung ist nach § 50 verfahrensfrei,
11. als Bauherr, Unternehmer oder Bauleiter entgegen § 59 *Abs.* 1 ohne Baufreigabeschein mit der Ausführung eines genehmigungspflichtigen Vorhabens beginnt, oder als Bauherr entgegen § 59 *Abs.* 2 den Baubeginn oder die Wiederaufnahme von Bauarbeiten nicht oder nicht rechtzeitig mitteilt, entgegen § 59 *Abs.* 3, 4 oder 5 mit der Bauausführung beginnt, entgegen § 67 *Abs.* 4 ohne vorherige Abnahme Bauarbeiten durchführt oder fortsetzt oder eine bauliche Anlage in Gebrauch nimmt oder entgegen § 67 *Abs.* 5 eine Feuerungsanlage in Betrieb nimmt,	12. als Bauherr, Unternehmer oder Bauleiter entgegen § 59 **Absatz** 1 ohne Baufreigabeschein mit der Ausführung eines genehmigungspflichtigen Vorhabens beginnt, oder als Bauherr entgegen § 59 **Absatz** 2 den Baubeginn oder die Wiederaufnahme von Bauarbeiten nicht oder nicht rechtzeitig mitteilt, entgegen § 59 **Absatz** 3, 4 oder 5 mit der Bauausführung beginnt, entgegen § 67 **Absatz** 4 ohne vorherige Abnahme Bauarbeiten durchführt oder fortsetzt oder eine bauliche Anlage in Gebrauch nimmt oder entgegen § 67 **Absatz** 5 eine Feuerungsanlage in Betrieb nimmt,
12. Fliegende Bauten entgegen § 69 *Abs.* 2 ohne Ausführungsgenehmigung oder entgegen § 69 *Abs.* 6 ohne Anzeige und Abnahme in Gebrauch nimmt.	13. Fliegende Bauten entgegen § 69 **Absatz** 2 ohne Ausführungsgenehmigung oder entgegen § 69 **Absatz** 6 ohne Anzeige und Abnahme in Gebrauch nimmt.

LBO 2023 § 76 **LBO 2025**

(2) Ordnungswidrig handelt auch, wer wider besseres Wissen
1. unrichtige Angaben macht oder unrichtige Pläne oder Unterlagen vorlegt, um einen nach diesem Gesetz vorgesehenen Verwaltungsakt zu erwirken oder zu verhindern, oder
2. eine unrichtige bautechnische Prüfbestätigung nach § 17 Abs. 2 und 3 LBOVVO abgibt.

(3) Ordnungswidrig handelt ferner, wer vorsätzlich oder fahrlässig
1. als Bauherr oder Unternehmer einer vollziehbaren Verfügung der Baurechtsbehörde zuwiderhandelt,
2. einer auf Grund dieses Gesetzes ergangenen Rechtsverordnung oder örtlichen Bauvorschrift zuwiderhandelt, wenn die Rechtsverordnung oder örtliche Bauvorschrift für einen bestimmten Tatbestand auf diese Bußgeldvorschrift verweist.

(4) Die Ordnungswidrigkeit kann mit einer Geldbuße bis zu 100 000 Euro geahndet werden.

(5) Gegenstände, auf die sich eine Ordnungswidrigkeit nach Absatz 1 Nummern 2 oder 4 oder Absatz 2 bezieht, können eingezogen werden.

(6) Verwaltungsbehörde im Sinne des § 36 Abs. 1 Nr. 1 des Gesetzes über Ordnungswidrigkeiten ist die untere Baurechtsbehörde. Hat den zu vollziehenden Verwaltungsakt eine höhere oder oberste Landesbehörde erlassen, so ist diese Behörde zuständig.

§ 76 Bestehende bauliche Anlagen

(1) Eine bauliche Anlage genießt Bestandsschutz, soweit sie genehmigt und genehmigungskonform errichtet worden ist und den Umfang der genehmigten Nutzung nicht verlassen hat. Eine bauliche Anlage genießt auch Bestandsschutz, wenn sie zum Zeitpunkt ihrer Errichtung dem geltenden Recht entsprochen hat oder wenn die bauliche Anlage zu einem späteren Zeitpunkt hätte genehmigt werden können und die Anlage nicht zwischenzeitlich zu anderen Zwecken genutzt wird.

(1) Werden in diesem Gesetz oder in den auf Grund dieses Gesetzes erlassenen Vorschriften andere Anforderungen als nach dem bisherigen Recht gestellt, so kann verlangt werden, dass rechtmäßig bestehende oder nach genehmigten Bauvorlagen bereits begonnene Anlagen den neuen Vorschriften angepasst werden, wenn Leben oder Gesundheit bedroht sind.

(2) Sollen rechtmäßig bestehende Anlagen wesentlich geändert werden, so

(2) Werden in diesem Gesetz oder in den auf Grund dieses Gesetzes erlassenen Vorschriften andere Anforderungen als nach dem bisherigen Recht gestellt, so kann verlangt werden, dass rechtmäßig bestehende oder nach genehmigten Bauvorlagen bereits begonnene Anlagen den neuen Vorschriften angepasst werden, wenn Leben oder Gesundheit bedroht sind.

(3) Sollen rechtmäßig bestehende Anlagen wesentlich geändert werden, so

kann gefordert werden, dass auch die nicht unmittelbar berührten Teile der Anlage mit diesem Gesetz oder den auf Grund dieses Gesetzes erlassenen Vorschriften in Einklang gebracht werden, wenn
1. die Bauteile, die diesen Vorschriften nicht mehr entsprechen, mit dem beabsichtigten Vorhaben in einem konstruktiven Zusammenhang stehen und
2. die Einhaltung dieser Vorschriften bei den von dem Vorhaben nicht berührten Teilen der Anlage keine unzumutbaren Mehrkosten verursacht.

§ 77 Übergangsvorschriften

(1) Die vor Inkrafttreten dieses Gesetzes eingeleiteten Verfahren sind nach den bisherigen Verfahrensvorschriften weiterzuführen. Die materiellen Vorschriften dieses Gesetzes sind in diesen Verfahren nur insoweit anzuwenden, als sie für den Antragsteller eine günstigere Regelung enthalten als das bisher geltende Recht. § 76 bleibt unberührt. Die Sätze 1 bis 3 gelten für Änderungsgesetze zu diesem Gesetz entsprechend, soweit nichts Abweichendes geregelt ist.

(1) Die vor Inkrafttreten dieses Gesetzes **oder der aufgrund dieses Gesetzes erlassenen Vorschriften** eingeleiteten Verfahren sind nach den bisherigen Verfahrensvorschriften weiterzuführen. Die materiellen Vorschriften dieses Gesetzes **oder der aufgrund dieses Gesetzes erlassenen Vorschriften** sind in diesen Verfahren nur insoweit anzuwenden, als sie für den Antragsteller eine günstigere Regelung enthalten als das bisher geltende Recht. § 76 bleibt unberührt. Die Sätze 1 bis 3 gelten für Änderungsgesetze zu diesem Gesetz **oder zu den aufgrund dieses Gesetzes erlassenen Vorschriften** entsprechend, soweit nichts Abweichendes geregelt ist.

(2) Wer bis zum Inkrafttreten dieses Gesetzes als Planverfasser für Bauvorlagen bestellt werden durfte, darf in bisherigem Umfang auch weiterhin als Entwurfsverfasser bestellt werden.

(3) Bis zum Ablauf des 30. November 2017 für Bauarten erteilte allgemeine bauaufsichtliche Zulassungen oder Zustimmungen im Einzelfall gelten als Bauartgenehmigung nach § 16a Absatz 2 fort.

(4) Bestehende Anerkennungen von Prüf-, Überwachungs- und Zertifizierungsstellen bleiben in dem bis zum Ablauf des 30. November 2017 geregelten Umfang wirksam. Bis zum Ablauf des 30. November 2017 gestellte Anträge auf Anerkennung von Prüf-, Überwachungs- und Zertifizierungsstellen gelten als Anträge nach diesem Gesetz.

(5) Bis zum 31. Dezember 2024 können abweichend von § 53 Absatz 2, § 56 Absatz 6 Satz 1, § 57 Absatz 1 Satz 1, § 61 Absatz 1 Satz 1, § 62 Absatz 2 Satz 1, § 62 Absatz 3 Satz 2, § 68 Absatz 2 Satz 1 sowie § 69 Absatz 4 Satz 2 Anträge und Bauvorlagen in Textform nach § 126b des Bürgerlichen Gesetzbuchs eingereicht werden sowie abweichend von § 59 Absatz 2 und § 67 Absatz 2 Satz 1 Mitteilungen in

LBO 2023	§§ 78, 79	LBO 2025

Textform nach § 126b des Bürgerlichen Gesetzbuchs erfolgen. Die Baurechtsbehörde kann jedoch verlangen, dass Bauanträge und Bauvorlagen elektronisch in Textform einzureichen sind.

(6) Die in Anhang 2 bestimmten Ausbildungsanforderungen finden keine Anwendung auf Personen, die vor dem 1. Juni 2025 ihr Studium bereits begonnen haben. Für diese Personen gelten die Ausbildungsanforderungen des § 43 Absatz 6 in der bis zu diesem Zeitpunkt geltenden Fassung.

§ 78 Außerkrafttreten bisherigen Rechts

(1) Am 1. Januar 1996 treten außer Kraft
1. die Landesbauordnung für Baden-Württemberg (LBO) in der Fassung vom 28. November 1983 (GBl. S. 770, ber. 1984 S. 519), zuletzt geändert durch Artikel 14 der Verordnung vom 23. Juli 1993 (GBl. S. 533) mit Ausnahme der §§ 20 bis 24,
2. die Verordnung des Innenministeriums über den Wegfall der Genehmigungspflicht bei Wohngebäuden und Nebenanlagen (Baufreistellungsverordnung) vom 26. April 1990 (GBl. S. 144), geändert durch Verordnung vom 27. April 1995 (GBl. S. 371),
3. die Verordnung des Innenministeriums über den Wegfall der Genehmigungs- und Anzeigepflicht von Werbeanlagen während des Wahlkampfes (Werbeanlagenverordnung) vom 12. Juni 1969 (GBl. S. 122).

(2) Am Tage nach der Verkündung treten außer Kraft
1. die §§ 20 bis 24 der Landesbauordnung für Baden-Württemberg (LBO) in der Fassung vom 28. November 1983 (GBl. S. 770, ber. 1984 S. 519), zuletzt geändert durch Artikel 14 der Verordnung vom 23. Juli 1993 (GBl. S. 533),
2. die Verordnung des Innenministeriums über prüfzeichenpflichtige Baustoffe, Bauteile und Einrichtungen (Prüfzeichenverordnung) vom 13. Juni 1991 (GBl. S. 483),
3. die Verordnung des Innenministeriums über die Überwachung von Baustoffen und Bauteilen (Überwachungsverordnung) vom 30. September 1985 (GBl. S. 349).

§ 79 Inkrafttreten

Dieses Gesetz tritt am 1. Januar 1996 in Kraft. Abweichend hiervon treten die §§ 17 bis 25, § 77 Abs. 3 bis 8 sowie Vorschriften, die zum Erlass von Rechtsverordnungen oder örtlichen Bauvorschriften ermächtigen, am Tage nach der Verkündung in Kraft.

LBO 2023	Anhang 1	LBO 2025

Anhang
(zu § 50 Abs. 1)

Anhang 1
(zu § 50 Abs. 1)

Verfahrensfreie Vorhaben

1. Gebäude und Gebäudeteile

a) Gebäude ohne Aufenthaltsräume, Toiletten oder Feuerstätten, wenn die Gebäude weder Verkaufs- noch Ausstellungszwecken dienen, im Innenbereich bis 40 m³, im Außenbereich bis 20 m³ Brutto-Rauminhalt,	a) Gebäude ohne Aufenthaltsräume, Toiletten oder Feuerstätten, wenn die Gebäude weder Verkaufs- noch Ausstellungszwecken dienen, im Innenbereich bis 40 m³, im Außenbereich bis 20 m³ Brutto-Rauminhalt; **ausgenommen hiervon sind Gebäude zum Verkauf landwirtschaftlicher Produkte, sofern sie einem landwirtschaftlichen oder gartenbaulichen Betrieb dienen,**
b) Garagen einschließlich überdachter Stellplätze mit einer mittleren Wandhöhe bis zu 3 m und einer Grundfläche bis zu *30 m²*, außer im Außenbereich,	b) Garagen einschließlich überdachter Stellplätze mit einer mittleren Wandhöhe bis zu 3 m und einer Grundfläche bis zu **50 m²**, außer im Außenbereich,

c) Gebäude ohne Aufenthaltsräume, Toiletten oder Feuerstätten, die einem land- oder forstwirtschaftlichen Betrieb dienen und ausschließlich zur Unterbringung von Ernteerzeugnissen oder Geräten oder zum vorübergehenden Schutz von Menschen und Tieren bestimmt sind, bis 100 m² Grundfläche und einer mittleren traufseitigen Wandhöhe bis zu 5 m,

d) Gewächshäuser bis zu 5 m Höhe, im Außenbereich nur landwirtschaftliche Gewächshäuser,

e) Wochenendhäuser in Wochenendhausgebieten,	e) Wochenendhäuser in Wochenendhausgebieten **und auf Wochenendplätzen,**

f) Gartenhäuser in Gartenhausgebieten,

g) Gartenlauben in Kleingartenanlagen im Sinne des § 1 Abs. 1 des Bundeskleingartengesetzes,

h) Fahrgastunterstände, die dem öffentlichen Personenverkehr oder der Schülerbeförderung dienen,

i) Schutzhütten und Grillhütten für Wanderer, wenn die Hütten jedermann zugänglich sind und keine Aufenthaltsräume haben,

j) Gebäude für die Wasserwirtschaft, das Fernmeldewesen oder für die öffentliche Versorgung mit Wasser, Elektrizität, Gas, Öl oder Wärme im Innenbereich bis 30 m² Grundfläche und bis 5 m Höhe, im Außenbereich bis 20 m² Grundfläche und 3 m Höhe,

k) Vorbauten ohne Aufenthaltsräume im Innenbereich bis 40 m³ Brutto-Rauminhalt,

l) Terrassenüberdachungen im Innenbereich bis 30 m² Grundfläche,	l) **Terrassen und** Terrassenüberdachungen im Innenbereich bis 30 m² Grundfläche**, außer Dachterrassen und ihre Überdachungen,**

m) Balkonverglasungen sowie Balkonüberdachungen bis 30 m² Grundfläche;

| LBO 2023 | Anhang 1 | LBO 2025 |

2. **tragende und nichttragende Bauteile**

a) Die Änderung tragender oder aussteifender Bauteile innerhalb von Wohngebäuden der Gebäudeklassen 1 und 2,
b) nichttragende und nichtaussteifende Bauteile innerhalb von baulichen Anlagen,

c) Öffnungen in Außenwänden und Dächern von *Wohngebäuden und Wohnungen*,	c) Öffnungen in Außenwänden und Dächern von **Gebäuden**,

d) Außenwandbekleidungen einschließlich Maßnahmen der Wärmedämmung, ausgenommen bei Hochhäusern, Verblendungen und Verputz baulicher Anlagen,
e) Bedachungen einschließlich Maßnahmen der Wärmedämmung, ausgenommen bei Hochhäusern,
f) sonstige unwesentliche Änderungen an oder in Anlagen oder Einrichtungen;

3. **Feuerungs- und andere Energieerzeugungsanlagen**

a) Feuerungsanlagen sowie ortsfeste Blockheizkraftwerke und Verbrennungsmotoren in Gebäuden mit der Maßgabe, dass dem bevollmächtigten Bezirksschornsteinfeger mindestens zehn Tage vor Beginn der Ausführung die erforderlichen technischen Angaben vorgelegt werden und er vor der Inbetriebnahme die Brandsicherheit und die sichere Abführung der Verbrennungsgase bescheinigt,
b) Wärmepumpen,

c) *Anlagen zur photovoltaischen und thermischen Solarnutzung auf oder an baulichen Anlagen nach § 2 Absatz 1 Sätze 1 und 2 sowie eine damit verbundene Änderung der Nutzung oder der äußeren Gestalt der baulichen Anlagen; von baulichen Anlagen nach § 2 Absatz 1 Sätze 1 und 2 unabhängige Anlagen nur bis 3 m Höhe und einer Gesamtlänge bis zu 9 m,*	c) **Anlagen zur photovoltaischen und thermischen Solarnutzung und,** soweit diese auf oder an baulichen Anlagen errichtet werden, die damit verbundene Änderung der Nutzung oder der äußeren Gestalt der baulichen Anlagen,
d) Windenergieanlagen bis 10 m Höhe;	d) Windenergieanlagen bis 10 m Höhe,
	e) **Brennstoffzellen,**
	f) **Anlagen zur Wasserstofferzeugung,** sofern der darin erzeugte Wasserstoff dem Eigenverbrauch in den baulichen Anlagen dient, für die sie errichtet werden,
	g) **Anlagen zur Erzeugung und Nutzung von Wasserstoff, bei denen die Prozessschritte Erzeugung und Nutzung in einem werksmäßig hergestellten Gerät kombiniert sind, sowie die zugehörigen Gasspeicher mit einer Speichermenge von nicht mehr als 20 kg;**

4. **Anlagen der Ver- und Entsorgung**

a) Leitungen aller Art sowie Ladestationen für *Elektrofahrzeuge,*	a) Leitungen aller Art sowie Ladestationen für **Elektromobilität einschließ-**

| LBO 2023 | Anhang 1 | LBO 2025 |

      lich technischer Nebenanlagen und die damit verbundene Änderung der Nutzung baulicher Anlagen,
- b) Abwasserbehandlungsanlagen für häusliches Schmutzwasser,
- c) Anlagen zur Verteilung von Wärme bei Warmwasser- und Niederdruckdampfheizungen,
- d) bauliche Anlagen, die dem Fernmeldewesen, der öffentlichen Versorgung mit Elektrizität, Gas, Öl oder Wärme dienen, bis 30 m² Grundfläche und 5 m Höhe, ausgenommen Gebäude,
- e) bauliche Anlagen, die der Aufsicht der Wasserbehörden unterliegen oder die Abfallentsorgungsanlagen sind, ausgenommen Gebäude,
- f) Be- und Entwässerungsanlagen auf land- oder forstwirtschaftlich genutzten Flächen;

5. **Masten, Antennen und ähnliche bauliche Anlagen**

- a) Masten und Unterstützungen für
  - Fernsprechleitungen,
  - Leitungen zur Versorgung mit Elektrizität,
  - Seilbahnen,
  - Leitungen sonstiger Verkehrsmittel,
  - Sirenen,
  - Fahnen,
  - Einrichtungen der Brauchtumspflege,
- b) Flutlichtmasten mit einer Höhe bis zu 10 m,

| c) Antennen einschließlich der Masten bis 15 m Höhe, auf Gebäuden gemessen ab dem Schnittpunkt der Anlage mit der Dachhaut, im Außenbereich frei stehend bis 20 m Höhe, und zugehöriger Versorgungseinheiten bis *10 m³* Brutto-Rauminhalt sowie, soweit sie in, auf oder an einer bestehenden baulichen Anlage errichtet werden, die damit verbundene Nutzungsänderung oder bauliche Änderung der Anlage; für Mobilfunkantennen gilt dies mit der Maßgabe, dass deren Errichtung mindestens acht Wochen vorher der Gemeinde angezeigt wird, | c) Antennen einschließlich der Masten bis 15 m Höhe, auf Gebäuden gemessen ab dem Schnittpunkt der Anlage mit der Dachhaut, im Außenbereich frei stehend bis 20 m Höhe, und zugehöriger Versorgungseinheiten bis **20 m³** Brutto-Rauminhalt sowie, soweit sie in, auf oder an einer bestehenden baulichen Anlage errichtet werden, die damit verbundene Nutzungsänderung oder bauliche Änderung der Anlage; für Mobilfunkantennen gilt dies mit der Maßgabe, dass deren Errichtung mindestens acht Wochen vorher der Gemeinde angezeigt wird, |

- d) Signalhochbauten der Landesvermessung,
- e) Blitzschutzanlagen;

6. **Behälter, Wasserbecken, Fahrsilos**

- a) Behälter für verflüssigte Gase mit einem Fassungsvermögen von weniger als 3 t, für nicht verflüssigte Gase mit einem Brutto-Rauminhalt bis zu 6 m³,
- b) Gärfutterbehälter bis 6 m Höhe und Schnitzelgruben,
- c) Behälter für wassergefährdende Stoffe mit einem Brutto-Rauminhalt bis zu 10 m³,

LBO 2023	Anhang 1	LBO 2025

d) sonstige drucklose Behälter mit einem Brutto-Rauminhalt bis zu bis 50 m³ und 3 m Höhe,
e) Wasserbecken bis 100 m³ Beckeninhalt, im Außenbereich nur, wenn sie einer land- oder forstwirtschaftlichen Nutzung dienen,
f) landwirtschaftliche Fahrsilos, Kompost- und ähnliche Anlagen;

7. Einfriedungen, Stützmauern

a) Einfriedungen im Innenbereich,
b) offene Einfriedungen ohne Fundamente und Sockel im Außenbereich, die einem land- oder forstwirtschaftlichen Betrieb dienen,
c) Stützmauern bis 2 m Höhe;

8. bauliche Anlagen zur Freizeitgestaltung

a) Wohnwagen, Zelte und bauliche Anlagen, die keine Gebäude sind, auf *Camping-, Zelt- und Wochenendplätzen,*	a) Wohnwagen, Zelte und bauliche Anlagen, die keine Gebäude sind, auf **Camping- und Wochenendplätzen,**

b) Anlagen, die der Gartennutzung, der Gartengestaltung oder der zweckentsprechenden Einrichtung von Gärten dienen, ausgenommen Gebäude und Einfriedungen,
c) Pergolen, im Außenbereich jedoch nur bis 10 m² Grundfläche,
d) Anlagen, die der zweckentsprechenden Einrichtung von Spiel-, Abenteuerspiel-, Ballspiel- und Sportplätzen, Reit- und Wanderwegen, Trimm- und Lehrpfaden dienen, ausgenommen Gebäude und Tribünen,
e) Sprungtürme, Sprungschanzen und Rutschbahnen bis 10 m Höhe,

f) luftgetragene Schwimmbeckenüberdachungen bis 100 m² Grundfläche im Innenbereich;	f) luftgetragene Schwimmbeckenüberdachungen bis 100 m² Grundfläche im Innenbereich**,** **g) Kinderspielplätze;**

9. Werbeanlagen, Automaten

a) Werbeanlagen im Innenbereich bis 1 m² Ansichtsfläche,
b) Werbeanlagen in durch Bebauungsplan festgesetzten Gewerbe-, Industrie- und vergleichbaren Sondergebieten an der Stätte der Leistung bis zu 10 m Höhe über der Geländeoberfläche,
c) vorübergehend angebrachte oder aufgestellte Werbeanlagen im Innenbereich an der Stätte der Leistung oder für zeitlich begrenzte Veranstaltungen,
d) Automaten;

10. Vorübergehend aufgestellte oder genutzte Anlagen

a) Gerüste,
b) Baustelleneinrichtungen einschließlich der Lagerhallen, Schutzhallen und Unterkünfte,
c) Behelfsbauten, die der Landesverteidigung, dem Katastrophenschutz, der Unfallhilfe oder der Unterbringung Obdachloser dienen und nur vorübergehend aufgestellt werden,

LBO 2023　　　　　　　　　　Anhang 1　　　　　　　　　　LBO 2025

d) Verkaufsstände und andere bauliche Anlagen auf Straßenfesten, Volksfesten und Märkten, ausgenommen Fliegende Bauten,
e) Toilettenwagen,
f) bauliche Anlagen, die für höchstens drei Monate auf genehmigten Messe- oder Ausstellungsgeländen errichtet werden, ausgenommen Fliegende Bauten,
g) ortsveränderliche Antennenanlagen, die längstens für 24 Monate aufgestellt werden;

11. **sonstige bauliche Anlagen und Teile baulicher Anlagen**

a) private Verkehrsanlagen, einschließlich Überbrückungen und Untertunnelungen mit nicht mehr als 5 m lichte Weite oder Durchmesser,
b) Stellplätze bis 50 m² Nutzfläche je Grundstück im Innenbereich,
c) Fahrradabstellanlagen,
d) Regale mit einer Höhe bis zu 7,50 m Oberkante Lagergut,
e) selbständige Aufschüttungen und Abgrabungen bis 2 m Höhe oder Tiefe, im Außenbereich nur, wenn die Aufschüttungen und Abgrabungen nicht mehr als 500 m² Fläche haben,
f) Denkmale und Skulpturen sowie Grabsteine, Grabkreuze und Feldkreuze,
g) Brunnenanlagen,
h) Ausstellungs-, Abstell- und Lagerplätze im Innenbereich bis 100 m² Nutzfläche,

i) unbefestigte Lager- und Abstellplätze bis 500 m² Nutzfläche, die einem land- oder forstwirtschaftlichen Betrieb dienen;	i) unbefestigte Lager- und Abstellplätze bis 500 m² Nutzfläche, die einem land- oder forstwirtschaftlichen Betrieb dienen,
	j) **ortsveränderlich genutzte Anlagen zum Zweck der Freilandhaltung oder der ökologisch-biologischen Geflügelhaltung, wenn diese** – einem land- oder forstwirtschaftlichen Betrieb dienen, – erkennbar beweglich und für nicht länger als zwei Monate an einem Standort aufgestellt werden und – beim Versetzen eine räumliche und funktionale Distanz sicherstellen und – einen Abstand von mindestens 50 m zur nächsten Wohnbebauung im Innenbereich einhalten;

12. **Nicht aufgeführte Anlagen**

a) sonstige untergeordnete oder unbedeutende bauliche Anlagen,
b) Anlagen und Einrichtungen, die mit den in den Nummern 1 bis 11 aufgeführten Anlagen und Einrichtungen vergleichbar sind.

Anhang 2
(zu § 63 Absatz 3 Nummer 3,
zu 63a Absatz 1 Nummer 1)

Leitlinien zu Ausbildungsinhalten

Allgemeines
Die theoretischen und praktischen Inhalte des Studiums müssen auf die umfassenden Berufsaufgaben sowie auf die beruflichen Fähigkeiten und Tätigkeiten von Bauingenieuren ausgerichtet sein. Die Tätigkeit von Bauingenieuren umfasst im Wesentlichen die Planung, den Entwurf, die Konstruktion, die Ausführung, die Instandhaltung, den Betrieb und den Rückbau von Gebäuden und baulichen Anlagen jeder Art, insbesondere in den Bereichen des Hoch-, Verkehrs-, Tief- und Wasserbaus.

Inhaltliche Anforderungen an das Studium des Bauingenieurwesens
Im Rahmen eines hauptsächlich auf das Bauingenieurwesen ausgerichteten Studiengangs mit der Bezeichnung „Bauingenieurwesen" oder entsprechenden Studiengängen mit mindestens drei Studienjahren (entspricht 180 ECTS-Leistungspunkten) müssen mindestens 135 ECTS-Punkte in Studienfächern erworben werden, die dem Bauwesen zugeordnet werden können.
Hierzu gehören:
1. Studienfächer, die ein fundiertes Grundlagenwissen im thematisch-naturwissenschaftlichen Bereich vermitteln: insbesondere Höhere Mathematik, technische Mechanik, Bauphysik, Bauchemie, und Baustoffkunde und Technisches Darstellen,
2. Studienfächer, die allgemeine fachspezifische Grundlagen des Bauingenieurwesens vermitteln: insbesondere Baukonstruktion/Objektplanung Gebäude, Tragwerksplanung, Bauinformatik/Geoinformatik, Digitales Bauen, numerische Modellie-

rung, Geotechnik, Bodenmechanik und Geodäsie,
3. Studienfächer, die spezifische Kenntnisse des konstruktiven Ingenieurbaus vermitteln: insbesondere Baustatik, Massivbau (Beton-, Stahlbeton- und Mauerwerksbau), Stahl- und Metallbau, Holzbau, Verbundbau, Glasbau und Kunststoffe, Brückenbau,
4. Studienfächer, die vertiefte Kenntnisse in bauingenieurspezifischen Spezialbereichen vermitteln: insbesondere Wasserwirtschaft, Wasserbau, Siedlungswasserwirtschaft, Abfallwirtschaft und Altlasten, Verkehrsplanung, öffentliche Verkehrssysteme und Verkehrswege (Straße, Schiene), Straßenwesen,
5. Studienfächer, die vertiefte Kenntnisse des Baumanagements vermitteln: insbesondere Bauprojektmanagement, Bauprozessmanagement und Baubetriebswirtschaft, Bauplanungsmanagement,
6. Studieninhalte, die weitere allgemeine Grundlagen vermitteln: insbesondere Baurecht (Planungsrecht, Ordnungsrecht, Zivilrecht (Verträge, Haftung), Bauen im Bestand, Ökologie, Fremdsprachen (Fachwortschatz) und technische Gebäudeausrüstung.

Der Anteil der Studienfächer in den Nummern 1 bis 4 muss dabei mindestens 110 ECTS-Punkte betragen.

Stichwortverzeichnis

Das Stichwortverzeichnis verweist auf die Seitenzahlen.

A
Abbruch, Definition 42
Abbruchsanordnung 121
Abgasanlagen 85
Abstandsflächen 43
- Bemessung 45
- in Sonderfällen 45
- Tiefe 45
Abstandsflächenrechtliche Erleichterung
- bei Aufstockungen 44
- bei nachträglicher Dachdämmung 5, 45
- bei Solaranlagen auf Dächern 5, 44
Abstellraumpflicht 10
Abweichungen 106
Allgemeine bauaufsichtliche Zulassung 56
Allgemeines bauaufsichtliches Prüfzeugnis 57
Altstadtsatzungen 17
Angrenzer 32, 105
Angrenzerbenachrichtigung 12, 16
Anlagen
- für Abfallstoffe und Reststoffe 85
- zur Wärmeerzeugung 85
- zur Wasserstofferzeugung, -nutzung 19
Antennenanlagen 13
Anträge auf Listeneintragung 27
Anwendungsbereich der LBO 39
Aufenthaltsräume
- Anforderungen 87
- Definition 41
Aufstockung 8, 44
Aufzugsanlagen 81
Ausgleichsmaßnahmen 22, 117
Ausnahmen 107
Außenwandbekleidungen 7, 61, 137
Außenwände 61
Außenwandteile 61

B
Bäder 88
barrierefrei erreichbare Wohnungen 10
barrierefreie Anlagen 92
Barrierefreiheit in Wohnungen 87
Bauabnahmen 121
Bauantrag 103
Bauart
- Anforderungen 54

- Definition 42
Baubeginn 110
Baugenehmigung 108
- Geltungsdauer 111
Baugenehmigungsverfahren, vereinfachtes 103
Bauherr 94
- Rechtsnachfolger 110
Baulasten 30, 101, 125
Baulastenverzeichnis 125
Bauleiter 99
bauliche Änderungen 8, 71
bauliche Anlagen, Definition 39
Bauprodukte
- Anforderungen 55
- Definition 42
Baurechtsbehörden
- Aufbau, Besetzung 99
- Aufgaben, Befugnisse 100
- sachliche Zuständigkeit 101
Baurechtszuständigkeit 21
Baustelle 49
Bauüberwachung 121
Bauvorbescheid 13, 108
Bauvorlageberechtigung 112
Bauvorlagen 103
Bedachungen
- begrünte 69
- harte 68
Befreiungen 107
Bekanntgabeerfordernis 13
Benachrichtigung der Nachbarn 105
Berufsanerkennungsrichtlinie 21, 26
Bestandsschutz
- bauliche Änderungen 8, 71
- bauliche Anlagen 133
- Nutzungsänderung 8, 32, 71
Beteiligung der Öffentlichkeit 105
Binnentreppen 9
Brandschutz
- allgemeine Anforderungen 50
- im Gebäudebestand 8
Brandverhalten
- von Baustoffen 59
- von Bauteilen 60
Brandwände
- Anforderungen 8, 63

143

Stichwortverzeichnis

– Öffnungen 66
Brennstoffversorgung 85

D
Dächer 68
Dachgauben 5, 69
Dachnutzung bei Grenzbauten 6
Dachterrasse 6
Dachüberstände 69
Dämmstoffe 61
Decken 8, 67
Doppelgaragen 18
dörfliches Wohngebiet 6

E
Einstellung von Arbeiten 120
Einwendungsfrist 12
Energieeinsparung 42
Entwurfsverfasser 94
Erleichterung
– bei Aufstockungen 4, 8, 44
– bei baulichen Änderungen 8
– bei Binnentreppen 9
– bei der Kindertagespflege 11
– beim Brandschutz 8
Errichtung, Definition 42
Ersetzung eines Gebäudes 11

F
Fahrräder in Garagen 32
Fahrradstellplätze 89
Fenster 80
Feuerstätten 85
Feuerstätten, Definition 42
Feuerungsanlagen 85, 121
Feuerwiderstandsfähigkeit 60
Fliegende Bauten 30, 123
freistehend, Definition 32
Fristen im Genehmigungsverfahren 104

G
Garagen, Definiton 41
Gebäude, Definition 40
Gebäudeklassen 40
Geflügelställe, mobile 20, 140
Geländeoberfläche 31
gelegentliche Dienstleistungserbringung 118
Geltungsdauer der Baugenehmigung 111
gemeindliches Einvernehmen 104
Gemeinschaftsanlagen 93
Genehmigungsfiktion 13, 109
Geschosse, Definiton 41
Gestaltungsanforderungen 48

Gestaltungssatzungen 17, 129
Giebelfläche 4
Glasflächen 54
Grenzbebauung 4
Grundstück, Höhenlage 48

H
Handlauf 73
Höhenlage 48

I
Ingenieurkammer 27 ff.
Instandhaltungsarbeiten 102

K
Kenntnisgabeverfahren 16, 102, 111
Kfz-Stellplätze 88
Kinderspielplätze 130
– Ablöse 6
– freie Grundstücksfläche 47
– Herstellungspflicht 47
Kindertagespflege 11
kleine Bauvorlageberechtigung 21
Kleinkläranlagen 86
Kleinwochenendhäuser *siehe* Wochenendhäuser

L
Ladestationen 19
Landesverteidigung 125
Leitungsanlagen 84
Lichtkuppeln 69
Liste
– der Bauvorlageberechtigten 25
– für Bauvorlageberechtigte 114
Listeneintragung für Bauingenieure 21, 112
Lüftungsanlagen 83

M
Menschen mit Behinderung 42
mobile Geflügelställe 20, 140
Mobilheime *siehe* Wochenendhäuser

N
Nachbaranhörung 12
notwendige
– Flure 10, 78
– Treppenräume 9
Nutzung erneuerbarer Energien 17, 130
Nutzungsänderung
– Bauteile in Rettungswegen 81
– bei tragenden Bauteilen 71
– Erleichterungen beim Brandschutz 8

Stichwortverzeichnis

– im Waldabstand 4
Nutzungsänderung, Verfahrensfreiheit 11
Nutzungseinheit, Definition 31, 40
Nutzungsuntersagung 121

O
Oberlichte 53, 69
offene Gänge 78
Öffnungen
– in Brandwänden 66
– in Decken 68
Ordnungswidrigkeiten 131
Örtliche Bauvorschriften 129

R
Rauchwarnmelderpflicht 7
raumabschließende Bauteile 60
Rechtsnachfolger des Bauherrn 110
Rechtsverordnungen, Ermächtigungsgrundlage 126
Regale 31
Rettungsweg
– erster 50
– zweiter 50
Rolltreppen 73

S
Schallschutz 49
Sicherheitsleistung 111
Sicherheitstreppenraum 50, 77
Solaranlagen 18
Solaranlagen, Verfahrensfreiheit 137
Solarnutzung 70
Sonderbauten 90
Standsicherheit 49
Stellplätze 130
– Definiton 41
– Fahrrad 89
– Kfz 88
Stichtagsregelung 30

T
Technische Baubestimmungen 128
Teilbaugenehmigung 111
Teilung von Grundstücken 46
Terrassen 18
Tierhaltungsanlagen 16, 32
Toiletten 86, 88
tragende Wände und Stützen 60
Trennwände 62
Treppen
– einschiebbare 72
– Handlauf 73
– Rolltreppen 73

– Stufen 74
Treppenstufen 74
Typengenehmigung 16, 122
Typenprüfung 16, 122

U
Übereinstimmungsbestätigung 57
Übereinstimmungserklärung 58
Übereinstimmungszertifikat 58
Übergangsvorschrift
– Studenten des Bauingenieurwesens 31, 135
– untergesetzliche Vorschriften 30, 134
Übergangsvorschriften 134
überwachungsbedürftige Anlagen 32
Umwehrungen 52
Unternehmer 98

V
vereinfachtes Baugenehmigungsverfahren 12, 103
vereinfachtes Verfahren 12
verfahrensfreie Vorhaben
– Abbruch 102
– Anlagen zur Wasserstofferzeugung, -nutzung 19, 137
– Antennenanlagen 19, 138
– Doppelgaragen 18, 136
– isolierte Abweichungen 12
– Kinderspielplätze 19, 139
– Ladestationen 19, 137
– mobile Geflügelställe 20, 140
– Nutzungsänderung 101
– Öffnungen 18, 137
– Solaranlagen 18, 137
– Terrassen, Terassenüberdachungen 136
– Verkauf landwirtschaftlicher Produkte 17, 136
– Wochenendhäuser 18, 136
Verkauf landwirtschaftlicher Produkte 17, 136
Verkehrssicherheit 52
Verwendbarkeitsnachweise 56
Vollgeschosse, Definiton 41
Vorbauten 45, 64
Vorhaben der Landesverteidigung 125
vorübergehende Dienstleistungserbringung 22, 118

W
Waldabstand 4, 43
Wandhöhe
– Anrechnung auf Wandhöhe 44
– bei privilegierten Gebäuden 6

Stichwortverzeichnis

– Berechnung 44
Wärmepumpen 6
Wärmeschutz 49
Wasserstoff-Elektrolyseure 10, 85
Wasserversorgungsanlagen 86
Werbeanlagen, Definition 41
Widerspruchsverfahren 3
Wochenendhäuser 18

Wohngebäude, Definition 40
Wohnungen 87
Wohnungseigentümergemeinschaften 13

Z
Zeltplätze 31
Zustimmungsverfahren 125
zweiter Rettungsweg 7
Zwerchgiebel 5